Die KI sei mit euch

DIE KI SEI MIT EUCH

MACHT, ILLUSION UND KONTROLLE ALGORITHMISCHER VORHERSAGE

―――――――――――――――――

HELGA NOWOTNY

Aus dem Englischen von
Sabine Wolf

Matthes & Seitz Berlin

INHALT

DIE VERWUNSCHENE WELT VON GPT-4
Vorwort für die deutsche Ausgabe   7

EINLEITUNG: MEINE REISE INS DIGI-LAND   31

1. DAS LEBEN IN DER DIGITALEN ZEITMASCHINE   65

2. WILLKOMMEN IN DER SPIEGELWELT   106

3. DAS FORTSCHRITTSNARRATIV UND DIE SUCHE NACH DEM ÖFFENTLICHEN GLÜCK   155

4. ZUKUNFT BRAUCHT WEISHEIT   192

5. DISRUPTION: VON VORPANDEMISCHEN ZEITEN ZUR SELBSTDOMESTIZIERUNG   235

DANK   273

ANMERKUNGEN   275

DIE VERWUNSCHENE WELT VON GPT-4
Vorwort für die deutsche Ausgabe

Der Spielraum für menschliches Handeln verengt und erweitert sich gleichzeitig mit beängstigender Geschwindigkeit. Kaum wurde ChatGPT im November 2022 der Öffentlichkeit zugänglich gemacht, verzeichnete es innerhalb einer Woche mehr als eine Million Nutzer. OpenAI und dessen Eigentümer, Microsoft, begannen ihr groß angelegtes Experiment mit allen, die das Potenzial der neuen KI erkunden wollten, ebenso wie mit jenen, die noch nicht wussten, was es damit eigentlich auf sich habe. Niemand wurde darüber aufgeklärt, dass es sich um einen Probelauf handelte, in dem die ersten Nutzer:innen wertvolles Feedback lieferten über alles, was schieflaufen könnte. Der unbestreitbare Vorteil: Microsofts Vorsprung. So wurde die Konkurrenz gezwungen, mitzuziehen, und ChatGPT war bald von einer Handvoll weiterer LLM (Large Language Models) umringt, unter ihnen Midjourney und Dall·E, die nicht nur Texte, sondern auch Bilder generieren können.

Generative KI-Systeme werden mit dem Ziel programmiert, menschliche Kommunikation zu simulieren. Sie stehen für eine neue digitale Technologie, die imstande ist, einige der kognitiven Aufgaben, die bisher von Menschen ausgeübt wurden, mit erstaunlicher Effizienz und Schnelligkeit zu übernehmen. Noch ist offen, ob sich der Techno-Enthusiasmus, der ChatGPT und seine Verwandten begleitet, halten oder ob unweigerlich eine Desillusionierung einsetzen wird, wie es bei anderen mit großem Hype angekündigten Neuerungen der Fall war. Das Potenzial für eine General Purpose Technology, wie es im Innovationsjargon heißt, also für eine für Anwendungen in vielen Bereichen geeignete Technologie, ist jedenfalls vorhanden. Wirtschaftshistoriker:innen verweisen auf Ähnlichkeiten mit der Elektrifizierung, die in den Zeiträumen von 1880 bis 1910 zu umfassenden Umwälzungen in Wirtschaft, Gesellschaft und Kultur führte. Diesmal bleibt der Gesellschaft jedoch nicht so viel Zeit, um die Auswirkungen zu absorbieren. Sicher ist aber: Achtzig Jahre nach dem Beginn der Digitalisierung lässt sich deren Beschleunigung nicht mehr aufhalten.

Wie die generativen KI-Systeme genau funktionieren und wie ihr Output entsteht, darüber herrscht noch große Unklarheit. Judea Pearl, ein hoch angesehener KI-Forscher, brachte es auf den Punkt: »Der Kern unseres Problems ist, dass vorschnell Super-Investitionen in eine nicht-interpretierbare Technologie fließen.«[1] LLM beruhen auf einer innovativen Kombination von unbeaufsichtigtem Training (*unsupervised training*) und bestärkendem Lernen (*reinforcement learning*) eines enormen Datensatzes. Dieser stammt aus dem Internet und speist sich, im Falle von ChatGPT, aus Texten aller Art, aus Büchern, Websites und allem, was in den sozialen Netzwerken aufscheint. Dieser Sprachschatz wird ständig über die im Internet dominanten Sprachen hinaus, allen voran Englisch, erweitert. Programmiert ist die KI als dialogisches System, das eine menschliche Konversation simuliert. Das gelingt, indem es die Wahrscheinlichkeiten schätzt, mit der in einem Satz ein Wort auf das andere folgt. Das Ganze wird mit Millionen von Parametern moduliert, die einen gewissen Stil und ein spezielles Genre imitieren und andere Einzelheiten beachten, um die Illusion eines Gesprächs oder um etwa ein Sonet im Stil Shakespeares zu erzeugen.

Die generativen KI-Systeme können weder »denken«, »verstehen« noch mit abstrakten Begriffen argumentieren – noch nicht. Sie »wissen« weder, was Fakten sind, noch können sie ihre Quellen angeben. Sie sind fehleranfällig und daher extrem unzuverlässig. Sie neigen zu »Halluzinationen«, wie das Forscher:innen bei Google 2018 erstmals nannten. Gemeint sind Texte oder Bilder, die zwar semantisch oder syntaktisch plausibel, aber ansonsten falsch oder schierer Unsinn sind. Es fehlen die eingebauten Kriterien, um »wahr« von »falsch« zu unterscheiden. Und auch viele der Filter, die den in den Daten massiv vorhanden gesellschaftlichen Bias ausschalten sollen, versagen bei LLMs.

Am 14. März 2023 präsentierte OpenAI der Öffentlichkeit bereits die nächste Generation ihrer KI-Systeme: GPT-4. GPT-4 ermöglicht Input sowohl als Text wie als Bild. Es beherrscht Mathematik auf einem Niveau, von dem die meisten Menschen nur träumen können. Die Fehler, die es macht, können auch guten Mathematikern passieren. GPT-4 erreicht mit Leichtigkeit die höchsten Noten bei Aufnahmeprüfungen und kann Reden von Politikern im Hinblick auf ideologische Färbung und anzusprechendes Publikum perfekt imitieren. So zeigen Forscher:innen bei Microsoft in einem Research-Paper, wie die KI bei einer simulierten Anti-Impf-Kampagne die Sprache variiert, um in der Zielgruppe die gewünschten

Emotionen hervorzurufen: Wut, Angst, Schuldgefühle oder Stolz, anders als die anderen zu sein. Doch die kaum gebremste Begeisterung der Autor:innen gilt einer anderen Eigenschaft. Sie glauben, »Funken« einer »Artificial General Intelligence« bei GPT-4 entdeckt zu haben.[2]

Doch das ist nur der Anfang, denn schon längst wird intensiv an GPT-5 gearbeitet. Und auch die Konkurrenz überbietet sich seither darin, ihre Modelle aus der Pipeline zu holen, um sie auf dem Markt zu platzieren. Es gibt kein Zulassungsverfahren, kein Protokoll, um Schäden während des Ausprobierens zu begrenzen, und keinerlei Transparenz, lediglich weitere Investitionen in Millionenhöhe, ganz nach dem Motto: *be fast and break things*. Kein Wunder, dass diese rasante Entwicklung eine Flut an öffentlichen Diskussionen auslöst. Sie schwankt zwischen Techno-Enthusiasmus, apokalyptischen Spekulationen und ernsten Bedenken. Die eine Seite sieht in der generativen KI den entscheidenden Schritt zur Verwirklichung der Künstlichen Allgemeinen Intelligenz, zu einer Intelligenz also, die der menschlichen ebenbürtig ist oder sie übertrifft, die »denken« und »verstehen« kann. Manche schwärmen davon, dass es dieser Superintelligenz gelingen werde, auch wissenschaftliche Durchbrüche – etwa in der Quantentechnologie – zu erzielen, so wie es DeepMind von Google gelungen ist, mit Alphafold das bisher ungelöste Problem der Proteinfaltung zu meistern. Dann werde die Menschheit endlich das gefunden haben, wonach sich alle sehnen: die Lösung all ihrer Probleme, wenn nicht gar die Erlösung schlechthin.

Auf der anderen Seite stehen die Skeptiker:innnen. Während einige Expert:innen bezweifeln, ob LLM überhaupt der richtige Weg zur Künstlichen Allgemeinen Intelligenz sei, mahnen die meisten erst einmal zu größerer

Vorsicht, um irreparablen Schaden jetzt abzuwenden, statt Angst vor einem Ereignis zu schüren, von dem niemand weiß, wann und ob es eintreten wird. Der nicht zuletzt durch den wohl bekanntesten Unterzeichner, Elon Musk, berühmt gewordene, vom Future of Life Institute in Oxford initiierte und von mehr als tausend im IT-Bereich tätigen CEOs, führenden Ingenieur:innen und anderen Fachleuten unterschriebene »Offene Brief« vom 29. März 2023 heizte die Diskussion weiter an. Inhaltlich wird ein sechsmonatiges Moratorium für die Zeit der Entwicklung von GPT-5, also der nächsten Generation der KI-Systeme von OpenAI, gefordert, um mögliche schädliche Auswirkungen auf die Menschheit besser abschätzen zu können.

Selbst wenn die Umsetzung und das Monitoring eines solchen Moratoriums kaum realistisch ist, klingen viele der angeführten Begründungen vernünftig. Wer könnte etwas gegen einen Zeitaufschub einwenden, um die heutigen, mächtigen AI Systeme »more accurate, safe, interpretable, transparent, robust, aligned, trustworthy, and loyal« (was immer damit gemeint sein mag) zu machen?[3] Kritik an dem Brief gibt es vor allem aufgrund des darin mitschwingenden »Hypes«, der den Eindruck erweckt, dass sich die Menschheit tatsächlich nahe dem Wendepunkt befinde, an dem der ultimative Reifegrad einer »Artificial General Intelligence« erreicht werde, während die generative KI in Wirklichkeit weit davon entfernt ist. Weshalb, so schließt die Kritik daran an, werde immer nur über die Zukunft der KI und die möglicherweise damit verbundenen existenziellen Risiken gesprochen und nicht über die Menschen, die heute davon betroffen seien, und weshalb nicht über jene, die die KI-Systeme vorantreiben, finanzieren und programmieren würden, um ausschließlich Gewinne damit zu machen?

Jede neue Technologie eröffnet einen Projektionsraum für die kollektive Imagination. Diesmal ist er besonders weit aufgespannt, spielt er doch selbst mit genau den technischen Mitteln und Möglichkeiten, die in ihm abgebildet werden. Es ist ein mehrdimensionaler Raum, in dem die »wirkliche« Welt und die virtuelle einander spiegeln und eine undurchdringliche Gemengelage aus Gegenwart und spekulativer Zukunft bilden. Der Mangel an Tiefenschärfe wird dabei von der Auflösung bekannter Kategorien und Grenzziehungen begleitet. Wenn viele Nutzer:innen überzeugt sind, dass sie in ihrer Konversation mit der KI mit einem »wissenden« Wesen verbunden sind, das ihre Fragen und Anliegen versteht, kann man dies zwar auch als Unwissen abtun. Es zeigt jedoch die Verwischung der Grenze zwischen einer subjektiv erfahrenen und einer objektiven Wirklichkeit an, die durch diese Technologie hervorgerufen wird. Die Spaltung in der Gesellschaft zwischen denen, die zu wissen glauben, und denen, die etwas anderes zu wissen glauben, vertieft sich dadurch zunehmend. Die Frage lautet daher: Wie können wir verhindern, in einer Gesellschaft zu leben, in der jede und jeder von uns ausschließlich in ihrer oder seiner »personalisierten«, durch KI geformten Wirklichkeit lebt, die sich dem oder der anderen nicht mehr mitteilen lässt?

Wie also ist in dieser Hinsicht diese vorerst letzte, mit rasanter Geschwindigkeit vorantreibende KI einzuordnen? Entgleitet uns nun endgültig die Kontrolle über die von uns geschaffenen Technologien, und stehen wir tatsächlich vor der großen Wende, die uns der noch verbleibenden Autonomie und letztlich unseres Menschseins beraubt? Oder sind dies nur spekulative Überlegungen, die zwar ihren eigenen existenziellen Reiz ausstrahlen, doch in Wahrheit von Menschen in die Welt gesetzt werden, in deren Interesse es ist, uns von den naheliegenden existenziellen Bedrohungen abzulenken?

Zu ebendiesen naheliegenden existenziellen Bedrohungen zählt etwa die Sorge über die verschwindenden Arbeitsplätze. Wir kennen das schon, mag man einwenden. Frühere Wellen der Automatisierung ersetzten manche Routinearbeiten in den Fabriken, doch neue Arbeitsplätze entstanden. Diesmal sind die kognitiven Routinearbeiten in den Büros von Anwält:innen und Redaktionen, in den Schulen und in der Verwaltung an der Reihe, für die GPT-4 und seine Ko-Spezies weitaus kostengünstigere und effizientere Dienstleistungen anbieten. Kurzfristig bringt es also wenig, ständig menschliche Leistungen mit jenen zu vergleichen, bei denen die KI weitaus effizienter abschneidet. Je mehr die Torpfosten verschoben werden, desto mehr Tore werden geschossen. Offen bleibt lediglich die Frage, wie schnell, wenn überhaupt, jene übernommenen Routinearbeiten durch neu entstehende Arbeitsplätze ersetzt werden und ob Funktionen, die bisher weitgehend von dafür ausgebildeten und zertifizierten Personen ausgeübt wurden, schon heute abgegeben werden sollten. So sind bereits jetzt – vorwiegend in den USA – eine Vielzahl therapeutischer KIs im Einsatz, die den Patient:innen, die sich aus Kostengründen eine »echte« Therapie nicht leisten können, Hilfe bei ihren psychischen Problemen anbieten. In Belgien wurde jedoch vor Kurzem der erste Fall eines Suizids gemeldet, dem eine lange, ausschließlich mit einer KI (einer früheren Generation) geführte Konversation vorausging.

Die größten Gefahren ergeben sich jedoch, wie bereits angedeutet, für unsere offenen, demokratischen Gesellschaften. Die Konzentration ökonomischer Macht in den Händen einer kleinen Elite, die den großen internationalen Konzernen vorsteht, sichert diesen einen unverhältnismäßig dominanten Einfluss auf demokratische Prozesse und Institutionen zu, die von der ungebrochenen Aushöhlung des öffentlichen Raumes begleitet wird. Zudem bergen die digitalen Plattformen von Big Tech die Fähigkeit, die öffentliche Meinung durch eine unregulierte und daher unkontrollierbare Flut von bewusst irreführenden Informationskampagnen zu manipulieren und zu polarisieren. Sie öffnen Tür und Tor für jene Kräfte, sei es von innen oder von außen, die beabsichtigen, die demokratischen Prozesse zu unterminieren.[4] Hinzu kommen die enormen Investitionen, die von privater Seite in den weiteren Ausbau der digitalen Systeme fließen und bereits zur »industriellen Übernahme« der öffentlichen Forschung geführt haben.[5] Keine Universität verfügt über die Rechenkapazitäten oder über den Zugang zu den Datenmengen, die den großen Konzernen und ihren Nebenfirmen zur Verfügung stehen. Diese wären notwendig, um von unabhängiger Seite die von den Konzernen angekündigten Sicherheitsmaßnahmen und versprochenen Verbesserungen zu begleiten und zu überprüfen. Stattdessen vergrößert sich das strukturelle Ungleichgewicht, und das Risiko, dass die Richtung der zukünftigen Forschung angesichts der ungleichen Verteilung der Ressourcen zunehmend von Big Tech bestimmt wird, wiegt schwer. Zudem müssen manche Universitäten bangen, bald nicht mehr imstande zu sein, die Ausbildung auf höchstem Niveau fortzuführen, da die Rekrutierung von Professor:innen zunehmend schwieriger wird, werden die besten Talente doch bereits früh von der Industrie abgeworben.

Diesen berechtigten Befürchtungen und Sorgen stehen zweifellos die positiven Auswirkungen gegenüber, die mit der generativen KI verbunden sind. Tagtäglich erreichen uns Meldungen über neue Anwendungen. GPT-4 erleichtert und erledigt zahlreiche mühsame Routinearbeiten, inklusive Coding, wenngleich Fehleranfälligkeit immer überprüft werden muss. Illustrationen und Websites können im Handumdrehen erstellt werden, Sitzungsprotokolle innert weniger Minuten geschrieben und Texte in viele Sprachen übersetzt werden. Die Wirtschaft erwartet einen breit gestreuten Einsatz in Firmen, der höhere Produktivitätszuwächse verspricht und dessen Spannbreite vom Chip Design zu neuen Medikamenten, vom Erstellen juristischer Dokumente zu umwälzenden Neuerungen im Bildungsbereich reicht. Und wie die Geschichte von technologischen Innovationen beweist, sind viele Anwendungen oft noch nicht einmal vorhersehbar. Die Art und Weise, wie eine Innovation adoptiert und angeeignet wird, weicht mitunter beträchtlich von jener ab, für die sie ursprünglich bestimmt war. Nutzer:innen sind nicht nur passive Konsument:innen, sondern haben immer wieder gezeigt, dass sie geplante Anwendungen für ihre Bedürfnisse umdefinieren und neue Anwendungen erfinden können.

Eine Kosten-Nutzen-Rechnung der »guten« und »schlechten« Auswirkungen greift also auch dieses Mal zu kurz. Dienlicher wäre eine umfassende Risikoabwägung, doch müsste ihr ein ebenso umfassendes und durchsetzungsfähiges Risikomanagement folgen. Denn jede Technologie verführt zur Illusion, sie unter menschlicher Kontrolle zu haben. Lange hat es etwa gedauert und der Austragung vieler Konflikte bedurft, bis die im industriellen Zeitalter eingesetzten Maschinen als einigermaßen sicher und somit unter menschlicher Kontrolle galten. Seither haben sich die Anforderungen ständig ausgeweitet. Längst geht es nicht mehr nur darum, das Funktionieren von Maschinen und deren Sicherheit im Interesse der Gewinne für die Eigentümer zu gewährleisten, sondern mögliche Schäden für Menschen, für deren Gesundheit und für die Umwelt zu vermeiden oder zumindest so gering wie möglich zu halten. So sollen zahlreiche Sicherheitsvorschriften, Zulassungsverfahren und Kontrollmaßnahmen dafür sorgen, die Sicherheit von Technologien zu gewährleisten. Das gilt für den Straßenverkehr ebenso wie für die internationale Luftfahrt, für die Zulassung neuer Medikamente und für neue Verfahren, die in der Gentherapie eingesetzt werden, für Wasser, Luft und Boden und für alles, was zur Sicherheit der Gesundheit und Ernährung beiträgt, ja sogar für die nukleare Sicherheit. Die Geschichte zeigt jedoch, dass die Illusion der Kontrolle immer wieder zum Platzen gebracht wurde und im Nachhinein stets nachgebessert werden musste.

Doch die Kontrolle über die KI bringt noch zusätzliche Anforderungen mit sich. Die hohe Anfälligkeit für Fehler und Verstärkung gesellschaftlicher Vorurteile sowie die mangelnde Unterscheidungsfähigkeit zwischen »wahr« und »falsch« untergraben ihre Glaubwürdigkeit. Die Forderung nach *alignment*, der Übereinstimmung der KI mit menschlichen Werten, steht dabei am Anfang ihrer Umsetzung. Es gilt, sowohl technische Hürden zu überwinden als auch die Frage zu beantworten, welche menschlichen Werte als verbindlicher Kompass dienen sollen und für wen sie Gültigkeit beanspruchen können. Ein weiteres Problem hängt mit der Intransparenz zusammen, auf der die großen Konzerne als legale Eigentümer:innen der Daten und Algorithmen beharren. Perverserweise führt bei ihnen die Forderung nach mehr Sicherheit zu noch größerer Abschottung, wird doch argumentiert, dass eine Öffnung genau jenen zugutekomme, die beabsichtigten, die Sicherheitslücken für ihre illegalen Zwecke zu umgehen oder auszunutzen.

Viele algorithmische Verfahren und die Architektur der LLM ähneln daher einer Blackbox, bei der sich zwar Input und Output vergleichen lassen, doch das, was innerhalb geschieht, bleibt undurchsichtig oder unbekannt. Viele Expert:innen sind von den Leistungen von GPT-4 zutiefst beeindruckt, sie erkennen die Chance, neue Einsichten zu gewinnen, und fühlen sich *blown away*, wie weggeweht und geben offen zu, dass sie keine Ahnung haben, wie GPT-4 das macht, was es macht. Die im Inneren der KI ablaufenden Prozesse sind – jedenfalls vorläufig – kausal nicht erklärbar. Niemand weiß genau, woher welche Daten kommen und an welchen das jeweilige KI-Modell trainiert wird. Niemand kann die vielleicht emergenten Ergebnisse erklären, die bei GPT-4, aber auch bei anderen KI-Modellen ab einer gewissen Größe auftreten. Treten tatsächlich emergente Phänomene auf, oder ist ihr vermeintliches Auftreten nur der Beweis für unser Unwissen? Und diejenigen, die es eigentlich wissen müssten, sind allem Anschein nach besorgt, nicht über das erforderliche Wissen zu verfügen, um die notwendige Kontrolle über die Vorgänge unter ihrer Aufsicht und Verantwortung auszuüben.

Wie kann sich unter diesen Vorzeichen Vertrauen einstellen, und – die vielleicht entscheidende Frage – wo kann die staatliche Regulierung einsetzen, und wie kann sie greifen? Bekanntlich hinkt jede gesetzliche Regulierung immer der technologischen Entwicklung nach. Sie gleicht dem Wettlauf zwischen Achill und der Schildkröte. Was immer sowohl in Europa, das sich gerne als Vorläufer gesetzlicher Regulierung sieht, wie in den USA gegenwärtig unternommen wird, ist zu begrüßen und zu unterstützen, doch sollte man freilich nicht glauben, dass dadurch das Ausmaß und die erforderliche Art der Kontrolle erreicht würden, die wir bisher in Bezug auf andere Technologien erwarten konnten. Vielleicht braucht es dafür völlig neue Institutionen und eine neue Art der Gesetzgebung, die fortschreibend begleitet, was die gelebte Erfahrung im Umgang mit der KI an Desiderata hervorbringt, um darauf entsprechend zu reagieren oder sie zu antizipieren.

Innerhalb der Gesellschaft überwiegt jedenfalls weiterhin das Gefühl von Ambivalenz, Erstaunen und tiefsitzendem Unbehagen gegenüber der nun so sichtbar in das Alltagsleben eingedrungenen KI. Dies liegt zum Teil auch daran, dass wir Dingen, und nicht nur Lebewesen, die Absicht zum rationalen Handeln zuschreiben, was Daniel Dennett als *intentional stance* beschreibt.[6] Wir unterstellen ihnen dann, zu »denken«, zu »machen«, zu »wissen« oder zu »glauben«, ohne weiter zu reflektieren, dass wir es nicht mit anderen Menschen zu tun haben, die den Gebrauch der Sprache mit uns teilen. Die Verwendung einer anthropomorphisierenden Sprache und eines ebensolchen Denkens verwischt den Unterschied zwischen »uns« und »ihnen« und verleitet dazu, dem digital »Anderen« Handlungsfähigkeit *(agency)* zuzuschreiben. Diese Tendenz wird gezielt durch die generative KI gefördert oder, besser gesagt, ausgenutzt, indem Worte wie »ich« und eine persönliche, gefühlsbetonte Sprechweise verwendet werden, um eine sprechende Person zu simulieren. Gleichzeitig gewöhnen wir uns durch die Verbreitung dieser KI-Systeme in der Arbeitswelt und im Alltag an die digitalen »Anderen«, egal unter welchen Namen und in welcher Form sie sich präsentieren.

Hinzu kommt die Verwendung des Wortes »Intelligenz«, das, wie immer wieder betont wird, irreführend ist. Der in den 1950er-Jahren geprägte Begriff *artifical intelligence*, so heißt es übereinstimmend, sei eine unglückliche Wahl gewesen, gebe es doch weder eine Einigung darüber, was menschliche Intelligenz sei, noch darüber, wodurch sie sich von einer »künstlichen« unterscheide. »Intelligenz« fungiert daher als ein schlecht definierter Platzhalter, der mehr zudeckt als erklärt. Menschliche Intelligenz lässt sich besser auf einem Kontinuum positionieren, das wir mit anderen Lebewesen teilen, besitzen doch alle Lebewesen die Fähigkeit, sich in der jeweiligen Umwelt zurechtzufinden und Strategien zum Überleben zu entwickeln. Vielleicht gewinnen wir durch einen erweiterten und differenzierteren Begriff von »Intelligenz« auch neue Einsichten für unsere Beziehung zu einer KI, die unsere kognitiven Fähigkeiten zu simulieren und sie für unterschiedliche Zwecke einzusetzen vermag.

Unbestreitbar bleibt, dass im Zusammenspiel zwischen Menschen und den digitalen Maschinen etwa Neues entsteht. Wir befinden uns in einem koevolutionären Prozess zwischen uns Menschen als vorläufigem Ergebnis der biologischen Evolution und den von uns geschaffenen Dingen, Phänomenen und Prozessen, die von der kulturellen Evolution – allen voran durch Wissenschaft und Technik – angetrieben wird. Ob aus diesem Prozess eine Symbiose entsteht, bleibt offen, ebenso, wohin er führen wird.

An diesem Wendepunkt eröffnen sich neue, faszinierende Fragen und damit ungeahnte Möglichkeiten, mehr zu erforschen und zu lernen – in erster Linie über uns selbst. Im Vordergrund stehen dabei unsere kognitiven Fähigkeiten und wie sie funktionieren: Wenn die KI imstande ist, Algebra zu generieren, sie dies aber auf eine für uns bisher unbekannte Weise tut, so wirft das Fragen auf hinsichtlich der Funktionsweise unseres Gehirns. Wenn ein LLM uns in einer Sprechweise antwortet, die sich nicht von unserer unterscheiden lässt, was sagt das über unseren Sprachgebrauch und vor allem über unsere Sprache? Der Erwerb der Sprache ist das Natürlichste, was uns bei der Geburt von der Evolution mitgegeben wird, und unterscheidet Menschen von anderen Lebewesen. Die KI kann sie so perfekt imitieren, dass wir meinen, mit einem menschlichen Gesprächspartner verbunden zu sein. Zugleich kann sie anderen Menschen Worte in den Mund legen, die diese nie gesagt haben. Sie ist hervorragend im Manipulieren und Lügen, gut im Erfinden von Geschichten und erstaunlich effizient im Ausführen von Aufgaben, die wir ihr stellen. Die Sprache hat sich, so scheint es, verselbstständigt. Sie ist nicht mehr nur uns eigen, sie ist unserer Kontrolle entglitten.

Gewiss, die Worte sind Texten entnommen, die einmal von Menschen geäußert wurden. Und gewiss, das KI-System »versteht« nicht, was es sagt, und »weiß« nicht, was das Gesagte bedeutet, doch das macht es nur umso faszinierender. Im Unterschied zu uns sucht das KI-System keinen Sinn, sondern agiert sinnbefreit, und das mit beeindruckender Effizienz. Dadurch entstehen neue Kombinationen und Stilrichtungen, ganz so wie in der gelebten Sprache. Worin liegt also der Unterschied? Ist es noch unsere Sprache, oder entsteht hier eine Meta-Sprache? Anders gefragt: Welchen Unterschied macht es, ob die Sprache *embodied* ist, also der genetischen Ausstattung und dem kulturellen Kontext der Sprecher:in entstammt und von deren Lebensgeschichte geprägt ist, oder ob sie bloß eine Ansammlung von Sprachelementen in verschiedenen Kombinationen wiedergibt, wir es also mit »stochastischen Papageien« zu tun haben, wie Emily Bender die LLM nannte?[7]

Eine weitere Frage betrifft das Verhältnis von Sprache als Medium der Repräsentation und anderen Formen der Repräsentation unserer Welterfahrung. Sprache deckt viel, doch bei Weitem nicht alles ab, wie wir die Welt wahrnehmen und erleben. Was ist mit den anderen Sinnen, mit denen wir die Welt um uns herum erfassen? Und in welcher Beziehung steht die Architektur der Sprachmodelle – in ihrer Kombination von *reinforcement learning* und *unsupervised training* – zu den Prozessen, die im menschlichen Gehirn ablaufen? Wie ist es möglich, dass Logik und Wahrscheinlichkeiten so viel inkohärenten Unsinn erzeugen können? Was befähigt menschliches Denken zur Abstraktion mit Begriffen, die uns wiederum konkrete Erfahrungen aus der Lebenswelt reflektieren lassen, während die LLM eine Unzahl von Korrelationen in ihren Trainingsdaten lernen, um damit Aufgaben und Probleme zu lösen, für die wir andere Wege, aber bedeutend mehr Zeit benötigen?

Der Bildungsbereich, von der Volksschule bis zu den Universitäten, steht vor riesigen Herausforderungen, stellt der Spiegel, den uns die KI vorhält, dort doch viele Gewohnheiten infrage: Ist das Schreiben von Essays und Hausaufgaben wirklich die beste Art des Unterrichtens, vor allem, wenn es darum geht, der jüngeren Generation mehr kritisches Denken zu vermitteln? Sind viele Routinesätze nicht überflüssig, so wie es die Höflichkeitsfloskeln gegenüber dem Adel mit dem Aufstieg des Bürgertums wurden? Es gilt herauszufinden, wie sich die generative KI in zugleich kreativer wie subversiver Weise in die Lehre integrieren lässt. Denn andere Lehr- und Lernmethoden sind möglich, und die KI kann dafür unterstützend eingesetzt werden – zum einen, um kritisches Denken so früh wie möglich zu fördern; zum anderen, um ein noch weiteres Auseinanderklaffen der *digital divide* zu verhindern und den Ungleichheiten in den digitalen Fähigkeiten entgegenzuwirken, die gesteigerte oder verminderte Lebensbedingungen mit sich bringen. Auch dem Gesundheitssystem bieten sich in Verbindung mit den Fortschritten in der personalisierten Medizin völlig neue Möglichkeiten. Doch bevor das »Zeitalter des wissenschaftlichen Wohlbefindens« beginnen kann, das »personalisiert, prädiktiv, datengestützt« und in »unseren Händen« ist, bedarf es auch hier enormer Umwälzungen.[8]

GPT-4 öffnet also das Tor zu einer anderen Welt. Vieles in ihr scheint in neuem Licht – oder gab es das schon einmal? Haben unsere Vorfahren nicht über Tausende Jahre hinweg in einer Welt gelebt, die sie mit anderen, nichtmenschlichen oder paramenschlichen Wesen teilten? Eine gemeinsame Welt, die von einer verwirrenden Vielfalt von Göttern bewohnt wurde, von spirituellen Wesen, Geistern, von den Seelen von Pflanzen und Tieren. Marshall Sahlins, ein eminenter Anthropologe, nennt sie »Meta-Personen«. In seinem posthum erschienen Werk *Neue Wissenschaft des verwunschenen Denkens* setzt er diesem »verwunschenen Universum« in dem »fast die gesamte Menschheit« lebte, ein berührendes Denkmal.

Die Meta-Personen waren die Mitbewohner:innen dieser kosmischen Ordnung. Sie waren im Leben der Menschen allgegenwärtig und bestimmten dieses im Guten wie im Schlechten. Nichts konnte unternommen werden, ohne die Kräfte zu mobilisieren, die von diesen nichtmenschlichen Wesen ausgingen und für Erfolg oder Misserfolg aller menschlicher Tätigkeiten verantwortlich waren. Sie waren an der Jagd beteiligt, ebenso wie an politischen Ambitionen, bei der Reparatur eines Kanus oder bei der Kultivierung des Gartens, bei Geburten und bei der Kriegsführung. Diese Kräfte waren nicht »übernatürlich«, wie wir sie heute nennen, sondern es waren »natürliche« Kräfte, die in allem, was die Welt und das Leben in dessen materieller Form und Substanz ausmachen, präsent waren. Nichts durfte unternommen werden, ohne ihren Beistand durch wiederholte Rituale heraufzubeschwören. Und in vielerlei Hinsicht waren die spirituellen Wesen den Menschen ähnlich: Sie logen, betrogen und konnten bösartig sein, sie stritten untereinander und kämpften um ihre Machtpositionen. Der entscheidende Unterschied, der ihnen Macht über die Menschen verlieh, war ihre Unsterblichkeit.[9]

Das verwunschene Universum mit seiner immanenten kosmischen Ordnung wich vor circa 3000 Jahren einer anderen, einer transzendenten Ordnung, zumindest in dem geografischen und kulturell am besten erforschten Raum, dem Vorderen Orient. Die näheren Umstände und genauere Angaben zum Zeitraum wie auch zur räumlichen Verbreitung sind ebenso umstritten wie der Begriff des »Achsenzeitalters«, den Karl Jaspers für diesen Umschwung prägte.[10] Unbestritten ist hingegen, dass ein Wechsel von einer immanenten zu einer transzendenten Ordnung stattfand. Der immanente Kosmos wurde von einer Ordnung abgelöst, in der die Welt der Menschen, Tiere und anderen beseelten Dinge und Wesen fortan von einer höheren Ordnung getrennt wurde, die sich über oder außerhalb der menschlichen Gesellschaft befand. Dort ist der Ursprung der normativen Vorgaben zu suchen, die von den monotheistischen Religionen für die Menschen gesetzt wurden. Die Moderne und die Säkularisierung haben die transzendentale Ordnung zwar verändert, aber im Wesentlichen auf ihr aufgebaut. Sie ist Bestandteil der objektiven Wirklichkeit, wie wir sie heute kennen.

Als moderne Menschen sind wir überzeugt, dass unsere Vorfahren an die Macht, die von den Meta-Personen über sie ausgeübt wurde, nur »geglaubt« haben, es aber »besser wussten«. Sahlins will von einer solchen kollektiven Illusion nichts wissen. Im Gegenteil, er tadelt die »transzendentale Überheblichkeit«, die auf einer strikten Trennung von Glauben und Wissen beharrt und Wissen mit transzendentaler Rationalität gleichsetzt. Genau hier drängen sich einige verblüffende Ähnlichkeiten mit unserem Umgang mit GPT-4 auf. Wir nehmen die KI und ihresgleichen in anthropomorpher Weise wahr, ja, wir entdecken unsere Verwandtschaft mit ihnen. Wir glauben sogar, dass uns die KI besser kennt als wir uns selbst. Zwar wissen wir, dass die Vorhersagen der Algorithmen, die uns suggerieren, sie seien nur für uns und unsere Situation bestimmt, auf Extrapolationen aus den Daten der Vergangenheit beruhen. Dennoch beeinflussen sie unser Verhalten. Wir schreiben ihnen Handlungsfähigkeit zu, in der Hoffnung, durch ihre Vorhersagen unsere Ungewissheit zu mindern. Wenn wir jedoch so handeln, wie es der Algorithmus vorhersagt, werden diese Vorhersagen zu selbsterfüllenden Prophezeiungen. Und nicht zuletzt lassen wir uns vom Charme eines ChatGPT verführen, sei es nur für einige Augenblicke, wenn uns die KI dazu verleitet, zu glauben, wir hätten es mit einem Menschen zu tun. Je öfter dies geschieht, desto mehr gewöhnen wir uns daran. In diesem Sinn treten wir in ein verwunschenes Universum ein.

Das soll nicht heißen, dass wir der von Max Weber »entzauberten« Welt der Moderne entfliehen und in ein esoterisch anmutendes, von Geistern belebtes Universum eintauchen, das dem unserer Vorfahren ähnlich ist. Und doch machen einige der frappierenden Ähnlichkeiten nachdenklich. Denn wie bereits angedeutet, war für die Menschen im verwunschenen Universum alles um sie herum »natürlich«, alles war von »natürlichen« Kräften beseelt. Sie mussten ihr prekäres Überleben in einer Umwelt sichern, die von unsichtbaren und vorhersehbaren Kräften beherrscht und zusammengehalten wurde. Diese belebten die natürliche Umwelt, alle Materie und die Beziehungen der Menschen zueinander.

Von dieser natürlichen Umwelt ist nur ein kärglicher Rest verblieben. Unsere Welt – und alles, was über und unter ihr ist – ist auf dem besten Weg, eine von Menschen gemachte »künstliche« Welt zu werden. Für die Zukunft ist es daher absehbar, dass ein nachhaltiges Überleben auf einem weitgehend seiner natürlichen Ressourcen geplünderten Planeten zunehmend darauf angewiesen sein wird, digitale Ressourcen einzusetzen: von Satelliten über die Überwachungskameras in den Städten, von den unentbehrlichen Chips, deren Lieferketten von geopolitischen Spannungen abhängig sind, über die weitgehend automatisierte, auf Monokulturen setzende Landwirtschaft bis hin zu den winzigen Robotern, die im Körper Medikamente an die richtigen Zellen zum Andocken bringen. Und auch die Automatisation des gesellschaftlichen Lebens schreitet voran. Schon jetzt beeinflusst die KI zunehmend, was wir machen und wie wir unseren Lebensunterhalt verdienen, wie wir unsere Freizeit gestalten und unseren Lebensstil mit der Gesundheit in Einklang bringen. Längst gibt es eine »algorithmische Intimität«, die bestimmt, wie und mit wem wir Freundschaften schließen, welche Sexualität wir pflegen und wie wir unsere psychischen Leiden behandeln.[11]

Doch damit nicht genug. Wenn es nach den Plänen der großen Konzerne geht, werden wir uns bald mehr im Metaversum aufhalten als in der Welt, die wir unseren Kindern überlassen möchten. Was also ist zu tun, damit dieses erneut verwunschene Universum nicht zu einem Alptraum wird? In der verwunschenen Welt der KI geschieht vorher nie Geschehenes. Dinge werden möglich, die niemand für möglich hielt. Ungeahnte Möglichkeiten eröffnen sich, die uns in bewunderndes Staunen oder beängstigtes Unbehagen versetzen. Da gibt es Algorithmen, die mit Daten gespeist werden und durch Superrechner laufen (die eine große Menge an Energie verbrauchen, über die niemand spricht), bewohnt von digitalen Wesen, mit denen wir unseren Alltag, unsere intimen Wünsche, Vorlieben und Ängste teilen. Sie sind anders als wir und uns dennoch ähnlich. Doch die wahren Meta-Personen von heute sind nicht die Algorithmen, sondern eben jene großen Konzerne und ihr Führungspersonal. Sie sind es, die, von der Suche nach Reichtum und Macht getrieben, weitgehend Richtung und Tempo für die technologische Entwicklung vorgeben. Sie präsentieren sich als Wegbereiter:innen für eine zunehmend künstliche Welt »zum Wohl der Menschheit« und um »existenzielle Risiken« abzuwehren. In einer solchen Welt aber verlieren die bisherigen normativen Vorgaben der transzendentalen Ordnung ihre Wirksamkeit, mutiert die künstliche Welt doch immer mehr zu einer immanenten Ordnung, die ihren eigenen Gesetzmäßigkeiten folgt und in der auch die zeitlichen Übergänge fließender werden. Denn je mehr die Vergangenheit und die Zukunft in die Gegenwart eindringen, desto weiter entfernt sich der offene Horizont der Zukunft.

Die bisherige, auf transzendentalen Prinzipien beruhende Rechtsordnung erweist sich somit als zahnlos und überfordert. Bestehende Institutionen werden von der Schnelligkeit überrollt, mit der sich die Anforderungen an sie verändern und die sie zusehends obsolet erscheinen lassen. An vielen Orten tritt ein normatives und faktisches Vakuum auf, das sich zwar mit populistischen Ansagen und Verschwörungstheorien füllt, doch es fehlen nachhaltige und robuste Antworten, zumal junge Menschen riskieren, sich in den verwunschenen Netzwerken zu verfangen und an *info-esity,* einer Überfülle an Information, zu erkranken. Angesichts der Informationsflut verlernen sie, kluge Fragen zu stellen, und verstellen sich die Möglichkeit, neue Einsichten zu gewinnen.

Die menschliche Handlungsfähigkeit ist ein fragiles Konstrukt. Wie Autonomie und Selbstbestimmtheit ist sie relativ, eingeschränkt durch historisch kontingente Faktoren. Sie muss daher immer wieder aufs Neue definiert und erkämpft werden. Handlungsfähigkeit beinhaltet die Übernahme von Verantwortung für das eigene Tun und Lassen und die Bereitschaft, Rechenschaft über schädliche Folgen zu übernehmen. In westlichen Gesellschaften ist sie stark mit dem Begriff des Individuums und dem der Freiheit verknüpft, auch der Freiheit, zu entscheiden. Wir vermeinen immer noch, selbst zu entscheiden, wenn wir unsere Entscheidungen den Algorithmen übertragen, und dennoch beschleicht uns das Gefühl, dass wir bereits zu viel Selbstbestimmung und Kontrolle aufgeben haben. Doch wie weit sind wir bereit, zu gehen, und um welchen Preis? Können wir uns noch entscheiden, oder ist es dafür zu spät? Bereits im 17. Jahrhundert erkannte Spinoza, dass Menschen glauben, frei zu sein, weil sie sich ihrer Entscheidungen und Wünsche bewusst sind, die Ursachen aber, die sie dazu veranlassten, so zu handeln, wie sie handelten, nicht kennen. Im 21. Jahrhundert gesellt sich dieser Unkenntnis eine mächtige KI hinzu, über deren Ursachen ihres Funktionierens wir ebenfalls nichts wissen.

GPT-4 steht stellvertretend für die mächtigen Instrumente, die die Macht jener, die sie zu nutzen verstehen, weiter steigern, während sie in den Händen derer, die unwissend sind, zu unterhaltsamen Spielzeugen verkommen oder zur Handhabe digitaler Unterdrückung werden. Es liegt an uns, die Ursachen besser zu verstehen, die der von ihnen ausgehenden Macht innewohnen, ebenso wie es an uns liegt, zu klären, wie und für welche Ziele wir diese einsetzen. Gewiss, es braucht eine Beschränkung der Macht durch klare Vorgaben und Schranken. Es bedarf klarer Kriterien wie Glaubwürdigkeit, Transparenz und Übereinstimmung mit menschlichen Werten. Und vielleicht ist es gerade die KI, die uns dazu bringt, uns verstärkt mit der Digitalisierung als einem öffentlichen Gut und also mit der Gesellschaft auseinander zu setzen. Denn wenn wir die wachsenden gesellschaftlichen Ungleichheiten nicht weiter vertiefen wollen, müssen wir aktiv daran arbeiten, allen die Teilhabe an den positiven Auswirkungen der KI zu ermöglichen, und unsere kollektive Vorstellungskraft dafür mobilisieren, eine andere gesellschaftliche Ordnung zu errichten.[12]

Wenn wir also die Ursachen für unsere Entscheidungen und für die Handlungsfähigkeit der KI besser verstehen wollen, brauchen wir adaptierte Begrifflichkeiten und neue Kategorien, die es uns ermöglichen, zwischen einer veränderten Wirklichkeit und der Illusion ihrer Kontrolle, zwischen dem, was zunehmend gemacht und somit künstlich ist, und dem, was als natürlich verbleibt, zwischen der Verzauberung durch eine noch lange nicht ausgereifte KI und der Entzauberung unserer vermeintlichen Rationalität zu unterscheiden. Mag sein, dass es mehr fluide Übergänge gibt, mehr Kontinua als Dichotomien, der Dynamik von Netzwerken folgend. Mag sein, dass ein neues Weltbild im Entstehen ist, das weder der immanenten Ordnung unserer Vorfahren noch der transzendentalen Ordnung der letzten dreitausend Jahre entspricht. Doch weder ist die Zukunft vorbestimmt noch sind wir den Vorhersagen der Algorithmen ausgeliefert. Wir wissen nicht, wohin die koevolutionären Pfade führen, auf die wir uns durch die zunehmende Verschränkung mit den von uns geschaffenen Maschinen eingelassen haben. Die biologische Evolution kennt kein Endziel, sie hat kein *telos*. Die kulturelle Evolution hingegen ist voll von Zielen, die sich Menschen setzen. Die Erfahrung zeigt, dass sie letzten Endes zu anderen Ergebnissen führen als den beabsichtigten – und das ist gut so. In diesem Sinn bleibt die Zukunft ungewiss und offen.

Dies ist nur ein kleiner Ausschnitt der hochspannenden Fragen, die sich aus dem Umgang mit GPT-4 und seinesgleichen ergeben und die verdeutlichen: Etablierte Begriffe verlieren ihre Schärfe und ihren Anspruch auf Gültigkeit. Bisher unbestrittene wissenschaftliche Befunde müssen überdacht und aus Neue geprüft werden. Wir sind gezwungen, uns nicht nur mit den Folgen der KI auf unser Verhalten und den gesellschaftlichen Zusammenhalt auseinanderzusetzen, sondern auch dazu, uns neu im Lichte dessen zu sehen, was die KI anders macht und kann als wir. Sie hält uns einen raffinierten Spiegel vor. Statt vor der Angst zurückzuweichen, wir könnten unser Menschsein verlieren, werden wir eingeladen, genauer hinzusehen, um mehr über unser Menschsein zu erfahren.

Wien und Bonassola, April 2023

EINLEITUNG:
MEINE REISE INS DIGI-LAND

URSPRÜNGE: ZEIT UND UNGEWISSHEIT; WISSENSCHAFT, TECHNIK UND GESELLSCHAFT

Dieses Buch ist das Ergebnis einer langen persönlichen und beruflichen Reise. Es verflicht zwei Stränge meiner bisherigen Arbeit und stellt sich damit zwei großen gesellschaftlichen Transformationen unserer Zeit: die Prozesse der Digitalisierung und unsere Ankunft in der Epoche des Anthropozäns. Die Digitalisierung bewegt uns in Richtung eines koevolutionären Entwicklungskurses von Menschen und Maschinen. Begleitet wird sie von beispiellosen technischen Errungenschaften und unserem Vertrauen in Künstliche Intelligenz (KI). Zugleich bestehen Bedenken darüber, wie immer mehr Privatsphäre verloren geht, wie die Zukunft der Arbeit wohl aussehen mag und inwieweit KI liberale Demokratien gefährdet. Das schafft ein weitverbreitetes Gefühl der Ambivalenz: Wir vertrauen der KI und darauf, dass sie unsere Zukunft sein wird, aber ebenso ist uns bewusst, dass es Anlass zu Misstrauen gibt. Wir lernen, mit den digitalen Geräten zu leben, interagieren guter Dinge mit ihnen, als wären sie neu gewonnene Verwandte, digitale Gefährten, behalten uns aber gleichzeitig eine tiefe

Zwiespältigkeit gegenüber den Geräten wie dem Komplex der sie produzierenden Tech-Konzerne vor.

Die fortschreitende Digitalisierung und Datafizierung fällt mit dem wachsenden Bewusstsein zusammen, wie kritisch es um die Nachhaltigkeit unseres Planeten steht. Die Tragweite des Klimawandels und der dramatische Zustand des Ökosystems, auf das wir für unser Überleben angewiesen sind, erfordern rasches Handeln. Nicht weniger gebannt, nicht weniger bang machen uns die digitalen Technologien, die durch unsere Gesellschaften fegen. Doch nur selten werden diese beiden großen Wandlungsprozesse – die Digitalisierung und der Wandel hin zur Nachhaltigkeit – zusammen gedacht. Nie zuvor hatten wir die technischen Instrumente, das wissenschaftliche Wissen und die technisch-wissenschaftlichen Handlungsfähigkeiten, um derart weit zurück in die Vergangenheit und voraus in die Zukunft zu blicken. Trotzdem haben wir das Bedürfnis, unsere Existenz in dieser unheimlichen Gegenwart zu überdenken, dem Wendepunkt hin zu einer unbekannten Zukunft, die anders sein wird, als uns in der Vergangenheit versprochen wurde. Verschärft wurde dieses weitverbreite Gefühl von Angst nur noch durch die Covid-19-Pandemie, in sich ein disruptives Großereignis mit langfristigen globalen Folgen.

Mein Weg zu diesem Buch war voller Überraschungen. Meine bisherige Arbeit zum Thema Zeit, insbesondere der Struktur und Erfahrung sozialer Zeit, führte mich zu der Frage, wie sich unsere Zeiterfahrung durch den tagtäglichen Kontakt und Umgang mit Künstlicher Intelligenz und digitalen Geräten als unseren vertrauten Begleitern abermals verändert. Wie wirkt sich die Konfrontation mit geologischen Zeitskalen, langfristigen atmosphärischen Vorgängen oder der Halbwertszeit von

Mikroplastik und Giftmüll auf die Zeitlichkeiten unseres täglichen Lebens aus? Wie beeinflusst KI die zeitliche Dimension unserer Beziehungen untereinander? Erleben wir die Entstehung von etwas wie einer »digitalen Zeit«, die sich in die ineinander verschachtelte zeitliche Hierarchie physischer, biologischer und gesellschaftlicher Zeiten hineingedrängt hat? Falls ja, wie bewältigen und koordinieren wir diese unterschiedlichen Zeitlichkeiten im Lauf unseres Lebens?

Der andere Strang meiner bisherigen Arbeit, zur List der Ungewissheit, lenkte meinen Blick darauf, wie wir mithilfe mächtiger computergestützter Instrumente, die die Zukunft näher an die Gegenwart geführt haben, alten und neuen Ungewissheiten begegnen und mit ihnen umgehen lernen. Diese Instrumente gewähren Einblicke in die Dynamiken komplexer Systeme, und grundsätzlich ermöglichen sie uns, jene Kipppunkte auszumachen, an denen Systeme in ein anderes Stadium übergehen. Kipppunkte markieren weiterführende Transformation, einschließlich der Möglichkeit eines Zusammenbruchs. Nun da das wissenschaftliche Verständnis komplexer Systeme zunimmt, wie lässt sich dieses Wissen einsetzen, um gegenwärtigen Risiken entgegenzuwirken und soziale Netzwerke resilienter zu machen?

Natürlich traf ich auf meiner Suche auf mehrere Hindernisse, konnte aber zugleich dank meines langjährigen Interesses an der Erforschung von Zeit und der List der Ungewissheit – die wir meiner Ansicht nach annehmen sollten – Aspekte persönlicher Erfahrung und biografischer Ereignisse mit empirischen Studien und wissenschaftlichen Erkenntnissen verknüpfen. Doch angesichts der wahrscheinlichen Folgen von Klimawandel, Artenschwund und Meeresversauerung oder Problemen wie der Zukunft der Arbeit, sobald die Digitalisierung die Arbeitnehmer der Mittelschicht treffen wird, konnte ich nicht mehr auf derlei persönliche Anknüpfungspunkte zurückgreifen. Konfrontiert mit Medienbildern verheerender Flächenbrände, von Hochwasser und rapide schmelzendem Polareis, wurde mir, wie vielen anderen, bewusst, wie ungeheuer viel heute auf dem Spiel steht. Ich las unzählige wissenschaftliche Studien mit quantitativen Schätzungen der Zeitlinien, entlang derer wir mehrere mögliche Kipppunkte in der anhaltenden Umweltzerstörung und somit den Zusammenbruch des Ökosystems erreichen würden. Und wie so viele andere auch fühlte ich mich den mit der Digitalisierung einhergehenden Sorgen und Hoffnungen, den Chancen und wahrscheinlichen Kehrseiten ausgeliefert.

Doch trotz dieser Beobachtungen und Analysen blieb ein Abstand zwischen der globalen Ebene, auf der sich diese Prozesse vollziehen, und meinem eigenen Leben, das glücklicherweise ohne größere Störungen weiterging. Selbst lokale Auswirkungen entwickelten sich entweder an weit entfernten Orten oder blieben lokal in dem Sinne, dass sie bald von anderen lokalen Ereignissen überholt wurden. Die meisten von uns sind sich dessen bewusst, dass diese großen gesellschaftlichen Transformationen enorme Auswirkungen und zahlreiche unbeabsichtigte Folgen mit sich bringen werden; und doch bleiben sie derart überwältigend abstrakt, dass sie sich in ihrer Komplexität intellektuell kaum greifen lassen. Der Abstand zwischen Wissen und Handeln, zwischen persönlicher Einsicht und kollektivem Handeln, zwischen dem Denken auf individueller Ebene und jenem globaler Institutionen scheint uns vor den unmittelbaren Auswirkungen dieser weitreichenden Veränderungen abzuschirmen.

Schließlich entdeckte ich einen Zugang, der mich eine neugiergetriebene und präzise wissenschaftliche Recherche mit persönlicher Erfahrung und Intuition zur Kernfrage verbinden ließ: die immer wichtigere Rolle von Vorhersagen, insbesondere durch prädiktive Algorithmen und Analytik. Bei Vorhersagen geht es offensichtlich um die Zukunft, und doch beziehen sie sich darauf zurück, wie wir die Zukunft in der Gegenwart wahrnehmen. Auf komplexe Systeme angewendet, treffen Vorhersagen auf die Nichtlinearität von Prozessen. In einem nichtlinearen System sind Veränderungen im Eingang nicht mehr proportional zu Veränderungen im Ausgang. Deshalb wirken solche Systeme derart unvorhersehbar oder chaotisch. Wir befinden uns also an folgendem Punkt: Wir wollen das Spektrum des verlässlich Vorhersagbaren erweitern, erkennen aber auch, dass sich komplexe Systeme der Linearität widersetzen, die, vielleicht als Erbe der Moderne, unser Denken noch immer weitreichend bestimmt.

Das Verhalten komplexer Systeme können wir nur schwer begreifen, und oft scheint es unserer Intuition zuwiderzulaufen. Veranschaulicht wird dies durch den berühmten Schmetterlingseffekt, worin die sensitive Abhängigkeit von den Anfangswerten in einem späteren Stadium starke Unterschiede auslösen kann, etwa wenn der Flügelschlag eines Schmetterlings im Amazonas dazu führt, dass in Texas ein Tornado das Festland erreicht. Doch derlei Metaphern sind nicht immer zur Hand, und allmählich fragte ich mich, inwieweit wir überhaupt in der Lage sind, nichtlinear zu denken. Prognosen zum Verhalten dynamischer komplexer Systeme erscheinen häufig in Form mathematischer Gleichungen, eingebettet in digitale Technologien. Simulationsmodelle sprechen unsere Sinne nicht direkt an. Ihre Ergebnisse und die von ihnen produzierten Optionen müssen interpretiert und erklärt werden. Da sie als wissenschaftlich objektiv gelten, werden sie häufig nicht weiter hinterfragt. Und doch nehmen Prognosen so viel Handlungsmacht ein, wie wir ihnen zumessen. Folgt man Algorithmen blind, wird ihr prognostisches Vermögen zur selbsterfüllenden Prophezeiung – eine Vorhersage bewahrheitet sich, weil Menschen an sie glauben und sich dementsprechend verhalten.

Also versuchte ich, die Trennung zwischen dem Persönlichen – in diesem Fall Prognosen, die wir an uns individuell gerichtet erfahren – und dem Kollektiven in Form komplexer Systeme zu überbrücken. Auf zwischenmenschlicher Ebene sind wir Botschaften und Kommunikationsformen gegenüber unbefangen, alles Systemische hingegen empfinden wir als eine externe, unpersönliche und mit uns interferierende Kraft, solange wir keine professionelle und wissenschaftliche Warte einnehmen. Könnte es nicht sein, fragte ich mich, dass wir einer algorithmischen Vorhersage so unbedarft unser Vertrauen schenken, weil sie uns auf persönlicher Ebene erreicht, dem digitalen System wiederum – was immer wir damit meinen oder assoziieren – misstrauen, weil es uns unpersönlich erscheint?

In der Wissenschaft sprechen wir von hierarchisch organisierten Ebenen, von denen jede eigenen Regeln oder Gesetzen unterliegt. In den Sozialwissenschaften, einschließlich der Wirtschaftswissenschaft, setzt sich diese Trennung in Form einer Aufteilung zwischen Mikro- und Makroebene fort. Doch keine der folgenden erkenntnistheoretischen Überlegungen schien bereitzuhalten, wonach ich suchte: eine Möglichkeit, über diese Trennungen hinwegzusehen, entweder durch einen Perspektivwechsel oder – sehr viel anspruchsvoller – indem ich mich um einen mehrperspektivischen Standpunkt bemühte, der mir

Zugang zu beiden Ebenen gewähren würde. Also suchte ich eine Methode, um das Persönliche und das Unpersönliche zu verbinden, die individuelle Wirkung vorhersagender Algorithmen mit der Wirkkraft der Digitalisierung auf uns als Gesellschaften.

Obgleich ich den Großteil dieses Buches schrieb, bevor ein neues Virus weltweit Verwüstung anrichtete, verstärkt durch unkoordinierte und häufig verantwortungslose politische Reaktionen, ist das Buch doch von der Covid-19-Pandemie geprägt. Unerwartet offenbarte die Covid-Krise die Grenzen von Prognosen. Eine Pandemie gehört zu jenen bekannten Unbekannten, von denen man weiß, dass sie geschehen können. Man weiß, dass wahrscheinlich weitere Pandemien folgen werden, aber nicht, wann und wo. Im Falle des SARS-CoV-2-Virus wurde die Diskrepanz zwischen Prognosen und fehlender Vorbereitung schnell augenfällig. Bereitwillig folgen wir algorithmischen Vorhersagen unseres zukünftigen Konsums und Verhaltens und sogar unserer seelischen Verfassung. Wir glauben, was uns die Algorithmen zu unseren persönlichen Gesundheitsrisiken sagen und dass wir unsere Lebensweise ändern sollten. Algorithmen werden in der polizeilichen Profilerstellung, in Gerichtsverfahren und vielem mehr verwendet. Und doch waren wir nicht vorbereitet auf eine Pandemie, die schon lange prognostiziert war. Wie konnte es dazu bloß kommen?

Die Covid-Krise, die sich demnächst vom Notfall zum eher chronischen Zustand wandeln wird, stärkte meine Überzeugung, dass der Schlüssel zum Verständnis der heutigen Veränderungen in dem liegt, was ich als Paradox der Prognose bezeichne. Richtet sich menschliches Verhalten, flexibel und anpassungsfähig wie es ist, erst einmal nach Vorhersagen, droht uns der Rückfall in eine deterministische Welt, deren Zukunft bereits feststeht. Das Paradox setzt genau am dynamischen und zugleich unberechenbaren Übergang zwischen Gegenwart und Zukunft an: Vorhersagen beziehen sich augenscheinlich auf die Zukunft, wirken aber unmittelbar darauf ein, wie wir uns in der Gegenwart verhalten.

Das prognostische Vermögen von Algorithmen ermöglicht es uns, weiter zu blicken und mithilfe von Simulationsmodellen unterschiedliche Ergebnisse emergenter Eigenschaften in komplexen Systemen einzuschätzen. Mittels riesiger Rechenleistung und enormer Datenmengen aus der natürlichen und sozialen Welt können wir Vorhersage-Algorithmen bei der Arbeit beobachten und ihre Wirkkraft analysieren. Doch wie wir das tun, ist in sich selbst paradox: Wir wollen unbedingt etwas über die Zukunft erfahren, übergehen aber meist, wie sich Vorhersagen auf uns auswirken. Welchen glauben wir, und welche verwerfen wir? Das Paradox entsteht aus der Unvereinbarkeit einer algorithmischen Funktion als abstrakte mathematische Gleichung und einem menschlichen Glauben, der nicht zwangsläufig stark genug ist, um uns zum Handeln zu bewegen.

Vorhersage-Algorithmen haben eine besondere Form der Macht erlangt, die sich in mehreren Dimensionen entfaltet. Wir verlassen uns heute gewohnheitsmäßig und in vielen Bereichen auf sie, etwa in der extensiven Anwendung wissenschaftlicher Vorhersagen, ob zur Verbesserung von Wetterberichten oder der zahlreichen Technikprodukte, die neue Märkte schaffen sollen. Sie basieren auf prädiktiven Analysetechniken, die ein breites Spektrum an Produkten und Dienstleistungen hervorgebracht haben, von der DNA-Probenanalyse über die Vorhersage bestimmter Krankheitsrisiken bis zur Anwendung in der

Politik, wo es in Wahlkämpfen mittlerweile gang und gäbe ist, gezielt Wählergruppen anzusprechen, deren Profile sich mittels Datenspuren erstellen lassen. In unserem Alltag sind Vorhersagen inzwischen allgegenwärtig. Wir tauschen unsere persönlichen Daten gegen die Bequemlichkeit, Effizienz und Ersparnis von Produkten, die uns Unternehmen dafür bieten. Wir füttern ihren endlosen Appetit auf mehr Daten und vertrauen ihnen Informationen über unsere privatesten Gefühle und Verhaltensweisen an. Unser Vertrauen in die Algorithmen scheint unumstößlich. Über die Finanzmärkte, wo automatisierter Handel und Risikobewertung anhand von Finanztechnologie schon lange eingeführt sind, herrscht die prädiktive Analytik vollends. Und auch die Grundlage der militärischen Entwicklung autonomer Waffen, deren tatsächlicher Einsatz einem Albtraumszenario gleichkäme, bilden Algorithmen.

Die Covid-19-Pandemie hat jedoch gezeigt, dass wir weitaus weniger Herr der Lage sind als gedacht. Das liegt weder an fehlerhaften Algorithmen noch an mangelnden Daten, wenngleich die Pandemie offenbarte, wie sehr die Bedeutung des Zugangs zu hoher Datenqualität und deren Interoperabilität unterschätzt worden war. Um vor künftigen Epidemien zu warnen, brauchte es keine Prognose-Algorithmen; epidemiologische Modelle und Bayes-Statistik genügten. Doch Warnungen blieben unbeachtet. Die Diskrepanz zwischen Wissen und Handeln bleibt weiterhin bestehen, wenn Menschen etwas nicht wissen wollen oder zahllose Rechtfertigungen für Tatenlosigkeit anführen. Prognosen brauchen also immer auch Kontext. Sie können auf taube Ohren stoßen oder uns verleiten, ihnen blind zu folgen. Die prädiktive Analytik, obgleich in den Wahrscheinlichkeiten unseres Unwissens formuliert, ist wie ein digitales Paket, das wir zwar gerne in Empfang nehmen, es aber kaum je für nötig halten, auch auszupacken. Prognosen erscheinen wie ausgeklügelte algorithmische Produkte von Systemen, die auf die meisten von uns undurchdringlich wirken und von ihren Eigentümerkonzernen oft sorgfältig gehütet werden.

So begannen meine Gedanken sich immer mehr auf die Macht der Vorhersage und insbesondere die Macht algorithmischer Vorhersage zu konzentrieren. Das brachte mich zu Fragen wie: »Wie verändert Künstliche Intelligenz unsere Vorstellung von der Zukunft und unsere Erfahrung von Zeit?« Hier kehrte ich zu meinem langjährigen Interesse an der Erforschung sozialer Zeit zurück, besonders dem Konzept der Eigenzeit, Thema eines Buches, das ich Ende der 1980er-Jahre geschrieben hatte. Vor ein paar Jahren widmete ich mich dem Thema erneut mit »Eigenzeit. Revisited«, worin ich die Veränderungen untersuchte, die sich aus der Interaktion mit digitalen Medien und Geräten, mittlerweile unsere täglichen Begleiter, ergeben.[1] Es sind neue zeitliche Beziehungen zu Mitmenschen entstanden, die räumlich weit entfernt, digital aber nah sind, sodass Abwesenheit und Präsenz wie auch der räumliche und digitale Standort zu einer veränderten Zeiterfahrung verschmolzen sind.

Niemand hätte ahnen können, welche Bedeutung Begriffen wie räumlicher Distanzierung oder Abstandhalten wenige Jahre später zukommen würde. Inmitten der Covid-Pandemie fand ich meine frühere Diagnose einer ausgedehnten Gegenwart bestätigt. Ich hatte argumentiert, dass, seitdem die Dynamik wissenschaftlich und technisch geführter Innovation die Gegenwart für zahlreiche neue Möglichkeiten öffnete, sich der Übergang zwischen Gegenwart und Zukunft auflöste. Indem neue Technologien und deren soziale Auswahl und Aneignung untergebracht werden mussten, wurde die Gegenwart erweitert. Vieles, was bislang nur in einer weit entfernten Zukunft möglich erschienen war, nistete sich in der Gegenwart ein. Das veränderte die Zeiterfahrung. Die Gegenwart wurde verdichtet und dehnte sich gleichzeitig in die unmittelbare Zukunft aus.[2]

So beobachte ich, dass uns die Zukunft eingeholt hat. Wir leben weniger in einem digitalen Zeitalter als in einer digitalen Zeitmaschine. Angetrieben wird die Maschine von prädiktiven Algorithmen mit genügend Energie, um uns über die erreichte Zukunft hinaus in eine unbekannte Zukunft zu schleudern, die wir unbedingt enträtseln wollen. So können wir gar nicht eifrig genug Prognosen erstellen und widmen uns einer mannigfaltigen Zukunftsforschung, um wenigstens ein wenig Kontrolle über etwas zu erlangen, was aufgrund seiner unvorhersehbaren Komplexität andernfalls unkontrollierbar erscheinen würde. Indem sie Laufbahnen zukünftigen Verhaltens darlegen, vermitteln uns prädiktive Algorithmen und Analytik ein gewisses Maß an Sicherheit. Wir schreiben ihnen Handlungsmacht zu und fühlen uns durch ihre Botschaften zu den für uns wichtigsten Prognosen gestärkt. Unser Bedürfnis nach Gewissheit ist so groß, dass wir selbst bei negativen Prognosen erleichtert sind, zumindest zu wissen, was geschehen wird. Indem sie uns derlei Vergewisserung bieten, können uns algorithmische Hochrechnungen im Umgang mit Ungewissheit helfen und uns zumindest etwas Kontrolle über die Zukunft zurückgeben.

Mein Hintergrund in der Wissenschafts- und Technikforschung ließ mich eine Brücke zwischen Wissenschaft und Gesellschaft schlagen und ein besseres Verständnis der Reibungen und gegenseitigen Missverständnisse entwickeln, die dieses prekäre und angespannte Verhältnis besetzen. Im Rahmen der Wissenschafts- und Technikforschung können wir beobachten, wie Forschung in der Praxis betrieben wird, und analysieren, welche sozialen Strukturen und Prozesse der wissenschaftlichen Arbeit und Funktionsweise zugrunde liegen. Die Pandemie hat dem lediglich eine neue Wendung hinzugefügt, wenngleich eine überwiegend bedauerliche. Obwohl die Wissenschaft zu Anfang der Pandemie, getragen von der Hoffnung auf baldige Impfstoffe und Therapien, ganz im Zentrum der Aufmerksamkeit stand, geriet sie durch politischen Opportunismus bald in Schwierigkeiten. Ein hässlicher »Impfnationalismus« entstand, und zugleich wurde die Wissenschaft von Covid-Leugnern und Verschwörungstheoretikern, die zusammen mit Impfgegnern und rechtsextremen Bewegungen Auftrieb erfuhren, übergegangen. So geriet die Schnittstelle zwischen Wissenschaft, Politik und Öffentlichkeit nach einem kurzen positiven Zwischenspiel abermals in Schieflage.

Die Pandemie bot ein erweitertes Testgebiet, insbesondere für die biomedizinischen Wissenschaften, deren Zugriff auf KI und die neuesten digitalen Technologien sich als wertvoll erweisen sollte. So konnten in Rekordzeit die Genome des Virus und seiner Mutationen sequenziert werden; weltweit tauschten Forscher Proben untereinander aus und funktionierten für zusätzliche Testmöglichkeiten laboratorisches Equipment um. Zudem konnte so das COVID-19-High-Performance-Consortium, eine öffentlich-private Initiative unter Beteiligung der NASA und der großen KI-Akteure, die Rechenkapazität der weltweit schnellsten und höchstentwickelten Computer bündeln. Mithilfe von Methoden des Deep Learning, des tiefgehenden maschinellen Lernens, konnte man eine Milliarde Moleküle, die auf einen potenziellen therapeutischen Nutzen hin analysiert wurden, auf wenige Tausend reduzieren.

Auch Datensätze gewannen in Reaktion auf die Covid-19-Pandemie ungemein an Bedeutung. Unter erheblichem Druck wurden jegliche verfügbaren Daten schnellstmöglich verarbeitet, damit Datenwissenschaftler, Epidemiologen und Mathematiker sie in Simulationsmodellen für Prognosen verwenden konnten. Ziel war es, mögliche Verlaufskurven der Pandemie vorherzusagen, Anstieg, Abfall oder Abflachen ihrer Wellen darzustellen und die Implikationen für unterschiedliche Bevölkerungsgruppen, für Gesundheitsinfrastruktur und Versorgungsketten sowie für die erwartbaren sozioökonomischen Begleitschäden auszuwerten. Doch trotz der sichtbaren und wichtigen Rolle von Daten während der gesamten Pandemie ergab sich keine Schnelllösung mittels quantitativer Daten, die als solide Basis für die richtigen Maßnahmen hätte dienen können. Ist die Datenqualität schlecht oder die passende Datenart nicht verfügbar, wird ein vermeintliches Gut rasch zu Müll, der Simulationsmodelle kontaminiert und ihren gesellschaftlichen Nutzen radikal verringert.

Die Diskussion über Innovation und gesellschaftlichen Transfer wissenschaftlicher Erkenntnisse wurde zu einem gewissen Grad durch die Covid-Krise überschattet. Es scheint daher angebracht, sich die umfangreichen Arbeiten in der Wissenschafts- und Technikforschung zur sozialen Gestaltung von Technologien in Erinnerung zu rufen. Hier zeigen Forschungsergebnisse, dass Technologien immer selektiv aufgenommen werden. Sie sind gegendert. Sie werden vereinnahmt und zu Produkten umgewandelt, um die herum neue Märkte entstehen und dem globalen Kapitalismus Auftrieb verleihen. Der Nutzen technischer Neuerung ist nie gleich verteilt, und bestehende soziale Ungleichheiten werden durch einen beschleunigten technischen Wandel vertieft. Doch nie ist es allein die Technik, die als externe Kraft sozialen Wandel freisetzen würde. Vielmehr sind Technologien und technischer Wandel Produkt und Ergebnis gesellschaftlicher, kultureller und wirtschaftlicher Voraussetzungen und entstehen aus einer Vielzahl koproduktiver Prozesse.

Aus der Perspektive der Wissenschafts- und Technikforschung benötigt das vermeintlich völlig Neuartige und Einzigartige einen historischen und komparativen Kontext. So lässt sich der gegenwärtige Wandel mit vergangenen technisch-ökonomischen Paradigmenwechseln mit einer ähnlichen gesellschaftlichen Tragweite vergleichen. Im Zeitalter der Moderne galt Fortschritt als linear und nur in eine Richtung gehend. Von den Techno-Wissenschaften angeführt und fortgeschrieben, glaubte man, ein fortlaufendes Wirtschaftswachstum gewährleiste eine bessere Zukunft. Damit einherging das Versprechen von Kontrolle, sinnfällig in dem überhöhten Selbstvertrauen, das sich in damaligen Planungen spiegelte. Doch dieser Fortschrittsglaube schwindet schon seit einer Weile, und in der jüngeren Vergangenheit haben einige Ereignisse und Entwicklungen für weitere Zweifel gesorgt. Das globale Ausmaß der Umweltzerstörung konfrontiert uns alle mit einer »unbequemen Wahrheit«, die uns Jugendliche, mobilisiert durch die Fridays for Future-Bewegung, nur noch bestätigen. Zudem hat die Pandemie hilflose bis zynische Reaktionen vieler Regierungen vorgeführt; zur Bewältigung der langfristigen Folgen wird es einen Richtungswandel brauchen.

Die beachtliche Geschwindigkeit der jüngsten KI-Entwicklungen und deren Zusammentreffen mit der Nachhaltigkeitskrise wirft die Frage auf: Was ist dieses Mal anders? Die räumlichen Grenzen unseres Habitats werden uns immer bewusster, und im Hinblick auf eine nachhaltige Nutzung der vorhandenen Ressourcen begegnen wir mannigfaltigen Herausforderungen. Diese bewegen sich von der Energiewende über den Erhalt der Artenvielfalt und die Gestaltung lebenswerterer Städte bis zu einer drastischen Reduzierung der Plastikverschmutzung und dem Management immer größerer Abfallmengen. Kein Wunder, dass Bedenken wachsen, ob die von uns ausübbare Kontrolle weiter schwinden wird. Von uns erschaffene Maschinen sollen viele Arbeiten übernehmen, die derzeit noch von Menschen erledigt werden, aber da diese Maschinen unsere Handlungen und Möglichkeiten nachverfolgen und einschränken, wird unser Kontrollvermögen noch weiter abnehmen. Es ist also viel Weisheit vonnöten, um besser zu verstehen, wie Künstliche Intelligenz menschliche Handlungsfreiheit beeinflusst und beschränkt.

Bald wurde mir klar, dass ich nur die Oberfläche von tiefergehenden Transformationsprozessen gestreift hatte, die gemeinschaftlicher Überlegungen bedürfen. Die Zukunft wird von digitalen Technologien beherrscht werden, während wir zugleich einer Nachhaltigkeitskrise gegenüberstehen; beide Wenden umfassen Veränderungen in den zeitlichen Strukturen und Ordnungen, die unser Leben und unsere Gesellschaft prägen. Digitale Technologien bringen die Zukunft in die Gegenwart, während uns die Nachhaltigkeitskrise mit der Vergangenheit konfrontiert und uns zwingt, für die Zukunft neue Fähigkeiten zu entwickeln. Welche Lösungen uns auch einfallen mögen, sie müssen die menschliche Dimension und unser gewandeltes Verhältnis zu einer natürlich und technisch veränderten Umwelt integrieren. Das waren ein paar der tieferliegenden Fragen, die ruhig, aber hartnäckig im

Hintergrund vor sich hin summten und mich auf meiner Suche antrieben. Mein Weg führte mich zu einer Reihe internationaler Treffen, Workshops und Konferenzen, wo einzelne dieser Punkte diskutiert wurden. So gab es Treffen zur Frage, wie sich das Recht auf Privatsphäre schützen lasse, das in Europa mit der Datenschutz-Grundverordnung eine besondere rechtliche Stellung erhielt. Im geopolitischen Wettstreit der beiden KI-Supermächte, den USA und China, kommt Europa lediglich eine Nebenrolle zu. Manchmal wird dieser Konkurrenzkampf als digitaler Rüstungswettlauf um die Vormacht im 21. Jahrhundert beschrieben, und jüngst wurde er alarmierend angefacht. Viele Europäer trösten sich derweil damit, zumindest einen Rechtsrahmen zum eigenen Schutz zu haben, auch wenn sie sich eingestehen müssen, dass in der Praxis weder die Datenschutz-Grundverordnung noch andere Formen der Wachsamkeit gegenüber dem Eindringen transnationaler Konzerne genügen.

Diskussionen zur Digitalisierung beschäftigen sich auch mit den Risiken der fortschreitenden Automatisierung. An erster Stelle stehen hier die Zukunft der Arbeit und die potenzielle Gefährdung liberaler Demokratien durch die Digitalisierung. Die Angst, mehr Arbeitsplätze könnten verloren gehen als rechtzeitig neu geschaffen werden, erscheint mir in den USA sehr viel akuter als in Europa, teils aufgrund der in Europa noch bestehenden Sozialleistungen und teils, weil die Digitalisierung Fachpersonal und die Mittelschicht noch nicht spürbar erreicht hat. Die Bedrohung liberaler Demokratien wiederum ist umso offenkundiger geworden, je mehr Länder von populistischen, nationalistischen und fremdenfeindlichen Wellen ergriffen wurden. Hierzu beigesteuert haben unheilvolle Phänomene wie Fake News und Trojaner, mit denen unbekannte Hacker und mutmaßlich ausländische Geheimdienste mit erfundenen Botschaften passgerecht auf spezifische Gruppen abzielen. Insgesamt hat es den Anschein, als sollten dadurch demokratische Institutionen unterminiert und Politiker mit autoritären Tendenzen gestärkt werden. Digitale Technologien und die sozialen Medien sind als Mittel zur Zersetzung demokratischer Prinzipien und der Rechtsstaatlichkeit vereinnahmt worden. Das Internet droht derweil zu einem unbeschränkten und ungeregelten Raum für die Verbreitung von Hass und Verachtung zu geraten.

Meine häufigen Reisen nach Singapur gaben mir einen neuen Blickwinkel, wie sich eine Gesellschaft die Digitalisierung zu eigen machen kann, und eine einzigartige Gelegenheit, ein digital und wirtschaftlich fortschrittliches Land direkt zu erleben. Ich erhielt einen Einblick in Singapurs viel gepriesenes Bildungssystem, wie sehr die dortige Bürokratie auf digitale Technologien baut, wie effizient sie dabei ist und wie hoch gleichzeitig das Vertrauen in die Regierung ist. Am meisten beeindruckte mich der dauerhafte und stets prekäre Balanceakt des Landes zwischen einer breit gefühlten Verletzlichkeit – als kleiner Staat ohne natürliche Ressourcen, umgeben von großen und mächtigen Nachbarn – und einer ebenso weitverbreiteten Entschlossenheit, sich gut auf die Zukunft vorzubereiten. Hier war ein Land, das sich selbst als junge Nation wahrnahm und viel Energie aus einem beachtenswerten Maß an wirtschaftlichem Wohlstand und sozialem Wohlergehen zog. Diese Energie sollte nun in eine Zukunft fließen, die es unbedingt selbst zu gestalten galt. Nirgendwo sonst habe ich so viele Debatten, Workshops, Berichte und politische Maßnahmen erlebt, die ganz auf eine Zukunft ausgerichtet sind, die, wenn auch ungewiss, unter Berücksichtigung vieler kommender Eventualitäten gründlich durchdacht und geplant sein will. Natürlich würde diese Zukunft eine digitale sein. Es gilt also, die notwendigen digitalen Fähigkeiten zu kultivieren und alle verfügbaren digitalen Werkzeuge zum praktischen Einsatz zu bringen.

Weitere Gedanken und Erkenntnisse kamen mir bei internationalen Treffen zur Zukunft der Künstlichen Intelligenz. So hatte ich als Präsidentin des European Research Council mehrfach das Weltwirtschaftsforum (WEF) besucht. In der Ausgestaltung der digitalen Zukunft zeigt sich das WEF gern in hohem Maße engagiert. Bei den dortigen Treffen trafen bekannte Gesichter aus der Technologie- und Geschäftswelt auf Akademiker und privatwirtschaftliche Forscher, die führend zur KI arbeiten. Hier wurde schnell klar, dass die Begeisterung über die Möglichkeiten digitaler Technologien gegen deren mögliche Risiken abgewogen werden müsse, wenn Regierungen und Unternehmen Gegenreaktionen einer vom Tempo des technischen Wandels beunruhigten Bevölkerung vermeiden wollten. Zwar wurden die vielen Ungewissheiten in dieser Entwicklung erkannt, aber vergleichsweise wenige Lösungen angeboten.

Wieder andere Treffen, an denen ich teilnahm, hatten zum erklärten Ziel, die breite Öffentlichkeit in die Diskussion um die Zukunft der KI miteinzubeziehen, etwa der Nobel Week Dialogue 2015 in Göteborg oder der Falling Walls Circle 2018 in Berlin. Auch besuchte ich Robotertechnik- und IT-Labore und Workshops zur Entwicklung verschiedenartiger digitaler Strategien. Mit Kollegen vom Complexity Science Hub in Wien und Mitgliedern ihres internationalen Netzwerks führte ich bereichernde Gespräche und erhielt einen Einblick in die Komplexitätsforschung. Dann geriet ich noch zufällig in eine überaus erhellende Konferenz zu digitalem Humanismus, einem Trend, der sich allmählich zu einer Bewegung ausweitet.

So vereinzelt und ergebnisoffen diese Gespräche meist auch waren, bildeten sie doch den Eindruck eines dynamischen, sich rasch entwickelnden Feldes. Dessen Protagonisten betonten gern, dass sie ihre Arbeit in der Verantwortung sähen, auf eine »förderliche KI« oder ähnliche Ansätze zuzusteuern. Merklich ungeduldig wurde aufgezeigt, dass Forscher und Förderer der KI sich deren Risiken bewusst seien, doch ebenso häufig wurde die Grenze zwischen aufrichtigen Bedenken und unaufrichtigen Ethikansprüchen von Konzernen verwischt. Eines Tages mag Künstliche Intelligenz die menschliche Intelligenz tatsächlich übertreffen, doch nur selten befassten sich die Diskussionen mit den Unterschieden zwischen den beiden. Stattdessen wurde versichert, die Risiken seien handhabbar. Hin und wieder kam auch das Thema menschlicher Dummheit auf und welche Rolle der Unwissenheit zukommt. Bisweilen war auch eine Faszination der »Süße der Technologie« erkennbar, ganz ähnlich jener, die J. Robert Oppenheimer erfasste, als er davon erzählte, wie er sich in die Atombombe verliebte.

Auf einer dieser vielen von mir besuchten Konferenzen zur Zukunft der KI hatten die Organisatoren versucht, mithilfe eines Algorithmus für die größtmögliche Diversität innerhalb der einzelnen Gruppen zu sorgen. Außerdem war die KI beauftragt worden, vier Haikus zu schreiben, für jede Gruppe eines. (Erstmals löste eine KI eine derlei »kreative« Aufgabe übrigens in den 1960er-Jahren.) Die Konferenz war ein Erfolg und die Diskussion in den einzelnen »Haiku-Gruppen« bereichernd; aber irgendwie war ich doch enttäuscht von dem Gedicht, das die KI für meine Gruppe verfasst hatte. Also schrieb ich auf der Rückreise im Flugzeug selbst ein Haiku, zum ersten Mal in meinem Leben. Anfängerglück bescherte mir folgende Schlusszeile: »Zukunft braucht Weisheit«.

Ein Haiku soll einen kurzlebigen Moment einfangen, einen vergänglichen Eindruck oder eine flüchtige Sinneswahrnehmung. Offensichtlich hingen meine Eindrücke noch am Thema der Konferenz, der Zukunft der KI. »Zukunft braucht Weisheit« – dieser Satz ließ mich nicht los. Welche Art von Zukunft beschäftigte mich so sehr? Würde sie von prädiktiven Algorithmen beherrscht werden? Und falls ja, wie würde dies das menschliche Verhalten und unsere Institutionen verändern? Was konnte ich selbst tun, um etwas Weisheit in die Zukunft zu bringen? Auf meiner Reise durchs Digi-Land habe ich gelernt, den Dissonanzen und Obertönen zu lauschen und Nuancen und Halbtöne auszuloten, die Mehrdeutigkeiten und Zwiespältigkeiten in unseren Lösungsansätzen zu erkennen und die Fähigkeit zu verfeinern, zwischen selektiven Erinnerungen an die Vergangenheit, einer uns überwältigenden Gegenwart und einer Zukunft, die ungewiss, aber offen bleibt, hin und her zu gleiten.

DER IRRGARTEN UND DAS LABYRINTH

Keine dieser Begegnungen und Diskussionen bereitete mich auf die Überraschung vor, die mich überkam, als ich die bestehende Literatur schließlich etwas systematischer durchging. Es wurde schon viel zum Thema veröffentlicht, und die Flut an Aktualisierungen scheint nicht zu versiegen. Ich kam zu dem Schluss, dass ein Großteil des Materials in Eile geschrieben worden sein musste, als wolle man mit dem Tempo der tatsächlichen Entwicklungen mithalten. Manchmal fühlte ich mich wie bei einem unfreiwilligen Gelage, überfrachtet mit unnötiger Information, aber intellektuell ungesättigt. Am auffälligsten schien mir, dass sich die große Mehrheit der Bücher entweder einer optimistischen, tech-begeisterten Sicht verschreibt oder aber einer dystopischen. Häufig basieren Titel auf Spekulationen oder beschreiben einfach einem Laienpublikum, was die KI-Nerds so machen und wie digitale Technologien unser Leben verändern werden. Am Ende war ich mehr als enttäuscht darüber, wie mir wichtige Fragen und Themen hier verhandelt wurden: Der Ansatz war überwiegend kurzfristig und ahistorisch, oberflächlich und meist spekulativ; oft wurde eine enge Fachperspektive eingenommen, unfähig, technische Entwicklungen bedeutungsvoll mit gesellschaftlichen Prozessen zu verbinden, und beizeiten wurde »das Soziale« arrogant abgetan oder als bloßer Anhang des »Technischen« fehlinterpretiert.

Weiterhin flutet eine Masse von Büchern zu KI und Digitalisierung den Markt. Meist ist ihre Haltung enthusiastisch und technologiefreundlich, daneben gibt es aber auch einen Fokus auf die Kehrseite digitaler Technologien. Die positiv gestimmten Bücher bieten entweder einen generellen Überblick über neueste Entwicklungen und wirtschaftliche Vorteile von KI oder präsentieren jüngst hinzugefügte Features, um die Angst, die Maschinen könnten bald die Herrschaft ergreifen, zu beschwichtigen. Die soziale Tragweite von KI wird gewürdigt, ebenso, dass eine fachübergreifende Diskussion wünschenswert wäre. Ein anerkennendes Nicken in Richtung ethischer Fragen ist mittlerweile Pflicht, doch andere Probleme werden umgangen oder sollen an anderer Stelle gelöst werden. So erfahren wir nur selten etwas über Themen wie digitale soziale Gerechtigkeit. Mir einen Weg durch diese umfangreiche KI-Literatur zu bahnen, kam mir manchmal vor wie ein Gang durch einen Irrgarten, eine bewusst verwirrende Architektur, darauf ausgelegt, ein Entkommen zu verhindern.

Den Irrgarten durchziehen zahlreiche hell erleuchtete Wege, gesäumt von den neuesten technischen Spielereien, mit stolz präsentierten Features, um Nutzer in virtuelle Wunderwelten zu tragen. In den dunkleren Alleen des Irrgartens tummeln sich Bilder von und düstere Warnungen vor noch Schlimmerem, die mitunter ein wahrhaft apokalyptisches digitales Ende projizieren. Science-Fiction besetzt mehrere spezialisierte Nischen, oftmals voll von überzeichneten technologischen Fantasien, während soziale Aspekte unbeschrieben bleiben. Dazwischen verlaufen viele kleine, simple Pfade, von denen sich manche als Sackgassen entpuppen. Auch nützliche Tipps lassen sich finden, wie sich alltägliche konkrete Ärgernisse digitaler Technologien auflösen oder Systeme umgehen lassen. Reichlich Marketing wabert durch den Irrgarten und vermittelt den Eindruck kurzlebiger Begeisterung und einer Bereitschaft, neu aufgeputscht schon die nächste und höhere Dosis digitaler Neuerung liefern zu können.

Gelegentlich fühlte ich mich schon nicht mehr wie in einem Irrgarten, sondern wie in einem Labyrinth. Das war besonders dann der Fall, wenn sich Bücher Fragen der »Singularität« und des Transhumanismus widmeten, Themen, die leicht ins Kultartige erhoben werden und von Theorien, Fantasien und Spekulationen darüber durchsetzt sind, dass die Gattung Mensch bald ihre derzeitigen kognitiven und körperlichen Grenzen überwinden werde. Im Gegensatz zu einem Irrgarten mit seinen

Schlaufen und Schleifen, Sackgassen und Schlängelpfaden ist ein Labyrinth gezielt auf ein Zentrum ausgelegt, das über einen einzigen Pfad in einem einzigen Zug erreicht werden kann. Kunstvoll und oftmals spielerisch ist es rund um geometrische Figuren wie einen Kreis oder eine Spirale arrangiert. Kein Wunder, dass Labyrinthe viele Autoren und Künstler inspiriert haben, mit diesen Formen und dem bedeutungsschweren Konzept eines Weges zu spielen. Sind Ausgangspunkt und Zielpunkt identisch, soll sich im Wegverlauf zwischen den beiden etwas gewandelt haben. Für gewöhnlich ist es das Selbst. Daher die enge Assoziation eines Labyrinths mit einem höheren Bewusstsein oder einer spirituellen Erleuchtung.

Das Labyrinth ist eine altertümliche Kultstätte, ein Symbol von Wandel, auch wenn wir nur wenig über die dort praktizierten Rituale wissen. Im digitalen Zeitalter ist das imaginierte Zentrum eines digitalen oder rechnerischen Labyrinths jener Punkt, an dem die KI die menschliche Intelligenz übertrifft, auch als technologische Singularität bezeichnet. An diesem Punkt würde der menschliche Verstand mit einem künstlich geschaffenen, überlegenen Verstand verschmelzen, und der anfällige und alternde menschliche Körper könnte endgültig zurückgelassen werden. Das neu geborene digitale Sein würde sodann Teil der digitalen Welt oder einer höheren digitalen Ordnung, und der Körper und die materielle Welt würden zurückgelassen. Hier treffen wir auf eine uralte Fantasie, den immer wiederkehrenden Traum von der Unsterblichkeit, geboren aus dem Wunsch, zu Göttern zu werden, dieses Mal in Form einer Herrschaft über das digitale Universum. Mir erschien bemerkenswert, wie eng sich die Diskussion transzendentaler Themen wie der Unsterblichkeit oder der Suche nach einer Seele in der Technik mit überaus fachlichen und bodenständigen Fragen der Informatik und Computerwissenschaft verknüpfen ließ. Anscheinend konnte sich der Irrgarten plötzlich in ein Labyrinth verwandeln und umgekehrt.

In der Praxis überwiegen jedoch Kommunikationslücken. Wer wegen potenzieller Gefährdungen der liberalen Demokratie durch digitale Technologien besorgt ist, wird entdecken, dass Experten, die zu ebendiesen Risiken arbeiten, kein sonderlich großes Politikverständnis oder Interesse an Demokratie aufweisen. Wer zur Zukunft der Arbeit publiziert, spricht kaum je mit denjenigen, die für die tatsächliche Gestaltung jener automatisierten Systeme verantwortlich sind, die Menschen entweder den Arbeitsplatz kosten oder aber neue Arbeitsplätze schaffen. Viele Computerwissenschaftler und IT-Experten sind sich der Verzerrungen und anderer Schwächen ihrer Produkte durchaus bewusst und bedauern die Restriktionen, die damit einhergehen, Teil eines größeren technischen Systems zu sein. Nichtsdestotrotz sind sie im Grunde überzeugt, Lösungen für zahlreiche gesellschaftliche Probleme seien technischer Natur. Humanisten ziehen sich derweil entweder in ihre historische Nische zurück oder verteidigen humanistische Werte. Faktisch scheint das viel zitierte Ziel der Interdisziplinarität noch in weiter Ferne zu liegen.

Ich verließ den Irrgarten schließlich mit dem Eindruck, einen überbewerteten Marktplatz besichtigt zu haben, wo existierende Produkte schnell von neuen ersetzt werden, ausgewählt hauptsächlich aufgrund ihres Neuigkeitswertes. Abhängig von der Stimmung potenzieller Käufer und von Marktschwankungen überwogen utopische oder dystopische Visionen. Demgegenüber ist das Labyrinth ein Ort, an dem tiefe philosophische Fragen mit wildesten Spekulationen zusammenlaufen, eindeutig faszinierender und fesselnder. Dort fühlte ich mich zuweilen, als müsste ich mit Ariadnefäden den Weg markieren, der mich aus dem Zentrum des Labyrinths hinausführen würde. Einer dieser Fäden entspringt dem Gedanken eines digitalen Humanismus, der Vorstellung, dass für Algorithmen und KI-Systeme, die den Menschen dienen sollen, menschliche Werte und Sichtweisen den Ausgangspunkt bilden sollten. Diese Vorstellung basiert auf der Überzeugung, dass eine solche Alternative möglich ist.

Einem weiteren Strang ist eine Zielvorstellung eingewoben, die auf eine bemerkenswerte menschliche Entdeckung zurückgeht: auf die Idee von der Zukunft als offenem Horizont, voller bislang nicht vorstellbarer Möglichkeiten und inhärent ungewiss. Dieser offene Horizont erweitert sich in den riesigen Raum des noch Unbekannten und pulsiert mit den Dynamiken des Möglichen. Angeführt von Wissenschaft und Kunst ist die menschliche Kreativität bereit, diesen Raum zu erkunden. Ebendiese Auffassung der Zukunft steht auf dem Spiel, wenn vorhersagende Algorithmen die Gegenwart mit ihrer scheinbaren Gewissheit zu füllen drohen und sich menschliches Verhalten allmählich an ihre Vorhersagen anpasst.

Den größeren Rahmen dieses Buches setzt ein koevolutionärer Entwicklungspfad, auf den sich die Menschheit mit den von ihr erfundenen und auf den Weg gebrachten digitalen Maschinen begeben hat. Koevolution bedeutet, dass eine Wechselbeziehung mit beiderseitigen flexiblen Anpassungen im Entstehen ist. Digitale Daseinsformen oder von uns geschaffene Wesen wie Roboter mutieren zu unseren Bezugspersonen. Wohin uns diese Reise führen oder wie sie enden wird, wissen wir nicht. Doch im langen Verlauf der menschlichen Evolution sind wir möglicherweise zu etwas wie einer selbst domestizierenden Gattung geworden, die gelernt hat, Kooperation zu schätzen und ihr Aggressionspotenzial zumindest ein wenig einzuschränken. Dieses Kooperationsvermögen könnte sich nun auf digitale Maschinen ausweiten. Schon jetzt haben wir den Punkt erreicht, an dem wir allmählich glauben, der Algorithmus kenne uns besser als wir uns selbst. Von hier an wird er uns als neue Autorität zur Lenkung des Selbst erscheinen, die weiß, was gut für uns ist und was die Zukunft bereithält.

DER WEITERE WEG:
DAS LEBEN VORWÄRTS LEBEN
UND RÜCKWÄRTS VERSTEHEN

Wissenschaftliche Vorhersagen gelten als Prädikat moderner Wissenschaft. Insbesondere in der Physik werden Fortschritte gemacht, indem neue theoretische Konzepte sowie Instrumente erfunden werden, um die daraus entstandenen Vorhersagen zu prüfen. Die Computerrevolution, Mitte des letzten Jahrhunderts begonnen, wurde durch die immens angestiegene Rechenleistung und Deep-Learning-Methoden des 21. Jahrhunderts weiter beschleunigt. Ergänzt durch die Verfügbarkeit einer beispiellosen und weiter wachsenden Datenmenge haben diese Entwicklungen die Macht und Anwendbarkeit von Prognosen über ein beträchtliches Spektrum natürlicher und sozialer Phänomene ausgeweitet. Wissenschaftliche Vorhersagen sind nicht mehr allein auf die Wissenschaft beschränkt.

Seither ist die prädiktive Analytik für die Wirtschaft enorm lukrativ geworden und durchzieht das gesamte Sozialgefüge. Algorithmische Verfahren liegen den Funktionen technologischer Produkte zugrunde, die bestehende Geschäftsmodelle durchbrochen und neue Märkte geschaffen haben. Die Nutzung prädiktiver Analytik – eingesetzt von Marketing- und Werbeindustrie, instrumentalisiert von Politikern auf Stimmenfang sowie sich rasch zu eigen gemacht von der undurchsichtigen Welt der Geheimdienste, Hacker und Betrüger im anonymen Netz – konnte Konsumenten, Wähler und gesundheitsbewusste Bürger davon überzeugen, diese mächtigen digitalen Instrumente stünden ganz im Dienst unserer Bedürfnisse und latenten Wünsche.

Dass prädiktive Algorithmen sich so erfolgreich verbreitet haben und so bereitwillig angenommen wurden, liegt vorwiegend an ihrer performativen Kraft. Ein Algorithmus besitzt die Fähigkeit, geschehen zu lassen, was er vorhersagt, wenn menschliches Verhalten sich nach dieser Vorhersage richtet. Performativität bedeutet, dass alles Agieren, Aussprechen oder Ausüben Handlungen beeinflussen kann, wie J. L. Austin, Judith Butler und andere in ihren Pionierarbeiten zur Performativität von Sprechakten und nonverbaler Kommunikation gezeigt haben. Ein weiteres bekanntes soziales Phänomen wurde 1928 im Thomas-Theorem ausgedrückt – »Wenn die Menschen Situationen als wirklich definieren, sind sie in ihren Konsequenzen wirklich« – und später von Robert K. Merton als selbsterfüllende Prophezeiung neu formuliert. Es ist also an der Zeit, anzuerkennen, was Soziologen schon lange gewusst haben, und es auch auf prädiktive Algorithmen anzuwenden.

Die menschliche Tendenz, sich gerade in unerwarteten oder bedrohlichen Situationen am Verhalten anderer zu orientieren, erhöht die Macht vorhersagender Algorithmen. Die Illusion von Kontrolle wird so verstärkt. Gewinnt aber das Instrument die Oberhand über den Verstand, verlieren wir die Fähigkeit zu kritischem Denken. Am Ende vertrauen wir dem Autopiloten, während wir blindlings durch den Nebel segeln. In manchen Situationen ist es jedoch geradezu entscheidend, den Autopiloten zu deaktivieren und das eigene Urteilsvermögen anzuwenden.

Stelle ich mir den weiteren Weg vor, sehe ich eine Situation, in der wir zwar mithilfe eines von uns geschaffenen, hocheffizienten Instruments die Dynamiken eines breiten Spektrums an Phänomenen und Aktivitäten verfolgen und voraussehen können, die zugrunde liegenden ursächlichen Mechanismen meist aber gar nicht verstehen. Immer stärker verlassen wir uns auf die Vorhersagen von Algorithmen, gerade wenn sich Institutionen allmählich an diesen Vorhersagen auszurichten beginnen, häufig ohne sich der unbeabsichtigten Folgen bewusst zu sein. Nicht nur vertrauen wir der performativen Kraft der prädiktiven Analytik, sondern auch darauf, dass sie schon weiß, welche Optionen sie uns anbieten soll; abermals ohne zu bedenken, wer diese Optionen eigentlich wie gestaltet oder dass es andere, gleichermaßen erwägenswerte Optionen geben könnte.

Unterdessen schleicht sich Misstrauen gegenüber KI-Systemen ein und Bedenken wachsen. Manche davon, etwa die Ängste vor Überwachung oder um die Zukunft der Arbeit, sind weithin bekannt und werden bereits hinlänglich diskutiert. Andere sind weniger offensichtlich. Breiten sich selbsterfüllende Prophezeiungen erst einmal aus, droht uns die Rückkehr zu einem deterministischen Weltbild, in dem die Zukunft als gegeben und somit geschlossen gilt. Der wichtige Raum für die Imagination von Alternativen wird kleiner. Die Motivation und Fähigkeit, die Grenzen unseres Vorstellungsvermögens auszutesten, werden geschmälert. Verlassen wir uns ausschließlich auf die Effizienz von Prognosen, wird das Bedürfnis verdrängt, das Wie und Warum zu verstehen. Wir riskieren, dass alles verkümmert, was wir an unserer Kultur und unseren Werten schätzen.

Eine Welt, die von prädiktiver Analytik regiert ist, bietet darüber hinaus auch keinen Platz und keine Notwendigkeit mehr für eine Rechenschaftspflicht. Beginnt politische Macht ihren Subjekten keine Rechenschaft mehr schuldig zu sein, droht uns die Zerstörung der liberalen Demokratie. Rechenschaft basiert auf einem grundlegenden Verständnis von Ursache und Wirkung. In einer Demokratie ist sie juristisch formuliert sowie fester Bestandteil demokratisch legitimierter Institutionen. Ist das nicht länger gewährleistet, wird Überwachung allgegenwärtig. Big Data wächst noch weiter an und Daten werden ohne Erklärung oder Sinn gesammelt. Wir werden Teil eines fein abgestimmten, vernetzten und dynamisch in sich geschlossenen prädiktiven Systems. Das menschliche Vermögen, anderen eigenes Wissen und eigene Erfahrungen zu vermitteln, wird dem einer Maschine ähnlicher, die sich selbst etwas beibringt und die Regeln dafür aufstellen kann. Maschinen besitzen weder Empathie noch einen Verantwortungssinn. Nur Menschen können zur Rechenschaft gezogen werden und nur Menschen haben die Freiheit, Verantwortung auf sich zu nehmen.

Glücklicherweise haben wir diesen Punkt noch nicht erreicht. Noch können wir uns fragen: Wollen wir tatsächlich in einer vollständig vorhersehbaren Welt leben, in der unsere innersten Gedanken und Wünsche von prädiktiver Analytik durchdrungen und gelenkt werden? Das würde bedeuten, die der Zukunft wesenseigene Ungewissheit zu verneinen und sie durch die gefährliche Illusion menschlicher Kontrolle zu ersetzen. Oder sind wir bereit, anzuerkennen, dass eine vollständig vorhersehbare

Welt nie möglich sein wird? Dann müssten wir den Mut aufbringen, den Gefahren einer fälschlicherweise als deterministisch wahrgenommenen Welt entgegenzutreten. Dieses Buch ist als Argument gegen die irrige Vorstellung einer vollständig vorhersehbaren Welt geschrieben worden und für den Mut und die Weisheit, die es braucht, um mit Ungewissheit zu leben.

Natürlich endet meine Reise nicht hier. »Es ist ganz wahr, was die Philosophie sagt, daß das Leben rückwärts verstanden werden muß. Aber darüber vergißt man den andern Satz, daß vorwärts gelebt werden muß.«[3] Dieser Ausspruch von Søren Kierkegaard sollte mit Blick auf unsere Bewegungen zwischen Online- und Offline-Welten, zwischen dem virtuellen Selbst, dem imaginierten Selbst und dem »realen« Selbst neu interpretiert werden. Wie lebt man in diesen Umständen vorwärts, angesichts ihrer ganz eigenen Möglichkeiten und Restriktionen? Das Zitat impliziert eine Trennung zwischen dem Leben als einer Abstraktion, die über das Persönliche hinausweist, und Leben als einer bewussten Erfahrung, die jeden Augenblick unserer Existenz erfüllt. Angesichts des erstaunlichen Wissens, das wir heute über das Leben in all seiner Vielfalt, in all seinen Formen und auf all seinen Ebenen haben, über seine Ursprünge in tiefster Vergangenheit und seine fortschreitende Evolution, wäre nicht jetzt der Moment, um dieses Wissen darauf anzuwenden, wie wir vorwärts leben sollen? Die menschliche Gattung hat die biologische Evolution überholt, deren Ergebnis wir derweil noch sind. Dank Wissenschaft und Technik schreiten wir immer schneller auf den Pfaden einer kulturellen Evolution, die wir zunehmend selbst gestalten können.

Und trotzdem sind wir, wo wir sind, und erleben eine globale Nachhaltigkeitskrise mit verhängnisvollen Folgen und wachsenden geopolitischen Spannungen. Während ich dies schreibe, befinden wir uns inmitten einer Pandemie, auf die weitere folgen werden, solang die natürlichen Lebensräume von Tieren, die auf den Menschen übertragbare zoonotische Viren tragen, weiter zerstört werden. Die Schwächen unserer Institutionen, in vergangenen Jahrhunderten erschaffen und auf andere Herausforderungen als die unsrigen ausgelegt, sind sichtbarer denn je. Für einen Ausweg aus unserer misslichen Lage müssten sozialer Zusammenhalt, Gleichheit und soziale Gerechtigkeit gestärkt werden, und doch sehen wir uns abermals durch soziale Unruhen und Polarisierung bedroht.

Wir haben uns auf eine Reise begeben, auf der uns algorithmische Vorhersagen größeren Weitblick geben und vorwärts leben lassen. Wie wichtig die Verfügbarkeit qualitativ hochwertiger Daten ist, wird uns glücklicherweise in immer höherem Maße bewusst. Wir beargwöhnen den fortschreitenden Abbau unserer Privatsphäre und erkennen, dass die Verbreitung von bewussten Lügen und Hassrede in den sozialen Medien die liberale Demokratie bedroht. Wir setzen unser Vertrauen in KI-Systeme und misstrauen ihnen zugleich. Diese Ambivalenz wird wohl bleiben, denn egal, wie schlau die Algorithmen sind, denen wir im Vorwärtsleben des digitalen Zeitalters derlei Handlungsmacht zuschreiben, schlussendlich können sie zu nicht mehr in der Lage sein, als Korrelationen zu finden.

Selbst hochkomplexe, der vereinfachten Version des Gehirns nachempfundene neurale Netzwerke können nur mithilfe der Vergangenheit entstammender Daten Regelmäßigkeiten und Muster erkennen. Das erfordert kein kausales Denken, und eine KI gibt auch nicht vor, dass dem so wäre. Wie aber können wir vorwärtsleben, wenn wir nicht begreifen, wie sich Leben in der Vergangenheit entwickelt hat? Manche Computerwissenschaftler wie Judea Pearl bemängeln, dass es keinerlei Bestrebungen gebe, die Beziehungen zwischen Ursache und Wirkung näher zu erforschen. Ihnen zufolge umfasst »wahre Intelligenz« ein kausales Verständnis. Solle KI ein solches Niveau erreichen, müsse sie in der Lage sein, auch entgegen den Fakten zu denken. Es genüge nicht, einfach eine Kurve entlang eines bestimmten Zeitstrahls zu zeichnen. Um einen Satz wie »Was wäre, wenn …« zu verstehen, müsse die Vergangenheit geöffnet werden. Die menschliche Handlungsfreiheit bestehe aus unserem Tun, doch zu einem Verständnis vergangenen Handelns, das uns Vorhersagen für die Zukunft treffen lasse, gehöre immer das kontrafaktische Verständnis, dass wir auch anders hätten handeln können. Transferierten wir also menschliche Handlungsfreiheit auf ein KI-System, müssten wir sicherstellen, dass es in der Lage sei, diese für menschliches Denken und Verstehen grundlegende Unterscheidung zu »verstehen«.[4]

Die Fähigkeit von Algorithmen, pausenlos praktische und messbare Vorhersagen zu treffen, die uns im Alltag nutzen – ob in der Verwaltung von Gesundheitssystemen, im automatisierten Finanzhandel, in der unternehmerischen Gewinnsteigerung oder der Förderung der Kultur- und Kreativwirtschaft –, ist so groß, dass wir schnell übersehen oder sogar vergessen, wie wesentlich der Zusammenhang von Verständnis und Vorhersage ist. Doch nur weil Effizienz so bequem ist, dürfen wir ihr nicht einfach nachgeben und den Wunsch nach dem Verstehen und die mit diesem Bedürfnis einhergehende Neugier und Beharrlichkeit aufgeben.[5]

Schon lange gibt es zwei unterschiedliche Denkansätze, wie nun weiter vorzugehen sei. Die eine dieser beiden Denkrichtungen gründet in der uralten Faszination gegenüber Automaten und – allgemeiner gesprochen – in der reibungslosen Arbeit der Maschinen, die mit ihren automatisierten Produktionsketten im Dienst höherer Effizienz und niedrigerer Kosten technische Revolutionen angetrieben haben. Hier treten sämtliche Versprechungen der Automatisierung auf den Plan, eingebettet in wilde technologische Träume und Vorstellungen. Deep-Learning-Algorithmen werden Computer weiterhin ein statistisches »Sprachverständnis« verleihen und so ihr »Denkvermögen« erweitern. KI-Fachleute sind zuversichtlich, dass die Arbeit an einer ethischen KI gut voranschreite. Es gilt die unausgesprochene Annahme, dass durch eine ultimative problemlösende Intelligenz – eine Art weitsichtiger, gütiger Leviathan, befähigt, unsere Sorgen zu überwinden und uns durch die Konflikte und Herausforderungen der Menschheit im 21. Jahrhundert zu manövrieren – auch die Kehrseite digitaler Technologien und all die bisher ungelösten Probleme zu bewältigen seien.

Der andere Denkansatz besteht darauf, dass ein theoretisches Verständnis dringend notwendig sei, nicht nur bei Mathematikern und Computerwissenschaftlern, sondern auch, um die Werkzeuge zu entwickeln, mit denen die Qualität der Leistung und die Ergebnisse von Deep-Learning-Algorithmen überprüft und ihr Training optimiert werden muss. Dazu braucht es den Mut, sich den schwierigen Fragen des »Warum« und »Wie« zu stellen und sowohl die Anwendungen wie die Grenzen der KI anzuerkennen. Da die Algorithmen erhebliche Auswirkungen auf die Menschen haben, ist es wichtig, sie fair zu gestalten und an menschlichen Werten auszurichten. Wenn wir mit großer Sicherheit sagen können, dass Algorithmen die Zukunft gestalten werden, bleibt die Frage gegenwärtig offen, welche Art von Algorithmen das tun wird.⁶

Zum Verstehen gehört auch die Erwartung, dass wir lernen können, wie Dinge funktionieren. Wenn ein KI-System von sich behauptet, Probleme mindestens so gut wie ein Mensch zu lösen, gibt es keinen Grund, von ihm nicht ebenso Transparenz zu erwarten und Rechenschaftspflicht einzufordern. In der Praxis sind wir weit entfernt davon, befriedigende Antworten darauf zu erhalten, wie die inneren Repräsentationen von KI in hinreichendem Detail funktionieren, geschweige denn eine Antwort auf die Frage von Ursache und Wirkung. Allmählich entsteht ein Bewusstsein dafür, dass wir im Begriff sind, etwas zu verlieren, was in Verbindung zu dem steht, was uns zu Menschen macht, so schwierig es auch zu benennen sein mag. Vielleicht ist es an der Zeit, uns einzugestehen, dass wir nicht alles kontrollieren können, und demütig einzuräumen, dass unser heikler und gewagter Weg einer Koevolution mit den von uns geschaffenen Maschinen gedeihlicher sein wird, wenn wir unsere Versuche erneuern, besser unser gemeinsames Menschsein und Zusammenleben zu verstehen. Wir müssen das Vorwärtsleben weiter erkunden, zugleich aber versuchen, das Leben rückwärts zu verstehen und beides miteinander zu verbinden. So würden Prognosen die Laufbahnen unseres Vorwärtslebens nicht mehr lediglich kartieren, sondern fester Bestandteil eines tatsächlichen Verständnisses dieses Vorwärtslebens werden. Statt Prognosen darüber anzustellen, *was* geschehen wird, könnte es uns dabei helfen, zu verstehen, *warum* Dinge geschehen.

Denn zu Menschen macht uns schließlich unsere einzigartige Fähigkeit zu fragen: *Warum geschehen Dinge – warum und wie?*

1
DAS LEBEN IN DER DIGITALEN ZEITMASCHINE

ZWISCHEN LEHM UND HIMMEL: DIE GEBURTSSTUNDE DES DIGITALEN ANTHROPOZÄNS

Anfänge lassen sich immer schwer festlegen, besonders, wenn mehrere Stränge zusammenlaufen. Die menschgemachte Klimaerwärmung hat uns erkennen lassen, dass eine neue geologische Ära angebrochen ist, das Anthropozän. Die Bezeichnung bleibt so lange inoffiziell, bis der offizielle Wächter geologischer Zeit, die International Union of the Geological Sciences, die erforderlichen Belege für einen sogenannten »Golden Spike«, das heißt für stratigrafische Spuren innerhalb einer Gesteinsebene zur Bestimmung einer neuen geologischen Epoche, abgenickt hat. Zwar mögen die Ursprünge und die wissenschaftliche Definition des Anthropozäns noch nicht geklärt sein, doch in jedem Fall stellt es einen Wendepunkt dar, an dem sich menschliches Handeln auf der menschlichen Zeitskala mit anderen Zeitlichkeiten verflicht. Dazu gehören etwa evolutionäre Zeitskalen, auf denen mit unterschiedlicher Geschwindigkeit Gattungen aussterben und neue Lebensformen entstehen, manche von uns selbst geschaffen. Plötzlich sehen wir uns mit der Komplexität ökologischer Zeitskalen konfrontiert, letztendlich auch mit kosmischen Zeitskalen, die den Gesetzen eines fortschreitend expandierenden Universums unterliegen. Das Anthropozän umfasst also eine Vielzahl von Zeitlichkeiten, die zum einen Spuren der Vergangenheit aufzeigen und zum anderen in eine Zukunft unzähliger Möglichkeiten weisen. Wie ich darlegen werde, gehört zu diesen Zeitlichkeiten auch die digitale Zeit.

Das Anthropozän lässt uns unser Dasein in einer Gegenwart überdenken, die viele als zutiefst beunruhigend empfinden. Die unklaren Ursprünge dieser Ära offenbaren jedoch mehr als nur die Überreste einer uns heimsuchenden Vergangenheit, und sie bergen auch mehr als die ständige Mahnung ob des Raubbaus an der Natur, der zum ökologischen Zusammenbruch zu führen droht. Die Anfänge des Anthropozäns verweisen zurück zu den radioaktiven Spuren im Gestein nuklearer Testgelände in den USA. In den 1940er-Jahren wurden die Tests mit massivem radioaktivem Fallout anfangs oberirdisch durchgeführt und erst später unter die Erde verlagert. Heute liefern sie Beweise für einen »Golden Spike«. Diese Entwicklungen markieren eine zweifache Geburtsstunde, die der Atomkraft und die der Rechnerkraft, die sich im digitalen Zeitalter entfalten sollte. Freigesetzt wurden diese beiden Kräfte durch die erstmalige Zündung der Atombombe und die darauffolgende Verbreitung von Nuklearwaffen. Auch das Digitale verbreitete sich stark. Mittlerweile ist es allgegenwärtig und wird heute mit Künstlicher Intelligenz assoziiert, einem Begriff, der von dem Mathematiker Norbert Wiener zusammen mit anderen Mitte der 1950er-Jahre geprägt wurde.

George Dyson wuchs auf dem Gelände des Institute of Advanced Study (IAS) in Princeton, New Jersey, auf.

In Form einer Entstehungsgeschichte hat er nachgezeichnet, was er als die Geburt des digitalen Universums bezeichnet: »Es gibt zwei Arten von Schöpfungsmythen: solche, in denen das Leben aus Lehm entsteht, und solche, in denen es vom Himmel fällt. In diesem Schöpfungsmythos entstanden die Computer aus Lehm, und der Code fiel vom Himmel.«[1] Entstehungsgeschichten lassen sich nur schwer in einen präzise datierten historischen Kontext einbetten. Könnten wir den Ursprung des digitalen Zeitalters vielleicht auf die genialen Erkenntnisse eines jungen Mathematikers legen, der 1936 mit seiner Arbeit »On Computable Numbers« die hypothetischen Vorrichtungen einführte, die später Turingmaschinen heißen sollten? Schon im 17. Jahrhundert war Gottfried Wilhelm Leibniz davon überzeugt gewesen, dass sich auf Grundlage des Dualsystems von 0 und 1 alles berechnen ließe, und baute 1685 nach diesem Prinzip eine Maschine. Andere, wie Charles Babbage und Ada Lovelace im 19. Jahrhundert, sollten ihm in dieser Überzeugung folgen. Doch erst Mitte der 1940er-Jahre entwarf, baute und programmierte eine kleine Gruppe von Physikern, Mathematikern, Biologen und Ingenieuren am IAS einen elektronischen digitalen Computer. Alan Turings Ideenreichtum hatte ihnen den mathematisch-logischen Funken gegeben, um die entscheidende Verbindung zwischen Code, heute Software genannt, und dem mühsamen Bau physischer, mit elektronischer Geschwindigkeit laufender Maschinen, der Hardware, herzustellen.[2] Erst diese Kombination läutete die Geburtsstunde des digitalen Universums ein und damit auch der digitalen Zeit.

Doch steckt noch mehr in dieser Entstehungsgeschichte. Der Moment, in dem das digitale Universum und also auch die digitale Zeit erschaffen wurden, stellte das

Dasein der Menschen in den Schatten. Zwischen Lehm und Himmel besetzten die Menschen die Mitte. Die Atombombe wurde von Menschen gebaut und eingesetzt. Die wissenschaftliche Forschung und die Ingenieursleistungen am IAS der 40er-Jahre waren mit diesem historisch maßgebenden Moment eng verknüpft. Die Entwicklung der Bombe in Los Alamos war Teil der Kriegsanstrengungen gegen Nazideutschland und dessen Verbündete. Für die Weiterentwicklung elektronischer digitaler Computer sollte sie sich als entscheidend erweisen. Spaltungsreaktionen mussten präzise simuliert werden, wozu man Berechnungshilfen anstelle der manuellen Arbeit menschlicher »Computer« benötigte. Als 1945 der neu entwickelte Electronic Numerical Integrator and Computer (ENIAC) sein erstes Rechenproblem zu lösen hatte, geschah dies zur Entwicklung der Wasserstoffbombe.

Ein halbes Jahrhundert später wurde die Idee des Nobelpreisträgers Paul Crutzen, den Anfang einer neuen geologischen Epoche als »das Anthropozän« zu bezeichnen, bereitwillig aufgegriffen. Langfristige Beobachtungen, Messungen und Modellierungen belegen die dauerhaften Auswirkungen der Menschen auf das Erdsystem, einschließlich Atmosphäre und Klima. Der Begriff des Anthropozäns trägt dem miserablen Zustand des Planeten Rechnung und steht für die Forderung nach dringlichem Handeln. In der Mitte zwischen Lehm und Himmel, zwischen beiden hin- und hergerissen, bestreiten die Menschen ihr prekäres Leben. Nach unserem Raubbau an der Natur fühlen wir uns nun durch die Folgen bedroht, die sich in Form von Überschwemmungen und Dürren, schmelzenden Polarkappen und einem drastischen Artensterben immer häufiger zeigen. Doch unbeirrt greifen wir weiter nach den Sternen. Angespornt durch die nun verfügbaren Technologien, wagen wir uns hinaus ins Weltall und erkunden potenzielle Fluchtwege, sollte das Leben auf dem Planeten Erde nicht mehr möglich sein. Dabei können wir unsere gegenwärtigen Herausforderungen kaum bewältigen.

Seit 1947 veröffentlicht das *Bulletin of Atomic Scientists* – eine Vereinigung und Zeitschrift, nach dem Krieg von Physikern gegründet, die am Bau der Atombombe beteiligt waren – einen jährlichen Bericht, dargestellt in Form der sogenannten Doomsday Clock. Diese Weltuntergangsuhr dient als Metapher, wie nah die Menschheit als Resultat ungehinderten wissenschaftlichen und technischen Fortschritts einer möglichen globalen Katastrophe gekommen ist. Jedes Jahr rückt der Uhrzeiger ein Stück weiter in Richtung zwölf. Mittlerweile ist es nicht mehr die mögliche nukleare Selbstauslöschung der Menschheit, die den Zeiger weiterticken lässt. An der Spitze einer drohenden Katastrophe stehen nun der Klimawandel und der Zusammenbruch wesentlicher Bestandteile des Erdsystems, während die Weltbevölkerung weiter wächst. Im Januar 2021 ist die verbleibende Zeit erstmals unter die Grenze von zwei Minuten gefallen. Seit dem 27. Januar 2021 steht die metaphorische Uhr auf hundert Sekunden vor zwölf.

Unsere Wirtschaftssysteme und Gesellschaften werden derzeit rasant durch digitale Technologien verwandelt. Diese Technologien werden, etwa von der Europäischen Union, als Antrieb eines programmatischen »digitalen Wandels« glorifiziert. Auch das militärische Arsenal, auf das eine wachsende Anzahl geopolitischer Akteure Zugriff hat, wurde durch sie erheblich erweitert. In jener Mitte zwischen Lehm und Himmel wird weiter um Sphären geopolitischen Einflusses gestritten, ob es sich nun um unbewohnte Inseln im Pazifik handelt, um Urwaldgebiete, besetzt von Aufständischen, die einer Zentralregierung die Anerkennung verweigern, oder um den Zugriff auf Ressourcen im Weltall. Selbst wenn die nukleare Bedrohung nicht mehr so unmittelbar sein mag wie im Kalten Krieg – verschwunden ist sie nicht. Aufgrund einer gestreuteren Verbreitung ist sie lediglich in den Hintergrund gerückt. Die Menschheit scheint sich derweil in Richtung digital fortgeschrittener autonomer Waffensysteme zu bewegen. Schon jetzt überfliegen Drohnen Feindesgebiet mit Instrumenten, mithilfe derer sie präzise selbst gewählte Ziele treffen können.

Etwa ab den 1950er-Jahren sind in dem Raum zwischen Lehm und Himmel, jener von uns bewohnten Mitte, zwei großflächige Entwicklungen augenfällig zusammengekommen, die bis dahin nicht als miteinander verbunden galten. Veränderungen im menschlichen Verhalten korrelieren seitdem immer stärker mit Veränderungen, die sich im Erdsystem beobachten lassen. So zeigt, parallel zu einem enormen Wirtschaftswachstum – eng verbunden mit einem höheren Bruttoinlandsprodukt, Bevölkerungswachstum und Primärenergieverbrauch –, eine Reihe damit assoziierter menschlicher Tätigkeiten eine starke Korrelation mit wesentlichen Anzeichen von Veränderungen im Erdsystem, etwa Treibhausgasemissionen, Entwaldung, Meeresversauerung und weiteren Indikatoren, die heute auf einer Art planetarem Armaturenbrett dargestellt und fortlaufend aktualisiert werden. Dieses Phänomen wird auch als »Great Acceleration« bezeichnet, die Große Beschleunigung. Was vor etwa siebzig Jahren seinen Anfang nahm, scheint sich in keiner Weise zu verlangsamen.[3]

Dieses gleichzeitige Auftreten von Umweltveränderungen und erfinderischer menschlicher Tätigkeit scheint sich nicht auf den Zeitraum der Großen Beschleunigung zu beschränken. Schon sehr viel früher lassen sich ähnliche Muster beobachten, wenn auch in weitaus kleinerem Maßstab. So lückenhaft und unzureichend sie auch sein mögen, zeigen historische Aufzeichnungen auf Grundlage von Daten über Jahrtausende auffällige Korrelationen zwischen Phasen merklichen Klimawandels und verstärkter menschlicher Innovation. Einer Hypothese zufolge seien durch starke Klimaschwankungen die Menschen mit den größten Anpassungsfähigkeiten selektiert worden, ob durch Artbildung, Migration oder die Entwicklung neuer Werkzeuge.[4]

1955 schrieb der in Princeton führend am Bau des ersten betriebsfähigen Computers (und der Atombombe) beteiligte Mathematiker und Ingenieur John von Neumann einen kurzen Aufsatz mit dem alarmierenden Titel »Can We Survive Technology?«. Er bezog sich auf die radikal fortschrittlichsten Technologien seiner Zeit, die Atombombe und die Nuklearenergie, und argumentierte, mit diesen sei die Beschleunigung des technologischen Wandels an ihr natürliches Limit gestoßen – die Größe der Erde. Während der Industrialisierung habe sich der technische Aufschwung geografisch ausgedehnt, doch die Fortschritte in der Nukleartechnologie hätten die Tendenz zu immer größeren Projekten auf immer größerem Raum gebremst. Da die meisten Zeitskalen durch Faktoren wie menschliche Reaktionszeit, Gewohnheiten und andere Faktoren bestimmt würden, argumentiert von Neumann, sei eine weitere technologische Beschleunigung nicht mehr möglich. Das Risiko einer gegenseitigen nuklearen Vernichtung der beiden Supermächte sei zu groß. Die dadurch erzeugte Instabilität beunruhigte ihn zutiefst, da sie, so sein Argument, der weiteren räumlichen Ausbreitung von Technologie ein Ende setze.[5]

Im Nachhinein ist es eine bemerkenswerte Ironie, dass ein Pionier der Computerisierung und Digitalisierung nicht vorhersah, wie gewaltig sich die neuen Technologien durch die starke, dezentralisierte Verbreitung von Computern auswirken würden. Er sah nicht, dass eine Technologie, die er mitentwickelt hatte, die wesenseigenen zeitlichen Begrenzungen der Menschen überwinden würde und wie sehr digitale Technologien in Form von Satellitenkommunikation Reichweite und Ausmaß der Kontrolle über einen endlichen Planeten Erde ausdehnen würden. Die Verwandlung der Welt durch digitale Technologien hat eine Komprimierung von Zeit bewirkt, und zugleich hat sich innerhalb derlei komprimierter Zeitskalen die räumliche Reichweite vergrößert. Dennoch, von Neumanns Diagnose, dass die Endlichkeit der Erde die ultimative Grenze der Technologie bedeutet, hat nach wie vor Gültigkeit, zumindest vorläufig.[6]

Während die offiziellen Zeitmesser weiterhin beratschlagen, ob menschgemachte geologische Spuren in Gestein oder Seeablagerungen reichen, um das Anthropozän anzuerkennen, haben die Vereinten Nationen die immensen Herausforderungen der Umweltkrise bereits in siebzehn Zielen für nachhaltige Entwicklung zusammengefasst.[7] Wollen wir eine weitere Verschlechterung und einen möglichen Zusammenbruch abwenden, ist der Zeitdruck enorm. Noch sind die feinen Querverbindungen zwischen der digitalen Wende und der grünen Wende nicht ausreichend anerkannt, jedoch mögen sich aus systemischeren, ganzheitlicheren und integrativeren Verbindungsansätzen neue Lösungen ergeben.[8] Dazu müssen auch evolutionäre Perspektiven mit ihren jeweiligen Zeitskalen berücksichtigt werden. Die vielfältigen Wechselwirkungen zwischen dem Erdsystem und unserem Handeln entscheiden über das Leben auf unserem Planeten – der einzigen ökologischen Nische für die Gattung Mensch mit ihrer Bevölkerung von bald acht Milliarden.

Für tragbare Lösungen ohne weiteren Raubbau wird eine Form der Symbiose zwischen der menschgemachten ökologischen Nische, in der wir leben, und den lebenserhaltenden Systemen des Anthropozäns erforderlich sein. Von vielen lebenden Organismen weiß man, dass sie ihre örtliche Umgebung verändern, und laut Biologen ist Nischenkonstruktion ein evolutionärer Prozess. Genau wie Kraken oder Würmer hat sich auch die Gattung Mensch der Nischenkonstruktion gewidmet, ihr Verhalten an veränderte ökologische Gegebenheiten angepasst, auch, um mit anderen Gattungen koexistieren zu können.[9] Im Zeitalter des Anthropozäns betreiben wir unsere Nischenkonstruktion zunehmend mithilfe digitaler Technologien. Der Prozess findet zwar innerhalb der natürlichen Umwelt statt, wird aber von einer gewaltigen Rechnerinfrastruktur gestützt, die durch das Sammeln von Daten (von Energie- und Menschenbewegungen in Großstädten bis hin zum Ausrüsten von Quallen mit winzigen Sensoren zur Messung der Meeresversauerung) eine kontinuierliche Nachverfolgung ermöglicht. Satelliten werden in den Orbit geschickt, Spezialfahrzeuge erkunden Meeresböden für den Abbau, und unter Städten wird das Erdreich für die urbane Erweiterung kartiert.

Da es keine digitale Infrastruktur geben kann, ohne dass dafür Materie verarbeitet werden müsste, werden weiterhin Mineralien abgebaut, die jene etwa vierzig chemischen Elemente enthalten, die für die Fertigung von

Smartphones, Sensoren und anderen digitalen Geräten benötigt werden. Für Cloud-Computing oder den Betrieb von Plattformen und sozialen Netzwerken, ganz zu schweigen von Blockchains, wird so viel Energie benötigt, dass sich die viel diskutierte Energiewende schneller vollziehen muss. Soll die entstehende Wissenschaft von den Wechselbeziehungen zwischen Menschen und Erdsystem, die Geoanthropologie, ihr Ziel erreichen, müssen digitale Technologien einen zentralen und Verantwortung tragenden Part erhalten.[10] Soll die von Menschen bewohnte Mitte nachhaltig werden, müssen die menschliche Mikrosphäre und die planetare Makrosphäre integrativ betrachtet und verbunden werden.

Wir befinden uns auf einem koevolutionären Pfad mit den digitalen Maschinen, die wir selbst geschaffen haben. Auch wenn der Mensch Ergebnis einer biologischen Evolution ist, haben wir diese doch überholt, indem wir eine überwiegend auf Wissenschaft und Technik basierende kulturelle Evolution in Bewegung gesetzt haben. Mithilfe digitaler Technologien können Menschen bislang Unvorstellbares vollbringen, auch wenn wir selbst noch nicht genau wissen, wie und zu welchem letztlichen Zweck wir sie am besten einsetzen sollen. Und doch bleiben wir in vielerlei Hinsicht an die Ursprünge und Grenzen unserer biologischen Evolution gebunden, und das, obwohl wir heute in der Lage sind, unsere aus einer langen und komplexen Abstammung vererbten, bewahrten oder verlorenen Gene zu bestimmen, und wissen, welche einst für Überleben und Anpassung nützlich gewesen Eigenschaften mittlerweile überflüssig oder sogar nachteilig sind.

In der Erfahrung von Zeit wird das Erbe der Evolution sichtbar. Wie allen lebenden Organismen ist uns ein biologischer Zeitpfeil eingeschrieben. Von der Geburt bis zum Tod führt er uns über die mannigfachen Wege des Alterns, gleichwohl sich unsere Gattung in der Verlängerung ihrer Lebensspanne als beispiellos erfolgreich erwiesen hat. Auch Technik und die Materialien, aus denen sie besteht, unterliegen dem Verschleiß. Dinge zerfallen, erodieren und vergehen, und in diesem Sinne altern sie. Ihre Überreste zeigen sich in Bergen von Plastik-, Elektro- und anderem Müll, der Ozeane und Megastädte verschmutzt. Digitaler Code und andere immaterielle Teile von Technologien veralten durch jüngere Innovationen sogar noch schneller. Aber keiner dieser Prozesse gleicht denen in lebenden Organismen. Leben ist bedingt durch das fein abgestimmte Wechselspiel der vielen Rhythmen und Zyklen, die alles von den inneren Dynamiken von Zellen bis zu den von ihnen gebildeten Netzwerken regulieren, von den Entwicklungsstadien vor der Geburt bis zu der unglaublichen Synchronisierung, die im Gehirn die einzigartige Einheit von Körper und Geist gewährleistet.

Vor diesem Hintergrund wird deutlich, wie sehr sich die Digitalisierung auf das Konzept und die Erfahrung von Zeit auswirkt und hier eine weitere entscheidende Verschiebung markiert. Soziale Zeit stellt eine zeitliche Ordnung dar, anhand derer Gesellschaften das Handeln ihrer Mitglieder wie auch deren Beziehung zu sich selbst und zur Natur koordinieren. Sie ist ein soziales Konstrukt, das gemeinsam mit den Forderungen anderer Zeitlichkeiten und Zeitordnungen fortwährend neu verhandelt werden muss. Mit der Uhrzeit stellte das industrielle Zeitalter die globale Vorherrschaft des linearen Zeitkonzepts sicher und ersetzte die zyklische Zeit vorindustrieller Gesellschaften, in der die täglichen Rhythmen menschlicher Tätigkeiten an jene von Natur und Kosmos gekoppelt waren.¹¹ Die Industrialisierung und Modernisierung verbanden die technische mit einer kulturellen und sozialen Beschleunigung. Die lineare Zeit, die der Moderne zugrunde liegt, brachte eine Mischung aus intensivem Zeitdruck, Erschöpfung und dem Streben nach einer immer besseren Zukunft mit sich. Sie nährte den Wunsch nach eigener Zeit, der *Eigenzeit*.¹²

Heute ist die Linearität unserer Zeiterfahrung gebrochen. Das Anthropozän zwingt uns, einen Zusammenhang zwischen menschlichen Zeitskalen und ökologischen und planetaren Zeitskalen herzustellen. Die soziale Zeit muss die digitale Zeit integrieren, die in die Technik eingebaut wurde, die uns umgibt. Somit steht das scheinbar kohärente zeitliche Rahmenwerk, das die Moderne beherrschte, auch wenn es uns individuell erschöpft hat, im digitalen Anthropozän nicht mehr zur Verfügung. Die Anordnung von Vergangenheit, Gegenwart und Zukunft als einer linearen Entfaltung, der »Geschichte der Geschichte selbst«, ist in sich zusammengefallen. Die Zukunft kann nicht länger im Sinne eines dem Fortschrittsglauben eingeschriebenen Telos beziehungsweise Endzwecks wahrgenommen werden, da es keine direkte Verbindung mehr zwischen vergangener Akkumulation und einer immer besser werdenden Zukunft gibt. Die Zukunft hat aufgehört, als »das Eldorado unserer Hoffnungen und Wünsche« (Jan Assmann) zu dienen. Sie kann nicht einmal mehr als selbstverständlich wahrgenommen werden, da die Linearität zwischen dem Gestern und dem Morgen unterbrochen ist. Das Verhältnis zur Zukunft wurde durch die verblüffenden Komplexitäten des Anthropozäns auf den Kopf gestellt, da diese zeigen, wie unzulänglich menschliche Zeitskalen im Verhältnis zu den erforderlichen Planungshorizonten sind. Die enge Verflechtung mehrerer Zeitlichkeiten im Anthropozän generiert mannigfaltige, neue anthropozäne Zeiterfahrungen, in denen die Ruinen und Spuren der Vergangenheit lineare Auffassungen von Zeit untergraben und zugleich die Möglichkeit eröffnen, alternative Zukünfte zu artikulieren.[13]

Die anthropozäne Erfahrung von Zeit offenbart die verschiedenen Schichten der Vergangenheit, die »Zeitschichten«,[14] aus deren Kontinuitäten und Brüchen Neues entsteht. Unsere Zeiterfahrung wird aber auch durch das ständige Eindringen digitaler Zeit herausgefordert. Die Veränderungen im Alltagsleben durch digitale Technologien sind von Sozialwissenschaftlern ausführlich beschrieben worden.[15] Der Gebrauch von Smartphones, um jede ungenutzte Minute und Wartezeit auszufüllen, ist eine von vielen Arten, in denen soziale und digitale Zeit interagieren und neu verhandelt werden müssen. Digitale Kalender erobern die gemeinsame soziale Zeiterfassung. Intelligente digitale Assistenten, ausgestattet mit Tracking-Fähigkeiten und Verhaltensalgorithmen, sollen das Problem lösen, wie man seine Zeit am besten organisiert. Die Soziologin Judy Wajcman hat untersucht, wie Softwaredesigner und -entwickler, die zur Automatisierung von Zeitmanagement arbeiten, mit der Frage ringen, wie viel Handlungsmacht einem persönlichen digitalen Assistenten im Auftrag des Nutzers übertragen werden sollte. Wenn ein Google-CEO am Ende einer Präsentation dem Publikum versichert, man »arbeite hart, um den Nutzern wieder mehr Zeit zu geben«, stellt sich die Frage, um wessen Zeit es sich hierbei handelt und wie viel Kontrolle über die digital verwaltete Zeit dem eigenen Ermessen eines Angestellten überlassen bleiben sollte.[16]

Doch jenseits dieser vertrauten Veränderungen in unseren zeitlichen Beziehungen zueinander und zu uns selbst bleibt die Frage: Was ist digitale Zeit? Sie ist nichtlinear, und sie durchzieht komplexe Systeme. Mit der Geburtsstunde des digitalen Universums kam die digitale Zeit in die soziale Welt. Sie ist der Neuling in der in sich geschachtelten Hierarchie von Zeitlichkeiten, die das zeitliche Werden vom Kosmischen zum Menschlichen und der »Noosphäre«, dem Bereich von Ideen, Wissen und Bewusstsein, umfasst.[17] Entstanden aus einer Symbiose mathematischer Symbole und Hardware-Komponenten, ausgelegt auf die elektronische Abwicklung und Steuerung von Abläufen, durchdringt die digitale Zeit die anderen Zeitlichkeiten und die von ihnen besetzten Räume. Aber sie beansprucht keine eigene Domäne. Durch die Linse der digitalen Zeit können wir die Entstehung des Neuen in »Echtzeit«, in unserer sozialen Zeit, verfolgen und dadurch bislang unsichtbare Muster und verborgene Verbindungen entdecken. So können wir die Vergangenheit in die Gegenwart bringen und mögliche Zukünfte erahnen. Das untergräbt die Annahme der Moderne, Zeit sei linear und verlaufe glatt von der Vergangenheit über die Gegenwart in die Zukunft. Wir können nun eine Wetterfront, einen gerade entstehenden Verkehrsstau oder den Zusammenbruch eines Finanzsystems in »Echtzeit« verfolgen, während sich die Dynamiken entfalten, die diesen Prozessen zugrunde liegen. Die Mitte zwischen Lehm und Himmel ist zu einem Gewirr unterschiedlicher Zeitlichkeiten geraten, die auf unterschiedlichen Skalen verlaufen, langfristige und kurzfristige Zyklen vermischen und zugleich in unsere Erfahrung sozialer Zeit integriert werden müssen.

DIE VERGANGENHEIT ERREICHT DIE GEGENWART UND DIE (SICHTBARE) ZUKUNFT IST ANGEKOMMEN

Dieses Zeitenknäuel muss in irgendeine Art zeitliche Ordnung überführt werden, in der die digitale Zeit vermittelt, verhandelt und in der sozialen Zeit untergebracht werden muss. Ein Weg, um das zu erreichen, ist die Vorstellung, in einer digitalen Zeitmaschine zu leben. Anders als bei Science-Fiction-Zeitmaschinen erwartet uns jedoch kein magisches Pendeln entlang der Achse linearer chronologischer Zeit, wo seltsame Dinge geschehen, wie etwa plötzlich älter als die eigenen Großeltern zu sein. Die digitale Zeitmaschine funktioniert anders und sehr viel radikaler: Wir verlassen die Gegenwart gar nicht, sondern dehnen sie aus. Die digitale Zeitmaschine holt die Vergangenheit in die Gegenwart, wo sie sich auf die Erfahrung des Jetzt auswirkt. Sie verändert unseren Blick auf die Zukunft. Digitale Zeit funktioniert mithilfe von Algorithmen, die aus Daten aus der Vergangenheit auswählen und extrapolieren, um die entstehende Zukunft vorherzusehen. Die digitale Zeitmaschine stößt uns nach vorne in eine Zukunft, die uns mit einer Mischung aus Aufgeregtheit und Unbehagen erfüllt. Doch anders als bei der Zukunft, wie sie sich die Science-Fiction ausmalt oder wie sie enthusiastisch von den futuristischen Bewegungen der Moderne gefeiert wurde, hält sich unsere Aufregung in Grenzen. Wir verspüren ein Unbehagen, weil etwas falsch laufen könnte, weil wir unsicher sind, wie weit wir den Algorithmen, die uns sagen, was passieren wird, vertrauen können. Das macht es umso wichtiger, wie wir über die Zukunft denken. Sind wir in der Lage, die Zukunft anders zu denken? Können wir sie nichtlinear denken?

Das Leben in der digitalen Zeitmaschine enthüllt eine paradoxe Situation. Es erlaubt uns zwar einen größeren Weitblick, doch sobald wir glauben, die vor uns liegende Zukunft sei die einzig mögliche, laufen wir Gefahr, andere Optionen zu verschließen. So können wir in eine lineare Zeitlichkeit zurückfallen und vergessen, dass wir bereits im digitalen Anthropozän leben, wo nichtlineare Verbindungen vorherrschen. Das Leben in der digitalen Zeitmaschine verschiebt unsere grundlegende zeitliche Orientierung. Dabei war die Erfahrung von Vergangenheit, Gegenwart und Zukunft nie allzu rigide, und verschiedene Kulturen in verschiedenen Teilen der Welt haben zu verschiedenen Zeiten alternative Verbindungen zwischen den dreien formuliert. Zuweilen galt die Vergangenheit als gefährlich, sodass besondere Vorkehrungen getroffen wurden, um sich gegen die Geister von Vorfahren zu schützen, die in die Gesellschaft der Lebenden zurückkehren wollten. Im Europa des Mittelalters waren Christen davon überzeugt, dass sie ein Nachleben im Himmel oder in der Hölle erwarte, wobei die Vorstellung einer unsterblichen Zukunft nach dem Tod scharf von einer sterblichen Gegenwart abgegrenzt wurde. In der westlichen Vorstellungswelt liegt die Zukunft vor uns, doch in anderen Teilen der Welt muss man zuerst zurückgehen, um weiter nach vorne gehen zu können, weil sich die Zukunft in der Vergangenheit verbirgt.

Unsere Gegenwart ist informatorisch wie emotional mit virtuellen Aktivitäten überladen, die einen nach wie vor nur vierundzwanzigstündigen Tag bis zum Letzten ausfüllen. Daraus ergibt sich in der digitalen Zeitmaschine eine eigenartige, extrem kleinteilige Erfahrung der Gegenwart. Die technikgetriebene Kompression von Zeit in immer kleinere Einheiten setzt uns unter Druck, und immer größere Anstrengungen sind erforderlich, um die einzelnen Teile zu einem bedeutsamen Ganzen zusammenzusetzen. Aber in der Erfahrung der Gegenwart dehnt sich diese sowohl in die Zukunft als auch in die Vergangenheit aus. Digitale Technologien ermöglichen den Zugang zur tiefen Vergangenheit. Als etwa im tauenden Permafrostboden Sibiriens ein gut erhaltenes Wollnashorn entdeckt wurde, konnte per Gensequenzierung die Abstammung des Tieres bestimmt werden, seine Lebenszeit und das Alter, in dem es vermutlich ertrank. Hoch entwickelte wissenschaftliche Geräte lassen uns das sehr Große und das sehr Kleine erblicken, das Weitentfernte und das Nahe. Wir können hinein- und herauszoomen, die feinkörnigen Details und das Gesamtbild in Bewegung betrachten und Gegenstände und Prozesse manipulieren. Wir sind zu aktiven Teilnehmern einer Interaktion mit einer Vergangenheit geworden, die in die Gegenwart verlegt wurde, ob durch wissenschaftliche Forschung, Simulationen oder Spiele, im virtuellen Raum und in Echtzeit.

Nirgendwo wird das augenscheinlicher, als wenn wir mithilfe der unglaublichen Fortschritte in den Technowissenschaften in die tiefe Vergangenheit des Universums zurückblicken. Nichts könnte in Zeit und Raum weiter entfernt liegen als Ereignisse, die vor unvorstellbaren 1,3 Milliarden Jahren stattfanden. Ein solches Ereignis wurde im April 2019 enthüllt, als das erste Bild des Schattens eines Schwarzen Loches um die Welt ging. Es war das Ergebnis jahrzehntelanger gemeinschaftlicher Forschung mithilfe von acht Radioteleskopen auf fünf Kontinenten. Das Medienecho war enorm. In Wohnzimmern erschien das Bild eines leuchtenden Rings aus heißem Gas und Plasma – technisch als Ereignishorizont eines Schwarzen

Lochs bezeichnet – in einer etwa 55 Millionen Lichtjahre entfernten elliptischen Riesengalaxie mit der ungeheuren Masse von 6,5 Milliarden Sonnenmassen. Manche sahen darin ein Bild der Hölle, andere das letztliche Schicksal unserer Sonne. Selbst wenn sich dieses Ereignis nicht direkt auf unser tägliches Leben auswirkte, wurde es wahrgenommen, als würde es gerade jetzt, in der Gegenwart, geschehen.

Wenn die Vergangenheit ein fremdes Land ist, wie man so sagt, führen viele Wege dorthin und noch mehr Interpretationen sind möglich. Das Verhältnis zur Vergangenheit ist immer durch die Probleme und Belange der Gegenwart geprägt. Je weiter Ereignisse zurückliegen, umso leichter sind sie mit der Gegenwart in Einklang zu bringen. Nachrichten über Schwarze Löcher oder Gravitationswellen, die uns aus dem Weltall erreichen, geben uns einen Eindruck von der unermesslichen Weite des Universums und seinen unterschiedlichen Zeitskalen. Als Spuren der tiefen Vergangenheit werden sie Teil der kollektiven Imagination. Im Zusammenspiel mit der digitalen Reichweite von Raumfahrzeugen und Teleskopen in der Erdumlaufbahn nimmt die menschliche Erforschung des Weltalls Fahrt auf. Jedes Objekt, das im All entdeckt, erfasst, bestimmt und visualisiert wird, wird in einer Zeit gemessen, die der Weglänge von Lichtgeschwindigkeit entspricht. Wir befinden uns in einem Prozess, in dem ein kleines, aber wachsendes Segment der tiefen Vergangenheit zu unserer Zukunft werden könnte, der nächsten Heimatstätte der Menschheit.

Ein weitaus unbehaglicheres Verhältnis zur Vergangenheit entsteht aus der Analyse uralter menschlicher DNA und wie sich diese Analyse auf unser Verständnis unserer herkömmlichen Evolutionsgeschichte auswirkt.

Die jüngsten Erkenntnisse der Paläogenomik und verwandter Disziplinen, gestützt durch zunehmende Rechenleistung, neuerdings zugängliche Datenmengen und neue digitale Sequenzierungsmethoden, entkräften oftmals Stereotype, Fehlinformation und wissenschaftlich nicht haltbare Vorstellungen über »Rasse«, die nach wie vor grassieren. Die Entnahme winziger Stücke menschlicher DNA aus anderweitig kontaminierten komplexen Fossilisationsprozessen öffnete die Schleusen für weitere Entdeckungen, angefangen mit dem ersten, 2010 veröffentlichten Neandertaler-Genom. Das Denisova-Genom folgte, und weitere Entdeckungen prähistorischer DNA erzeugen seither eine Fülle von Forschungsergebnissen darüber, wie die menschliche Spezies zu dem wurde, was sie heute ist.

Wissenschaftliche Erkenntnisse über die Vergangenheit werden nicht immer begrüßt, besonders dann nicht, wenn sie lang gehegten Narrativen widersprechen, wie Menschen sich selbst sehen und woher sie glauben, abzustammen. Prähistorische DNA belegt, dass die evolutionäre Vergangenheit der Menschen aus einer Reihe von Migrationen und Paarungen, von Austausch und Aussterben besteht. Diese DNA macht die spukhaften Abstammungslinien jener frühen Menschen sichtbar, deren Gene noch nachweisbar sind, die aber ausstarben. Es zeigen sich riesige Bevölkerungsbewegungen, die bis zur frühen Auffächerung menschlicher Gruppen in Afrika zurückreichen, deren DNA sich den heute gesprochenen Sprachen zuordnen lässt. Erreicht die Vergangenheit die Gegenwart, bringt sie zusätzliche Überraschungen und Fragen mit sich, die in die Gegenwart integriert werden müssen und die heute so wichtig gewordene Identitätssuche verkomplizieren.

Die menschliche Geschichte offenbart sich als ein unentwegtes Vermischen von Bevölkerungen über Tausende von Jahren, durch Eroberung, Migration, kulturelle Anpassung und Ablösung. Der Genetiker David Reich erzählt von einer wissenschaftlichen Zusammenarbeit mit Kollegen in Indien. Diese verfügten über eine riesige Sammlung von DNA-Proben, die Indiens außergewöhnlich große menschliche Vielfalt abbildeten.[18] Die gemeinsame Analyse zeigte, dass die heutige Bevölkerung Indiens von zwei höchst unterschiedlichen Ursprungspopulationen abstammt, einer »westeurasischen«, und einer anderen, zwar entfernt mit Ostasiaten verwandten, von diesen jedoch durch mehrere Tausend Jahre getrennten. Als Reich diese anfänglichen Resultate mit den indischen Kollegen diskutierte, ließ deren Reaktion beinahe das gesamte Projekt scheitern. Sie zögerten, sich weiter an einer Studie zu beteiligen, laut der es eine bedeutsame westeurasische Immigration nach Indien gegeben habe, und wollten prüfen, inwieweit sich die Resultate mit ihren eigenen Ergebnissen zu mitochondrialer DNA vereinbaren ließen.

Recht schnell wurde jedoch klar, woher die Einwände rührten. Man nahm an, die Vorstellung einer so transformativen Migration von außerhalb Indiens wäre im Land selbst politisch explosiv. Schließlich fand sich eine Lösung in einer anderen Wortwahl. Die heutigen Inder, so die veröffentlichten Forschungsergebnisse, seien das Ergebnis zweier höchst unterschiedlicher Populationen, umbenannt in eine »nordindische Urpopulation« und eine »südindische«, und jeder Inder sei in seiner Abstammung eine Mischung aus beiden, wenn auch zu unterschiedlichen Anteilen.

Die genetische Studie verdeutlichte auch Unterschiede zwischen Männern und Frauen im Hinblick auf Status und soziale Macht. Männer aus Populationen mit mehr Macht taten sich in der Regel mit Frauen aus Populationen mit weniger Macht zusammen. Zudem bildeten die genetischen Daten klar das alte indische Kastensystem mit seinen strikten Regeln zur Heirat innerhalb der eigenen Kaste ab. Dieses System kann genetische Flaschenhälse zur Folge haben, wodurch seltene, krankheitserregende, von den begründenden Individuen übertragene Genmutationen sich dramatisch häufen können. Ein Atlas historischer menschlicher DNA könnte uns viel über die Häufigkeit biologisch wichtiger Mutationen und über die Evolution von Pathogenen aufzeigen. David Reich bleibt optimistisch, dass die Suche nach Wahrheit um ihrer selbst willen Stereotype und Vorurteile untergraben und die Verbindungen zwischen Menschen mit bislang unbekannter Verwandtschaft verdeutlichen werde. Die jüngsten wissenschaftlichen Erkenntnisse über unsere gemeinsame Vergangenheit müssen noch bis in das gesellschaftliche Bewusstsein vordringen, und solang Politiker auf »alternativen Fakten« beharren, liegt ein weiter Weg vor uns.

Im April 2019 sorgte ein anderes Ereignis für weltweites Medienaufsehen. Ein Feuer, das am Abend des 15. Aprils in Notre-Dame de Paris ausbrach, zerstörte den hölzernen Dachstuhl der Kathedrale und große Teile des Innenraums. Die Flammen brannten stundenlang, aber der aufsehenerregende Einsturz der Turmspitze, den Millionen Fernsehzuschauer mitverfolgten, dauerte nur wenige Minuten. Die Steinwände des Mittelschiffs und das externe Strebewerk hielten den Flammen glücklicherweise stand. Dieses Ereignis war natürlich weder geplant noch angekündigt. Es war ausschließlich von Menschen verursacht, und seine Zeitskala reichte nur einige Jahrhunderte in die Vergangenheit zurück. Es war ein Unfall, wenngleich mit verheerenden Folgen, verursacht durch Fahrlässigkeit, menschliches Versagen und fehlerhafte Kommunikationsketten.

Das Ereignis fand weltweiten Widerhall, in einer Mischung aus Traurigkeit und Solidarität. Besonders bemerkenswert war die Welle an Mitgefühl, die darauf folgte. Für einen kurzen geschichtlichen Augenblick wurde eine Kirche, die vor achthundert Jahren erbaut worden war und im 21. Jahrhundert mitten im säkularen Paris steht, als Gemeingut der Menschheit reklamiert, unabhängig von Religion, Nationalität, Alter oder den eigenen Erinnerungen. Kunsthistoriker bekräftigten in den Medien, dass das Gebäude einen Großteil der französischen und europäischen Geschichte in seinen Mauern trage. Bald ließ sich technisch bestimmen, dass die Eichenbalken aus einer dicht bewaldeten Gegend in Nordfrankreich stammten, die es in dieser Form heute nicht mehr gibt. Notre-Dame hatte die Unruhen der Französischen Revolution und viele andere historisch bedeutsame Ereignisse erlebt. In den Tagen nach dem Feuer wurden weitere Schichten verschiedener Erinnerungen an die Kathedrale offengelegt. Veranstaltungen und kollektiv wichtige Gedenkfeiern überschnitten sich mit persönlichen Erinnerungen von Millionen Menschen, die Notre-Dame irgendwann einmal besucht hatten. Durch die Sinngebung dieser individuellen wie kollektiven Erinnerungen erreichte die Vergangenheit die Gegenwart.

Erinnerungen aus der Vergangenheit unterliegen dem Vergehen von Zeit. Sie können in ihrer Form nicht dauerhaft erhalten werden und weichen allmählich in den Gedächtnisspeicher zurück. Treten vergangene Ereignisse in die öffentliche Imagination, wird rasch nach Ähnlichkeiten und tieferen Bedeutungen gesucht, und so hallen diese Ereignisse jenseits alltäglicher Belange nach. Ob es das Feuer ist, das Notre-Dame zerstörte, der fünfzigste Jahrestag der Mondlandung, die Bildgebung eines Schwarzen Lochs oder der Nachruf auf einen bemerkenswerten Menschen – der gemeinsame Nenner dieser Ereignisse ist der Wunsch, die Gegenwart zu überschreiten, indem man die Vergangenheit als ihr zugehörig beansprucht. Es handelt sich um Trotz angesichts des Vergessens und um eine Mobilisierung kollektiver Willenskraft, um etwas Bleibendes zu schaffen.

Vielleicht hatte der theoretische Physiker Stephen Hawking das im Sinn, als er einst von »Kathedralendenken« sprach[19] – weitreichenden Visionen, die geteilt werden und menschliche Beziehungen stärken. Für den Bau von Kathedralen im mittelalterlichen Europa war es erforderlich, dass eine ganze Gemeinschaft von Handwerkern und ihrer Förderer über die nächste Generation hinauszublicken vermochte. Die Bauarbeiter waren hoch qualifizierte Handwerker, die sich in ganz Europa durch gut verbundene soziale Netzwerke zwischen den verschiedenen Baustellen frei hin und her bewegten. Finanziert wurden die Kathedralen aus vielerlei Quellen, wodurch die örtliche Gemeinde diese Orte als die ihrigen beanspruchen konnte. Gewöhnlich dauerte die Bauzeit länger als erwartet. Selbst eine erbaute Kathedrale war doch nie vollständig fertiggestellt.

Für sein Buch über die Geschichte des IAS in Princeton wählte George Dyson wohl nicht rein zufällig den Titel *Turings Kathedrale*. Schließlich war Alan Turing ein »Kathedralendenker«. Diese Art des Denkens ist noch immer selten. Erfolgreich angewandt, gehört sie zu den eindrücklichsten Methoden, um Vergangenheit und Zukunft in der Gegenwart zu vereinen. Demütig würdigt sie, dass die in der Gegenwart geleistete Arbeit auf vergangener aufbaut, während man sich gleichzeitig einer Zukunft zuwendet, die über eine individuelle Lebensspanne und utilitaristische Zugewinne hinausgeht. Weitergeführt wird dieses Denken mit dem Wissen und der Intention, dass es die Gegenwshaft überdauern wird, und geleitet wird es von einem Teamgeist, der sich über Generationen erstreckt. Auch für unser Leben in der digitalen Zeitmaschine braucht es Kathedralendenken und Kathedralenbauer.

Geschichte ist ein essenzieller Bestandteil von Sinngebung, auch wenn Geschichte in sich keinen Sinn hat. Die Möglichkeiten, aus der Geschichte zu lernen, bleiben begrenzt, obschon das Zurückblicken aus der Distanz heilsame Einsichten bringen kann. Was uns in der Gegenwart beschäftigt, lesen wir in die Vergangenheit hinein. Ängste kehren wieder, und die Geister der Vergangenheit sind nie weit weg. Auch der Zukunft nähern wir uns durch von der Gegenwart geprägte Begriffe, gefärbt durch Hoffnung oder Verzweiflung. Wir schwanken dabei zwischen Selbstvertrauen und Überheblichkeit auf der einen und Offenheit und Demut auf der anderen Seite.

So hat die Covid-Pandemie alte und neue Risse sichtbar gemacht, während sich ihre Langzeitfolgen erst noch entfalten. Auch drängte sie uns hinein in ein digitales Leben, das in dieser Form bislang nicht vorstellbar gewesen war. Wird also die digitale Zeit gleichermaßen die Macht übernehmen und unsere Bindungen aneinander und an die natürliche Umwelt weiter lockern, auch wenn wir wissen, dass diese ohnehin Wandel unterliegen? Lockdowns und Abstandsregeln, soziale Isolierung, Arbeit und Unterricht von zu Hause haben uns eine Kostprobe davon gegeben, wie sich soziale Beziehungen entwickeln könnten. Gleichzeitig ließen uns dankbarerweise die digitalen Technologien zumindest virtuell weiter miteinander verbunden sein. Das Leben in der digitalen Zeitmaschine ermöglicht es, Vergangenheit und Zukunft gemeinsam in der Gegenwart neu zu betrachten. Es bietet uns multiple Perspektiven und die Chance eines ganzheitlicheren Ansatzes, basierend auf der Fähigkeit, die Dinge als miteinander verbunden wahrzunehmen.

Mit der Zukunft, die bereits in der Gegenwart angekommen ist, haben wir uns schnell vertraut gemacht, zumindest mit ihrem gut sichtbaren Teil. Dieser begrüßt uns auf den Bildschirmen unserer Smartphones und steckt in den Sensoren von Überwachungskameras, in den Drohnen, die über uns hinwegfliegen, und in den winzigen Robotern, die das Innere unserer Körper untersuchen. Der sichtbare Teil der Zukunft ist in seiner pulsierenden Vernetzung zwar überall erkennbar, aber zugleich ebenso verstreut und schwer fassbar. Er erreicht uns in höchst visualisierter Form, in Bildern und Videos, und lädt uns dazu ein, Selfies zu teilen und in einem imaginären Raum Spiele zu spielen. Er verändert sich schnell und ist in seinen flüchtigen Formen und verborgenen operativen Strukturen nur schwer zu greifen. Vielleicht fügen wir deshalb dem bereits riesigen Pool an visuellen Daten unentwegt weitere hinzu, wenn wir Millionen von Fotos machen und teilen. Wir lachen wie Kinder, ohne zu verstehen, wie unser Lachen unverzüglich auf dem Telefon eines Freundes in Tausenden Kilometern Entfernung landet. Einst diente das Fotoalbum dazu, die Chronologie eines Familienlebens aufzuzeichnen. Heute kann nichts erinnert werden, wenn es nicht breit geteilt wurde. Es ist, als müssten wir uns unentwegt unserer Existenz und unserer vergänglichen Identitäten versichern.

Waren es im Jahr 2000 noch achtzig Milliarden, werden heute jährlich über eine Billion Fotos gemacht. Im Internet in Umlauf gebracht, generieren diese Bilder ein blühendes Geschäft für die Social-Media-Unternehmen, die dieses sprunghaft steigende Angebot speichern und verbreiten. 2012 wurde das damals erst zwei Jahre alte Instagram von Facebook für eine Milliarde US-Dollar gekauft, mittlerweile hat die Plattform eine Milliarde aktive Nutzer, die täglich insgesamt 95 Millionen Fotos und Videos hochladen. Der Instagram-Rivale Snapchat lehnte 2013 ein Kaufangebot von Facebook über drei Milliarden US-Dollar ab, ebenso ein Angebot von 30 Milliarden US-Dollar, das Google drei Jahre später machte.[20] Hinter diesen Übernahmen liegt der riesige Markt von Webseiten zu Immobilien, Mietangeboten, Restaurants, Tourismus und Kunst. Dieser Markt muss potenziellen Kunden im Voraus zeigen, was sie bekommen, nur um dann später noch weitere Daten zu ihrer »Erfahrung« zu sammeln.

Der sichtbare Teil der angekommenen Zukunft verstärkt seine Sichtbarkeit, indem er die Kultur des vergänglichen Bildes immer weiter verbreitet, derweil Gesichter erkennt und diese zu weiteren Daten verarbeitet, sodass Algorithmen Gesichter noch besser zu erkennen lernen. Doch zu den Arbeitsabläufen von Algorithmen, Suchmaschinen, Bots und Trollen gehört auch ein unsichtbarer Teil, der mehrheitlich unbemerkt bleibt. Viel davon ist versteckt, häufig vorsätzlich, nicht zuletzt von heimlich agierenden Hackern, die von unbekannten Orten aus für zwielichtige Unternehmen oder kriminelle Vereinigungen arbeiten. Wenig ist darüber bekannt, wer die Bitcoin-Industrie eigentlich steuert, und trotzdem steigt ihr Aktienkurs. Ein weiterer Teil der unsichtbaren

Zukunft liegt verborgen in den Laboren großer kommerzieller Konzerne, wo die meiste innovative Forschung und Entwicklung zu Algorithmen betrieben wird. Sie alle sind auf die unsichtbaren technischen Infrastrukturen angewiesen, welche die für Broadband-Netzwerke und Stromnetze erforderliche Energie liefern.

Die Ankunft der Zukunft in der Gegenwart trägt zu der informatorischen und emotionalen Überlastung bei, die uns so quält. Eingeengt zwischen Vergangenheit und Zukunft, verdichtet sich die digitale Gegenwart. Paradoxerweise hat diejenige Zukunft, die schon da ist, die Lust auf jene Zukunft gedämpft, die einst so erstrebenswert schien. Der Science-Fiction-Autor William Gibson sagte einmal, die Zukunft sei schon da, nur nicht gleich verteilt. Vor Kurzem revidierte er diese Aussage dahingehend, dass wenn zu viel von der Zukunft in der Gegenwart verdaut werden müsse, in ihrem Angesicht Skepsis oder sogar Erschöpfung entstünden. Im 20. Jahrhundert war die Zukunft ein Kult, wenn nicht sogar eine Religion, doch heute nimmt das Interesse an ihr ab. Ein Interesse am 22. Jahrhundert, wie es einst voller Tech-Enthusiasmus und Neugier heraufbeschworen wurde, ist fast völlig verschwunden.[21]

Die Zukunft, wie sie einst ausgemalt wurde, ist nie die Zukunft, die sich tatsächlich einstellt. Wir neigen dazu, jene Technologien zu überschätzen, die für uns vollständig sichtbar und Teil unserer Vorstellungswelt geworden sind, erweisen uns jedoch als kläglich unfähig, uns ihre sozialen Konsequenzen vorzustellen. Deshalb können sich Vorhersagen über technische Entwicklungen, die einst aufregend wirkten, fünfzig Jahre später eher unangenehm lesen. Das gilt auch für Künstliche Intelligenz. Wie Jill Lepore beobachtet:

> [P]rädiktive Algorithmen beginnen zunächst als Historiker: Sie studieren historische Muster, um Muster zu entdecken. Dann werden sie zu Propheten: Sie entwickeln mathematische Formeln zur Erklärung eines Musters, testen diese Formeln an den dafür gesammelten historischen Daten und verwenden die Formeln dann, um Vorhersagen über die Zukunft zu machen. Deshalb sammeln Amazon, Google, Facebook und alle anderen deine Daten als Nahrung für ihre Algorithmen: Sie wollen deine Vergangenheit zu deiner Zukunft machen.[22]

Sollen wir das zulassen? Das Leben in der digitalen Zeitmaschine bringt die Vergangenheit in die Gegenwart und integriert den sichtbaren Teil der bereits angekommenen Zukunft. Es bewirkt eine Überladung der Gegenwart, birgt aber auch neue Ansätze, um Dinge als miteinander verbunden zu betrachten. Eine Vergangenheit, die selektiv erinnert wird, um Kontinuität mit der Gegenwart zu schaffen, kann dann nicht mehr als Selbstverständlichkeit verstanden werden, genauso wenig wie eine an die Gegenwart gebundene Zukunft als das akkumulierte Ergebnis. Das Paradox algorithmischer Vorhersagen liegt darin, dass es uns freisteht, uns alternative Zukünfte vorzustellen – sofern wir nicht glauben, jene Vorhersagen seien unsere einzige mögliche Zukunft.

DER OFFENE HORIZONT DER ZUKUNFT

Der Wunsch, in die Zukunft blicken zu können, ist so alt wie die Menschheit selbst. Um Bevorstehendes zu offenbaren, haben bekanntlich alle Kulturen verschiedene Formen der Wahrsagung betrieben. Spuren hiervon lassen sich überall finden, angepasst an örtliche Mittel und Gegebenheiten. Gemein ist diesen Praktiken die Annahme, Schicksale seien vorherbestimmt und den Göttern bekannt, Menschen hingegen blieben unwissend. Also mussten ausgebildete Mittler mit besonderen Fähigkeiten die Zeichen aus dieser anderen Welt auslegen. In manchen Gegenden des alten Chinas etwa hielten Weissagungsexperten die Schulterblätter von Schafen oder auch Schildkrötenpanzer übers Feuer, sodass sich in den Knochen Risse bildeten, die sie anschließend interpretierten. Heute nimmt man an, dass diese Orakelknochen die Ursprünge der chinesischen Schrift darstellen könnten. Der Wunsch, die Zukunft zu erfahren, könnte also unbeabsichtigterweise eine Technik hervorgebracht haben, mit der sich die Vergangenheit für die Zukunft erhalten lässt – die Schrift.

Elena Esposito hat einige erstaunliche Ähnlichkeiten zwischen altertümlichen Wahrsagepraktiken und den heutigen Algorithmen zur Vorhersage menschlichen Verhaltens aufgezeigt.[23] So hätten moderne Gesellschaften seit dem Anbeginn von Statistiken diese nicht nur zu verwaltungstechnischen Zwecken eingesetzt, sondern auch als effizientes Mittel für den Umgang mit Ungewissheit. Mithilfe großer Zahlen, Wahrscheinlichkeitsrechnung und anderer statistischer Instrumente wurden in der Vergangenheit erkannte Muster in die Zukunft extrapoliert.[24] Im Gegensatz zur »Herrschaft der Zahlen« auf Grundlage von Statistiken erkennt Esposito bei den prädiktiven Algorithmen, die sich heute aus riesigen Datensätzen speisen, eine Rückkehr zu divinatorischen Praktiken. Anders als administrative Statistiken befassen sich vorhersagende Algorithmen nicht mit Mittelwerten oder generellen Trends in der Bevölkerung. Sie sind ganz auf das Individuum ausgerichtet. An diesem Punkt kommt die Ähnlichkeit zu magischem Denken und altertümlichen Wahrsagepraktiken ins Spiel. Wahrsagung basiert auf der Annahme, die Zukunft könne vorhergesehen werden und offenbare sich dem Bittsteller in einem streng ritualisierten Rahmen. Gleichermaßen beanspruchen algorithmische Vorhersagen ein Wissen über die Zukunft und greifen, indem sie direkt das Individuum ansprechen, in menschliches Verhalten ein.

Woher stammt die prognostische Macht der Algorithmen? Die Konvergenz dreier Entwicklungsstränge hat uns dorthin gebracht, wo wir heute sind. Den ersten Strang bilden die beispiellose Verfügbarkeit und Zugänglichkeit enormer Datenmengen, passenderweise Big Data genannt, die nicht nur von Smartphones und Kreditkarten gesammelt werden, sondern zunehmend auch von Sensoren an öffentlichen Orten, in Privathaushalten oder durch KI-Wearables. Die Reichweite von Big Data übersteigt jedoch weit unser Verhalten als Konsumenten oder Wähler, und geht weit über die auf den Finanzmärkten verwendeten Risikomodelle hinaus. Heute bilden Big Data das Grundgerüst vieler Wissenschaften, von der Astronomie und Kosmologie, die schon immer auf sie angewiesen waren, bis zu den Biowissenschaften, in denen die computergestützte Biologie und Präzisionsmedizin ohne sie nicht mehr denkbar wären. Doch Daten sind schwerlich der neue Rohstoff und auch keine unerschöpfliche Ressource, da sich ihre Verwaltung und Kultivierung recht anspruchsvoll gestalten kann.[25]

Der zweite Strang besteht aus Algorithmen, aus Reihen mathematischer Gleichungen und aus Codierungsregeln, die auf eine spezifische Funktion ausgelegt sind. Computerwissenschaftler arbeiten seit vielen Jahrzehnten zu Algorithmen. Ursprünglich wurden sie erstellt, um logischen Operationen folgen zu können. Die Ergebnisse waren jedoch enttäuschend und leiteten eine Periode ein, in der es immer weniger Finanzierung gab und die heute als »Winter der KI« bezeichnet wird. Erst im Lauf der letzten zehn Jahre begann durch die Kombination aus enorm gestiegener Rechnerleistung, Optimierungstechniken und der Verfügbarkeit von Big Data die Dominanz einer neuen Generation von Algorithmen. Bekannt als Deep Learning, ein Teilbereich des maschinellen Lernens, basiert diese zweite Generation von Algorithmen auf einer vereinfachten Version neuraler Netzwerke. Diese Algorithmen haben sich als ungeheuer effizient erwiesen und konnten in der Interaktion mit riesigen Datenmengen eigenständig Regeln erstellen, ohne dass Menschen groß eingegriffen hätten. Auf die gewaltige Leistung eines KI-Systems, sich selbst das Schachspiel beizubringen, folgten bald eine KI, die den weltbesten Go-Spieler besiegte, und weitere breit veröffentlichte Erfolge. Obgleich es sich hier um relativ eng gesteckte und regelbasierte Bereiche handeln mag, ist bislang kaum begriffen worden, wie eine KI derlei Ergebnisse eigentlich erzielt.

Beim dritten Strang handelt es sich um die riesigen Fortschritte bei der Rechenleistung, die die Voraussetzung dafür bildet, damit Algorithmen in Big Data Muster erkennen und daraus Vorhersagen extrapolieren können. War die erste Algorithmen-Generation noch ausschließlich von Menschen entwickelt, sind die aus dem maschinellen Lernen abgeleiteten Algorithmen technologische Produkte und Eigentum der Unternehmen, die sie entwickeln und häufig unter Verschluss halten. Deep Learning hat zu schnellen, industriegetriebenen Fortschritten in der KI geführt, doch nicht jeder in der KI-Gemeinschaft ist glücklich über die »unverhältnismäßige Effektivität«

der Deep-Learning-Algorithmen. Auf lange Sicht braucht es ein sehr viel besseres Verständnis davon, wo und für welche Aufgaben jeder einzelne Algorithmus bestmöglich eingesetzt werden sollte und wo seine Grenzen liegen.

Die digitale Zeitmaschine, in der wir uns wiederfinden, wird durch das prognostische Vermögen von Algorithmen angetrieben. Zwar praktizieren wir keine Wahrsagerei mehr, doch was die Zukunft bereithalten mag, interessiert uns nicht weniger als unsere Vorfahren. Überall hinterlassen wir digitale Spuren unseres Verhaltens, Spuren unserer Einkäufe, unserer Ernährung und unserer sozialen Kontakte. Um kontinuierlich unsere gesundheitliche Verfassung zu überwachen, tragen wir Fitnessarmbänder. Innerhalb eines Systems, das Shoshana Zuboff als »Überwachungskapitalismus« bezeichnet, liefern wir Konzernen freiwillig Informationen über privateste Teile unseres Lebens, um im Tausch noch mehr Informationen über uns selbst zu erhalten.[26] In manch erschreckendem Moment wird uns klar, dass ein anonymes KI-System uns vielleicht besser kennt als wir uns selbst, und doch bewirken diese Augenblicke keine strukturellen Veränderungen. Wir mögen Bedenken im Hinblick auf unsere Privatsphäre äußern und eine bessere Regulierung und mehr Schutz fordern, kehren am Ende aber doch wieder zu unseren alten Gewohnheiten zurück.

Die Fortschritte der modernen Wissenschaft und insbesondere der Physik gründen auf der Erfindung neuer theoretischer Konzepte und der Erprobung darauf basierender Vorhersagen. Präzise Vorhersagen gelten daher nach wie vor als Prädikat moderner Wissenschaft. Seit Mitte des 19. Jahrhunderts, als probabilistische Vorhersagen Einzug in die Physik fanden, hat sich in der Bedeutung von Vorhersagen ein interessanter konzeptioneller

Wandel vollzogen. Anfangs bildeten Vorhersagen in der statistischen Mechanik die Grundlage einer neuartigen, stochastischen Sichtweise auf die Gesetze der Natur. Mit der Entdeckung der Quantenmechanik um 1900 kam die Frage auf, welche Rolle dem Zufall in den Gesetzen der Natur zukomme und wie sich das auf Vorhersagen auswirke. Heute ist die Interpretation von Vorhersagen mit der Untersuchung komplexer Systeme verknüpft. Aus dieser Bedeutungsentwicklung wissenschaftlicher Vorhersagen entsteht ein Zielkonflikt zwischen Präzision und Anwendbarkeit.[27] Anders gesagt: Auf je mehr Probleme der Begriff der Vorhersage angewendet wird, umso schwächer werden die Prognosen. In der Wissenschaft muss dem Rechnung getragen werden, doch auch der Ausstrahlungseffekt auf die Gesellschaft ist enorm.

Ein Bereich, in dem sich wissenschaftliche Vorhersagen auf Grundlage von Mathematik und Simulationsmodellen als höchst erfolgreich erwiesen haben, ist die Wettervorhersage, die weltweit unentbehrlich für Transport und Kommunikation, Katastrophenalarm und Einsatzbereitschaft sowie für die Beobachtung des globalen Klimawandels ist. Die Wettervorhersage ist eine große wissenschaftliche und technische Leistung. Ihr Ursprung reicht zurück bis an den Anfang des 20. Jahrhunderts, als dank der Vorreiter Vilhelm Bjerknes und Lewis Fry Richardson mathematische Berechnungen mit neu geschaffenen Netzwerken von Beobachtungsinstrumenten verknüpft wurden. So wurde die Meteorologie zu einer verlässlichen, mathematisch fundierten Wissenschaft. Heute basieren Wettervorhersagen auf empirischen Beobachtungen auf Grundlage riesiger Datenmengen, gesammelt im Rahmen einer globalen Infrastruktur von Satelliten und Ballons, Thermometern, Barometern und Anemometern.

Den eigentlichen Schub erhielt die Wettervorhersage jedoch durch die Fortschritte in der Computersimulation, den Gebrauch von Supercomputern und durch ein speziell angefertigtes Telekommunikationssystem, um alles miteinander zu verbinden. Die Entstehung eines Hurrikans lässt sich nun in Echtzeit auf einem Computerbildschirm verfolgen, wo es die Projektionen zu den möglichen Verläufen des Sturms bis hin zu seinem Erreichen des Festlands erlauben, durch Vorbereitungen großflächigen Verlusten von Leben und Eigentum vorzubeugen. Wettervorhersagen sind auf eigenen Wetterkanälen und Smartphones verfügbar und erfüllen die Nachfrage nach präzisen Prognosen wegen deren kommerzieller und wirtschaftlicher Nützlichkeit. Was ehemals von Menschen modelliert wurde, wird zunehmend von Robotern erledigt. Die nächste Herausforderung, die sich für Vorhersagen auf Grundlage von Computersimulationen stellt, ist, sich von der Vorhersage des Wetters hin zu einem Verständnis der Komplexitäten des Klimasystems zu bewegen, eine Herausforderung enormen Ausmaßes.[28]

Im Alltag ist die prädiktive Analytik am sichtbarsten in kommerziellen Produkten, die auf als recht simple Vorhersage-Maschinen dienenden Künstlichen Intelligenzen basieren. Darauf ausgelegt, Geld zu verdienen, sollen sie Kosten reduzieren und gleichzeitig Effizienz und Präzision erhöhen. Eine dieser Vorhersage-Maschinen wird damit beworben, »die einfache Ökonomie der KI« zu bieten. Organisationen und Firmen müssen ständig Entscheidungen treffen und sind hierbei zunehmend auf Vorhersagen angewiesen. Definiert man Vorhersagen einfach als den »Prozess, fehlende Informationen zu ergänzen«, gehört dazu jeder Ablauf, bei dem bestehende

Daten verwendet werden, um neue Information zu generieren – eine Aufgabe, die früher menschliche Experten verrichteten. Sobald Vorhersagen durch ein KI-System getroffen werden, macht sie das günstiger und präziser, was wiederum Geschäftsmodelle verändert und Experten ersetzt. Die Produktivität einer Firma wird gesteigert, ebenso wie ihre profitmaximierenden Strategien und Aufgabenverteilungen. Der Erfolg der sich rasch ausbreitenden Plattformökonomie, in die die Vorhersage-Maschinen einzelner Firmen integriert sind, stützt diese Logik.[29] Externalisierte Kosten und weitere Kehrseiten der Plattformökonomie finden demgegenüber wenig Beachtung.

Eine weitere Anwendungsmöglichkeit von Vorhersage-Maschinen kommt aus der Kultur- und Kreativwirtschaft. Viele Künstler arbeiten mittlerweile regelmäßig mit digitalen Technologien. Sie verwenden KI kreativ, um damit zu experimentieren und die eigene Kreativität zu fördern. Aber auch im Kunst-Marketing lässt sich KI als Vorhersage-Maschine einsetzen. So widmeten sich in einer überaus erfolgreichen PR-Aktion am Amsterdamer Rijksmuseum Kunsthistoriker, Material- und Datenwissenschaftler sowie Ingenieure achtzehn Monate lang einem Projekt, das sie kühn wie folgt bewarben: »Wir stellen uns einer kontroversen Herausforderung: wie man einer Maschine beibringt, wie Rembrandt zu denken, zu handeln und zu malen«. Mithilfe der neuesten digitalen Technologien sollte vorgeführt werden, dass KI mittlerweile fortgeschritten genug sei, um vorhersagen zu können, wie »der nächste Rembrandt« aussehen würde, hätte der Meister ihn selbst gemalt.

Alison Langmead, eine Historikerin digitaler Kunst, dekonstruiert diese Behauptung. Sie bezeichnet sie als einen Fall von Computermagie, da die gesamte Vorführung dem Trick eines Bühnenzauberers ähnele. Dem Algorithmus sei beigebracht worden, aus Rembrandts vielen berühmten Porträts und Selbstporträts bestimmte Züge auszuwählen, und aus dieser Mischung sei »der nächste Rembrandt« entstanden. Das Ergebnis, generiert durch bewundernswerte technische Raffinesse und begleitet vom Anspruch der Veranstalter, die Kreativität der KI würde derjenigen Rembrandts gleichkommen oder diese sogar übertreffen, beruhte auf einer Hochrechnung des durchschnittlichen Malstils des Künstlers im Lauf seiner Karriere. Der stolz präsentierte KI-generierte Rembrandt sei somit weniger eine Vorhersage der Kreativität des Malers als ein etwas willkürlicher Querschnitt unterschiedlicher, in unterschiedlichen Kontexten gemalter Gesichter.[30]

Würden wir statt eines mangelhaften »Der-nächste-Rembrandt-Tests« einen echten »Kreativitätstest« entwickeln, welche Kriterien müsste ein KI-System dann erfüllen? Die Antwort liegt in den Brüchen und Unterbrechungen, die die Arbeit großer Künstler auszeichnen und die uns erkennen lassen, wie sich die Spannungen innerhalb eines künstlerischen Werkes entfaltet haben und wie sie verhandelt wurden. Kreativität entsteht, wo das Unvorhersehbare in ein Kunstwerk eintritt. Oftmals spielt der Zufall in künstlerischen Unternehmungen eine ebenso große Rolle wie in wissenschaftlichen, wo er als *serendipity*, als Zufallsfund oder Glücksfall, bezeichnet wird. Um einem KI-System »Kreativität« beizubringen, kann Zufälligkeit auch bewusst in das System eingespeist werden. Doch solang die Maschine nicht in der Lage ist, eine Unterbrechung vorherzusagen, die den nächsten Schritt oder eine neue Phase in der Reifung künstlerischer Kreativität darstellt, wird sie den Test nicht bestehen. Bis dahin bleibt die Maschine ein einigermaßen uninspirierendes Beispiel dafür, was Künstliche Intelligenz aus dem Werk Rembrandts ziehen kann.

Zu einem Bruch anderer Art kam es, als im 17. Jahrhundert die moderne Wissenschaft allmählich ihr kreatives Potenzial zu entfalten begann. Sie wurde vom Glauben daran angetrieben, eine allgemeine Verbesserung des menschlichen Daseins anzustoßen, doch erst als der technische Wandel erfolgte, beschleunigte sich auch der Wandel in der Erfahrung von Zeit. Mechanisierung und neue Transportmittel verringerten geografische Distanzen und erweiterten den geistigen Horizont. In der Aufklärung florierten neue und radikale Ideen. Gemeinsam mit politischen Forderungen nach individueller Freiheit und religiöser Toleranz verbreiteten sich diese Vorstellungen und die damit einhergehenden sozialen Bewegungen in ganz Europa und darüber hinaus. In der Zeit zwischen 1750 und 1850 bewirkten sie dramatische Veränderungen im politischen und gesellschaftlichen Leben. Angeführt von der Französischen Revolution, umfassten diese Entwicklungen die Auflösung der Ständeordnung, die frühen Auswirkungen der Industrialisierung und ein verändertes Geschichtsbewusstsein. In den Augen des Historikers Reinhart Koselleck bewirkte dies einen grundlegenden konzeptionellen Wandel, der diese Epoche als eine Sattelzeit markiert, ähnlich einer Wasserscheide an einem Bergkamm, von der aus das Wasser in verschiedene Richtungen fließt. In diesem Fall war die Wasserscheide eine konzeptionelle Veränderung in der Vorstellung und Erfahrung der Zukunft. Erstmals wurde die Zukunft als offener Horizont wahrgenommen.[31]

Als eine grundlegende Unterscheidung zwischen Vergangenheit und Zukunft auftrat, wuchs allmählich der

Abstand zwischen dem »Erfahrungsraum« und dem »Erwartungshorizont«. Die Erfahrung der Vergangenheit mit ihrem langsamen Tempo und ihren begrenzten Lebenschancen – die sich darauf beschränkten, jene der vorherigen Generation fortzusetzen – wich der Idee, dass das Leben der Menschen auch anders sein könnte, und rief den Wunsch nach einer Zukunft hervor, die sich von der Vergangenheit unterscheiden würde. Beispiellose Veränderungen in der Mentalität und im sozialen Verhalten waren die Folge. Das neuartige Konzept der Zukunft als offener Horizont machte es möglich, der Auffassung des Lebens als vorbestimmtem Schicksal zu entkommen und zu begreifen, dass man sein Leben selbst gestalten konnte. Es war eine große Entdeckung, die zu einer großen sozialen Erfindung wurde.

Die Radikalität der Idee einer offenen Zukunft muss vor dem gewaltigen historischen Hintergrund tausendjähriger Kosmologien, religiöser Vorschriften, kollektiver Vorstellungen und den Lebenserfahrungen von Millionen Menschen gesehen werden, die alle glaubten, ihr Leben müsse als unentrinnbares Schicksal gelebt werden. Mithilfe moderner Wissenschaft und Technik und der systematischen Erforschung der natürlichen und sozialen Welt gewann die Idee, Menschen könnten die Gesellschaft und ihr eigenes Schicksal gestalten, schließlich an Boden. Das Gefühl, die Menschen könnten die Zukunft, angetrieben durch technischen Fortschritt, Social Engineering und Planung wenigstens teilweise kontrollieren, erreichte mit der Moderne ihren Höhepunkt. Es stellte sich jedoch heraus, dass mit dieser Haltung die gefährliche Illusion völliger Kontrolle einherging, besonders als der zentralisierte Staat die dafür zuständige Rolle einnahm.[32]

Und doch könnten wir uns bald wieder an einer neuen Wegscheide wiederfinden. Der Planungsrausch der Moderne war bereits einem etwas bescheideneren Umgang mit Ungewissheit gewichen, als die prädiktive Analytik vermeintlich zu Hilfe kam. Sie tat dies mit dem Versprechen von Objektivität und Effizienz und durch den Einsatz von Algorithmen, statt auf fehlerbehaftete Menschen zu setzen. Doch je mehr menschliche Entscheidungsfindung an Algorithmen übertragen wird, umso mehr Macht üben diese aus, bis sie schließlich fest im Sozialgefüge verankert sind. Die Rückkehr zu einem deterministischen Weltbild ist wieder möglich geworden. Bislang waren viele Anwendungen vorhersagender Algorithmen auf das Versprechen einer strahlenden, kommerzialisierten Zukunft ausgelegt, ganz so, wie viele Menschen sich daran gewöhnt hatten, sie zu ersehen. Doch gleichzeitig fanden die Algorithmen rasch Anwendung, um die von Menschen getroffenen Entscheidungen in öffentlichen und privaten Dienstleistungen zu ersetzen; Entscheidungen, die von Gerichten und Polizei, Versicherungsunternehmen und in Gesundheitssystemen getroffen werden.

Das Leben in der digitalen Zeitmaschine konfrontiert uns mit einer paradoxen Situation. Wir verfügen über enorm effiziente Instrumente, die uns ein Stück weiter in die Zukunft blicken lassen und die Dynamiken eines breiten Spektrums menschlicher Aktivitäten wie auch natürlicher Phänomene abdecken. Die Effizienz dieser Instrumente ist so bequem und ökonomisch hochprofitabel, dass sie die Notwendigkeit zu verdrängen scheint, die zugrunde liegenden Mechanismen gründlicher zu verstehen und zu verbessern. Wir vertrauen diesen Instrumenten unsere privatesten Daten an, sorgen uns aber zugleich, unsere Privatsphäre könnte weiter ausgehöhlt werden.

Das Paradox entsteht, weil prädikative Algorithmen einerseits geschehen machen können, was sie prognostizieren, und weil andererseits der Versuch, die Zukunft zu prognostizieren, deren offenen Horizont zu schließen droht. Ist eine Vorhersage, die eigentlich helfen sollte, die Ungewissheit der Zukunft zu bewältigen, erst einmal weitverbreitet, kann sie rasch zu einer potenziell trügerischen Gewissheit werden. In der Wissenschaft hat immer schon eine produktive Spannung zwischen dem Bedürfnis existiert, das Verständnis von Phänomenen voranzutreiben, und jenem, passende Instrumente zu entwickeln, um Theorien und Vorhersagen in der Wirklichkeit empirisch zu überprüfen. Zwar ist die Macht vorhersagender Algorithmen nicht mehr allein auf die Wissenschaft beschränkt, doch die Diskrepanz zwischen ihrer instrumentellen Effizienz und unserem Verständnis, wie sie eigentlich funktionieren und unser Leben beeinflussen, bleibt. Wenn überhaupt, ist diese Diskrepanz dringlicher geworden.

Geben wir das menschliche Bedürfnis auf, nach dem Warum zu fragen und verstehen zu wollen, was die Welt zusammenhält, riskieren wir, eine in sich geschlossene und deterministische Welt zu erschaffen, die von effizienten Vorhersage-Maschinen beherrscht wird, deren innere Mechanismen unklar bleiben und deren Einfluss auf uns nicht weiter hinterfragt wird. Ein solcher Determinismus sagt sich von der inhärenten Ungewissheit der Zukunft los und ersetzt sie durch die gefährliche Illusion der Kontrolle. Letzten Endes laufen wir sogar Gefahr, selbst zu Prognosesystemen zu werden. Selbst unsere Fähigkeit, anderen unser Wissen und unsere Erfahrungen zu vermitteln, könnte allmählich dem einer Vorhersage-Maschine ähneln. Sollten wir zu einer deterministischen Weltsicht zurückkehren, würde sich der offene Horizont der Zukunft wieder schließen. Es hieße, eine kostbare und hart erkämpfte, erst wenige Jahrhunderte alte Entdeckung aufzugeben. Vielmehr sollten wir die Ungewissheit annehmen und uns von ihr in den riesigen Raum an Möglichkeiten leiten lassen und so unser Wissen bereichern.

Das Leben in der digitalen Zeitmaschine hat viele Facetten. Es ist nicht risikofrei, selbst wenn es uns ermöglicht, manche Risiken früher zu erkennen. Angetrieben wird es von Vorhersage-Maschinen, die heute mannigfaltig eingesetzt werden. Manche davon sind einfach, doch sehr effizient. Viele wurden entworfen, um Geld zu verdienen oder einzusparen. Manchen sind fragwürdige oder problematische Zwecke eingebaut. Wollen wir den Horizont der Zukunft offen halten, müssen wir lernen, wann wir ihnen vertrauen und was wir ihnen anvertrauen können.

Unser wissenschaftlich-technisches Verständnis der Welt komplexer Systeme schreitet schnell voran. Die Analyse dieser Systeme ermöglicht es uns, Prozesse nachzuvollziehen, die zur Emergenz neuer Eigenschaften führen, und jene Kipppunkte zu identifizieren, die einer Transition vorausgehen und potenzielle Zusammenbrüche auslösen können. Ein solcher Blick in die Zukunft kann uns Zeit verschaffen, um besser vorbereitet zu sein und die Resilienz von Netzwerken zu stärken. Wir erhalten die Chance zu handeln, solang noch Zeit dafür da ist. Es gibt uns die Möglichkeit zu erkennen, dass wir immer mehrere Optionen haben. Das Leben in der digitalen Zeitmaschine kann uns zeigen, dass alternative Zukünfte existieren und die Zukunft auch anders sein kann.

2
WILLKOMMEN IN DER SPIEGELWELT

EINE SPIEGELWELT IM WERDEN

Der Einfluss digitaler Technologien offenbart sich in einer gewandelten Zeiterfahrung und in einem wachsenden Bewusstsein für die räumliche Vernetzung des Anthropozäns. Diese Technologien beeinflussen unser Leben, unsere Kultur und unsere Beziehungen zueinander. Immer wieder stellt sich, ausgelöst durch unser zunehmend intimes und intensives Zusammenwirken mit unseren künstlichen digitalen Kreationen und Kreaturen, die Frage, was Menschsein bedeutet. In diesem Kapitel sollen einige der Mechanismen untersucht werden, die diese Veränderungen gestalten und kanalisieren. Ihren Ursprung haben diese Veränderungen in der unheimlichen Fähigkeit, verfügbare Informationen über die reale Welt zu nutzen, um eine virtuelle Welt zu schaffen, die bevölkert wird von Avataren, von Objekten und Menschen, von digitalen Zwillingen und ausufernden komplexen Systemen, mit denen sich aus Daten nützliches Wissen ziehen lässt.

Die Mechanismen, die unsere Identitäten und Beziehungen zu anderen und zur Umwelt umgestalten, entstehen aus dem Zusammenspiel zwischen dem Virtuellen und dem Realen. Jeglicher Eingriff in einen der beiden

Bereiche löst Reaktionen im jeweils anderen aus. Was immer wir in einem der beiden Bereiche gestalten, wird im anderen umgestaltet, und umgekehrt. Information wird zur Handlung und die Handlung zur Information. Wir erschaffen eine Spiegelwelt, eine Welt, die rasch zu unserem erweiterten virtuellen Habitat wird. Die Spiegelwelt ist kein Replikat; sie besteht nicht aus bloßen Kopien eines Originals. Während der Industrialisierung bedingte die Massenproduktion die Herstellung Tausender Kopien, was wiederum einen Kult um das Original zur Folge hatte. »Die Kultur der Kopie«, wie Hillel Schwartz es nennt, löste unzählige Träume wie auch Albträume aus, wie aus dem einen mehrere würden.[1] Geschichten multipler Persönlichkeiten und romantischer Doppelgänger breiteten sich aus. Auch wenn wir die Kultur der Kopie hinter uns gelassen haben, ist die quälende Unruhe darüber, wie sich das Gefälschte vom Authentischen unterscheidet, neuerlich aufgetreten, da beides nun dank digitaler Technologien kaum mehr zu unterscheiden ist. Weil digitale Objekte in der Spiegelwelt keine Kopien sind, haben Kopien auch keinen untergeordneten ontologischen Status mehr. Doch ihren Status tatsächlich zu definieren, bereitet uns große Mühen.

Indem wir Wissen und Information in ein cyberphysisches Umfeld ausgelagert haben, wurden in beiden Welten Ausmaß und Reichweite von Intervention stark ausgedehnt. Die von uns geschaffenen digitalen Werkzeuge, Geräte, Objekte und Prozesse verbinden die beiden Welten miteinander. Sie dienen als Mittler und bedingen auf allen Seiten multiple Aktionen und Reaktionen. Unsere Welt ist inzwischen digital vernetzt, doch mit ihren weitreichenden sensorischen Netzwerken verbindet uns unsere riesige digitale Infrastruktur auch mit der

Spiegelwelt. Betrachten wir kurz einige mittlerweile vertraute Beispiele.

Weltweit haben sich Menschen an die rasche Verbreitung von Überwachungskameras an öffentlichen Orten gewöhnt. Sie versprechen Sicherheit. Smart-Home-Geräte werden derweil als »hilfreich« beworben, um das Leben weiter zu erleichtern. Angesichts wachsender Sorgen um die Privatsphäre erweitert Google Home das Konzept der Privatsphäre schlau von einem auf den Einzelnen bezogenen Begriff auf einen sozial integrativeren, der uns nicht nur eigene, sondern auch gemeinschaftliche Erfahrungen teilen lässt. Mit wie vielen und welchen anderen Menschen wir etwas teilen wollen, wird in Smart-Home-Geräten zur optionalen Funktion. Fernsehkameras für Wohnzimmer werden mit einem kleinen verschließbaren Plastikfenster geliefert, während Googles neueste Haushaltshilfe Nest Hub Max mit einer Videokamera ausgestattet ist, deren zusätzliche Funktionen die Gesichtserkennung aktivieren. Mitgeliefert wird die Versicherung, diese personalisierte Gesichtserkennungsfunktion habe nichts mit jener öffentlicher Überwachungskameras gemein, da sie der in iPhones installierten gleiche.[2]

Eine weitere etablierte digitale Infrastruktur ist das RFID-Etikett, das viel im Einzelhandel verwendet wird. Zuspruch für diese Etikettierung suggeriert eine soziotechnische Vorstellung perfekter Effizienz und Ordnung, da die Etiketten in einem Ladengeschäft eine vierdimensionale Nachverfolgbarkeit und logistische Kontrolle der Bewegungen sämtlicher Artikel ermöglichen. Unausgesprochen und weithin unbemerkt bleibt, dass die Identifizierungsetiketten nicht von der gekauften Ware entfernt werden, wenn die Kunden den Laden verlassen. Die algorithmische Kontrolle, die innerhalb der Grenzen der Ladenfläche funktioniert, erstreckt sich (noch) nicht in die Außenwelt. Die Algorithmen bleiben überwiegend unsichtbar und unhinterfragt.[3] Doch sobald die RFID-Infrastruktur weiter in die Außenwelt expandiert, wird sie zu einer zusätzlichen Erweiterung unserer Welt in die Spiegelwelt.

Diese alltäglichen Beispiele dienen als Illustration dessen, wie digitale Infrastrukturen die Spiegelwelt erbauen. Im Prinzip kann jede Sache oder Einheit in der physischen Welt, jedes Ereignis, Phänomen oder Objekt einen digitalen Schatten, Gegenpart oder Zwilling im virtuellen Raum erhalten. Durch eine immer höhere Auflösung integrieren sich die künstlichen Augen der Sensoren optisch leicht in das städtische oder ländliche Umfeld, sei es öffentlich oder privat. Die digitale Super-Vision übersteigt noch die Vorteile der digitalen Super-Geschwindigkeit, da Kameras und Sensoren mit Software ausgestattet sind, um alles, was irgendwo in der Realität geschieht, zu überwachen, zu aktualisieren und gegebenenfalls darin einzugreifen. Auf die Menschen wirkt sich das mitunter so aus, dass nicht nur Roboter die Welt »sehen«, sondern wir selbst die Welt allmählich durch die Augen von Robotern sehen.[4]

So wurde ein riesiges Beobachtungs- und Kartierungsunterfangen in Gang gesetzt, von städtischen Straßen bis hinab in die Tiefen des Ozeans, von einer Begutachtung des urbanen Erdreichs bis zur Nachverfolgung der minuziösen operativen Prozesse in der Mikrochirurgie oder in feinteiligen Fertigungsverfahren. Während Drohnen und Satelliten alles abdecken, was von oben gesehen werden kann, dringen Sensoren unter die Erdoberfläche, um zu kartieren, was darunter liegt. Der Bau digitaler 3D-Modelle der physischen Welt bringt viele Vorteile mit sich. In einer Spiegelwelt können immersive virtuelle Replikate zur Fehlersuche bei Maschinenstörungen oder an schwer zugänglichen Stellen eingesetzt werden. Reparaturen lassen sich zunächst in der virtuellen Realität üben, was ihre spätere Ausführung in der Realität erleichtert. Schon in den 1960er-Jahren behielten NASA-Ingenieure ein Duplikat aller ins Weltall entsandten Maschinen. Prototypen müssen in der realen Welt nicht mehr langwierigen und teuren Tests unterzogen werden, da sie sich nach festgelegten Kriterien auch in einer virtuellen Umwelt testen lassen. Die globalen Militärmächte wollen sich derweil in der Entwicklung automatisierter Waffensysteme übertrumpfen. Drohnen können überall und jederzeit töten – vielleicht die endgültige Intervention durch digitale Objekte.

Basierend auf Computersimulation können digitale Zwillinge mit Volumen, Körper und Textur ausgestattet werden, um wie Avatare handeln zu können. Die genetische Information, die in jedem von uns gespeichert ist, schafft den digitalen Zwilling unseres biologischen Selbst. Diese Zwillinge sind keine Kopien eines Originals. Mit Recht können sie behaupten, das digitale Original zu sein. In der ganzen Welt füllen sich Biobanken rasch mit Proben menschlicher DNA und Gewebeproben aller Art, von eingefrorenen Eizellen und Spermien bis zu anderen Reserveteilen des Körpers. Es wird eine Untergruppe der Spiegelwelt geschaffen, und das nicht nur, um als Reservoir für biologische Ersatzteile zu dienen. Es handelt sich dabei um ein Labor, um Leben zu verändern und zu reproduzieren, um zu kombinieren und neu zu kombinieren, was die Natur geschaffen hat. Wir nutzen die Spiegelwelt, um die Arbeit der biologischen Evolution über Tausende von Jahren zu verbessern, und treiben dadurch unsere selbst gemachte kulturelle Evolution immer weiter an.

Bislang wird der Umfang der Spiegelwelt durch die Begrenztheit des Planeten Erde beschränkt. Jedoch sind in der Atacama-Wüste im Norden Chiles, Standort des Very Large Telescope (VLT), ganz besondere Spiegel positioniert. Jedes der vier Teleskope besitzt einen Hauptspiegel mit einem Durchmesser von 8,2 Metern und einer Winkelauflösung von 0,002 Bogensekunden. Durch eine parabolische Anordnung der Spiegelsegmente und weitere Vorkehrungen erzielt ein Interferometer zur astronomischen Beobachtung beeindruckende Ergebnisse über Geschehnisse in weit entfernten Galaxien. Hier werden Spiegel noch in ihrer eigentlichen Funktion als Reflektoren eingesetzt. Sie sind in eine größere technische Einrichtung integriert, die die tiefe Vergangenheit in unsere Gegenwart holt. Mag unsere eigene Spiegelwelt nur ein winziger Fleck im riesigen Universum sein, sind Spiegel doch auch Teil unseres stetigen Strebens, das All um uns herum zu erforschen.

Spiegel sind seit der Antike in Gebrauch, als Menschen erstmals entdeckten, dass sich mit einer glatten Metalloberfläche Bilder reflektieren lassen. Schon damals dienten sie unterschiedlichen Zwecken. Einer war der Gewinn von Selbsterkenntnis. In der griechischen Mythologie gibt es zwei Fassungen der Legende des Narziss. In einer verliebt sich Narziss, als er seine Reflektion im Wasser sieht, in das eigene Spiegelbild. In der anderen hat er eine verstorbene Zwillingsschwester. In der Betrachtung des eigenen Spiegelbilds sehnt er sich danach, sie wiederzusehen. Heute umgeben wir uns mit Bildschirmen, Spiegeln, großen wie kleinen, die sich in der Spiegelwelt zuhauf finden. Anscheinend können wir gar nicht aufhören, uns selbst zu betrachten. Nie sind wir ganz sicher, ob wir unser wahres, authentisches Selbst ansehen oder ein durch die sozialen Medien fabriziertes. Vielleicht ist das für Teenager Teil der Spannung, wenn sie mithilfe von Apps zu Liedern tanzen und Playback singen. In der digitalen Spiegelhalle, wo Promis und Influencer Millionen Follower sammeln und damit Unmengen an Geld verdienen, verirrt man sich leicht. Wer wir »wirklich« sind, bleibt schwierig herauszufinden.

»Spaß haben und damit Geld verdienen« war auch der Slogan der Pioniergeneration junger, aufgeregter Computernerds, die für die neue Technologie brannten. Voller Leidenschaft führten sie ein rapide entstehendes Computergeschäft an, getrieben vom Glauben, ihre Generation würde die Welt verändern und erobern. Erfasst vom unglaublichen exponentiellen Wachstum einer Industrie, die, indem Computer schnell immer kleiner wurden und sich zugleich global verbreiteten, dem Mooreschen Gesetz folgte, ritten sie eine Welle von Erfolg, Ruhm und Geld. Sie hatten Spaß und dabei das Glück, zur richtigen Zeit am richtigen Ort geboren zu sein. Auch waren sie erfüllt von Emanzipationsträumen, die noch stark aus der Gegenkultur der 1960er-Jahre nachhallten. Heute ist die Industrie ihrer jugendlichen Begeisterung längst entwachsen und hat auf dem Weg ihre Ideale aufgegeben. Damit einher geht das schmerzliche Eingeständnis, »ich wünschte, wir hätten eine bessere Industrie aufgebaut«, wie es ein bekannter CEO eines US-amerikanischen Software-Dienstleisters ausdrückte.[5]

Wie reagieren jüngere Menschen heute auf die entstehende digitale Welt? Spaß zu haben und damit Geld zu verdienen, ist noch immer reizvoll. Die Anzahl derer, die unbedingt in die Start-up-Szene einsteigen und an der digitalen Spiegelwelt mitbauen wollen, wächst unablässig weiter. Geld, Spaß und Macht sind die Jetons in diesem Spiel, Gaming und E-Sport inzwischen überaus beliebt. Für jüngere Menschen ist das die Spiegelwelt von heute. Eine Welt, in die man genauso leicht ein- wie auch wieder aus ihr heraustauchen kann, wo man Freunde treffen und chatten, als Teil eines Teams spielen und seine Zugehörigkeit zum Club beweisen kann, indem man sich sämtliches Zubehör kauft, mit dem das eigentliche Geld verdient wird.

Mit einer geschätzten Nutzerzahl von weltweit 2,2 Milliarden Menschen – einem Viertel der Weltbevölkerung – hat es sich die Gaming-Industrie überaus komfortabel eingerichtet, ob durch kostenlose oder kostenpflichtige Spiele, Multiplayer- oder Singleplayer-Spiele. Dem traditionellen Live-Sport haben E-Sport und Videospiele längst den Rang abgelaufen. Es handelt sich um wettbewerbsintensive Industrien, in denen professionelle Ligen für vollbesetzte Stadien spielen, was hohe Einkünfte generiert.[6] So zog die erste *Fortnite*-Weltmeisterschaft global über 250 Millionen Spieler an, darunter Profi-E-Sportler, sowie riesige Zuschauermengen über Streaming-Plattformen. Bei einem Preisgeld von insgesamt dreißig Millionen US-Dollar gewann der sechzehnjährige Rundensieger drei Millionen US-Dollar, und Millionen unbekannter Teenager bewunderten und feierten die *Fortnite*-Stars.

Spiele wie *Fortnite* stellen eine Begegnung der Spiegelwelt mit der echten Welt dar, bei der die Spieler gemeinsam Spaß haben und die besitzenden Unternehmen Geld verdienen. Und was Spiegel anbelangt, hält *Battle Royale* – ein eher einfaches Spiel, in dem derjenige gewinnt, der neunundneunzig andere auf einer Insel abgesetzte Spieler eliminiert – der zeitgenössischen Gesellschaft den Spiegel vor. Einem echten Kampf ist das immer noch vorzuziehen. In dem klassischen chinesischen Roman aus dem 16. Jahrhundert, *Die Reise nach Westen*, blickt der Affenkönig in den magischen Diamantspiegel und entdeckt, dass er Gut und Böse voneinander unterscheiden kann. Wir hingegen tun uns immer noch schwer, die fließenden Grenzen zwischen Gut und Böse zu bestimmen und zu entscheiden, was sich in der digitalen Welt als Segen und was als Fluch herausstellen mag. Nichtsdestotrotz verwenden wir weiterhin Spiegel, digitale und andere, um zu sehen und zu reflektieren. Wir stellen Fragen, die überwiegend uns selbst betreffen, und erwarten Antworten, die uns mehr über uns selbst verraten sollen. Der Blick in den Spiegel soll etwas enthüllen, was über das reflektierte Bild hinausweist. Vielleicht handelt es sich dabei um Bewusstsein, um das schwer zu fassende und ungelöste Rätsel der gelebten Daseinserfahrung oder vielleicht um das, was einst Seele genannt wurde. Weiter suchen wir nach unserer Identität und danach, wer wir eigentlich sind.

Schon lange besteht in der Entwicklungspsychologie ein Interesse an der Erforschung des Bewusstseins und geht diesem durch Spiegeltests zur Frage der Selbstwahrnehmung nach. Menschliche Säuglinge erkennen sich im Alter von fünfzehn bis vierundzwanzig Monaten in einem Spiegel. Das gilt als Referenzpunkt bei Spiegeltests, die untersuchen sollen, ob auch Tiere sich selbst erkennen können. Recht schnell erwies sich als unklar, was Selbstwahrnehmung bei Tieren eigentlich bedeutet. Gehört dazu ein Bewusstsein, über das kein wissenschaftlicher Konsens herrscht? Eine Eigenwahrnehmung oder eine dauerhafte Selbsterkenntnis? Spiegeltests mit Primaten haben eine Form von Ich-Bewusstsein oder vielleicht sogar ein Bewusstsein für die Perspektiven anderer aufgezeigt, doch die Ergebnisse bleiben schwer zu interpretieren.

Bei anderen Tieren muss ihre Umwelt mitberücksichtigt werden. So leben Fische in einer sehr anderen Umwelt als Primaten oder Elefanten. Jede Spezies hat eine andere Perspektive auf die Welt, eine einzigartige Umwelt, wie Jakob von Uexküll vor über einem Jahrhundert in seiner wegweisenden Forschung die subjektiv-zeitlichen Lebenswelten von Tieren nannte. Von Uexküll war ein Biologe, der sich für Tierverhalten interessierte und einem Großteil der Biokybernetik vorausgriff. Die Umwelt ist ihm zufolge die Umgebung, die eine Tiergattung dem eigenen kognitiv-wahrnehmenden Apparat entsprechend wahrnimmt, wobei auch den relativen Lebensspannen unterschiedlicher Gattungen Rechnung zu tragen ist.[7]

Es stellt sich heraus, dass sich nicht nur die physische Umwelt von Tieren unterscheidet, sondern auch ihre soziale Umwelt. Delfine, Schimpansen und Orang-Utans sind alle soziale Tiere, ebenso Putzerfische, die häufig bei Spiegeltests verwendet werden. Haben sie alle dieselben oder zumindest ähnliche kognitive Fähigkeiten, was das Erkennen ihrer selbst und anderer Angehöriger ihrer Gattung anbelangt?[8] Der Spiegeltest wurde weiter angepasst, um auch kulturelle Züge im Verhalten sozialer Tiere zu berücksichtigen. Statt nur das Gesicht zu zeigen – eine typisch anthropozentrische Herangehensweise –, wurden größere Spiegel eingesetzt, um den ganzen Körper und in manchen Tests auch den Partner des Tiers zu zeigen. Abermals kamen wichtige Unterschiede zwischen Gattungen zum Vorschein. Gorillas neigen dazu, Blickkontakt zu vermeiden, und Elefanten mögen lieber, was sie riechen und hören, als was sie sehen. Ihr sensorisches Repertoire ist breiter und mit Sicherheit anders als das menschliche, das den Sehsinn priorisiert.[9] Es hat den Anschein, als hätten Menschen, Forscher einbegriffen, offensichtlich Mühe, sich in andere Gattungen hineinzuversetzen und deren Blickwinkel einzunehmen. Wir bleiben eine sehr anthropozentrische Gattung, die Spiegel benötigt, um Fenster zum eigenen Geist zu öffnen.

Ein solches Fenster öffnete sich mir unerwartet, als ich 2019 kurz vor dem Chinesischen Neujahr an der Technischen Universität Nanyang in Singapur eine Podiumsdiskussion moderierte. Die Teilnehmer waren der international renommierte Künstler Michelangelo Pistoletto und Ben Feringa, Nobelpreisträger in Chemie. Es sollte sich herausstellen, dass in der Arbeit beider Männer Spiegel eine wichtige Rolle besetzen. Pistoletto entdeckte schon als junger Künstler Spiegel, nicht in einem selbstbezogenen, narzisstischen Spiel mit der eigenen Identität, sondern als Zugang zur sozialen Welt. Anstatt sich mithilfe von Spiegeln in Selbstbildnissen abzusondern, wurden sie für ihn zum Mittel, um die soziale Welt zu porträtieren. Der Künstler, so Pistoletto, entdecke den anderen, indem er sein Selbst sehe: »Die Identität meines festgehaltenen Bilds entspricht der Identität jeder anderen Person, die beim Blick in den Spiegel dasselbe wie ich vollzieht, das Festhalten einer Identität. Jeder von uns kann beim Blick in den Spiegel alle körperliche Existenz betrachten, die sich vor dem Spiegel befindet.«[10]

Ben Feringas Labor in Groningen arbeitet mit und zu Molekülen. Der Großteil der Arbeit beruht auf dem Konzept der Chiralität, das zentral ist in der Forschung des Labors zu Design und Synthese von molekularen Maschinen, für die Feringa 2016 zusammen mit zwei anderen Forschern den Nobelpreis erhielt. Ein Objekt oder System, in diesem Fall ein Molekül, ist chiral, wenn es von seinem Spiegelbild unterscheidbar ist. Es kann sich nicht mit ihm decken. Der Begriff entstammt dem griechischen *kheir* (Hand). Spiegel sind definitionsgemäß mit Asymmetrie verbunden. Ein im Spiegel betrachtetes symmetrisches Objekt wirkt mit sich selbst identisch, doch nur asymmetrische Objekte können gespiegelt werden. Nehmen wir etwa die menschliche Hand. Eine beidhändige Person kann mit demselben Stift mit beiden Händen schreiben. Eine Schere für Rechtshänder kann mit der linken Hand weniger gut verwendet werden. Um mit der linken Hand sauber schneiden zu können, braucht es das Spiegelbild einer Rechtshänderschere. Bei der Arbeit zu molekularen Maschinen in Feringas Labor kommt Chiralität in einem ganz praktischen Sinne zur Anwendung, indem durch das chirale Zentrum eines Moleküls die Ausrichtung der Motorrotation verstärkt wird. Rotiert der Motor im Uhrzeigersinn, rotiert sein Spiegelbild automatisch entgegen dem Uhrzeigersinn. Praktischen Einsatz findet dieses Wissen in der Arzneimittelherstellung und vielen anderen Bereichen.[11]

Kunst und Wissenschaft verkörpern die kulturelle Evolution der Gattung Mensch. Angetrieben von einer unmäßigen Neugier darüber, wie die Welt funktioniert, eröffnen sie neue Einsichten. Wissenschaftliche Fortschritte kippen unsere sensorischen Ich-Eindrücke und offenbaren andere Schichten einer erweiterten Realität. Durch technische Erfindungen greifen wir in die Welt ein und verändern sie, wie etwa mit den Spiegelbildern, die, basierend auf einem Verständnis von Chiralität, molekulare Maschinen in die erwünschte Richtung drehen lassen. Ähnlich lassen uns Künstler die Welt aus einem anderen Blickwinkel betrachten. Das kann so scheinbar einfach sein, wie in der Betrachtung unseres Spiegelbildes die Ähnlichkeit mit anderen zu erkennen. Auch Künstler nutzen Technologien und sind auf diese angewiesen, um uns Dinge anders sehen zu lassen. In jedem Kunstwerk befindet sich irgendwo ein chirales Zentrum, ein asymmetrisches Zentrum, aufgrund dessen sich ein Objekt und sein Spiegelbild nie völlig gleichen. Der Spiegel der Realität des Künstlers bleibt asymmetrisch, eine Einladung an den Betrachter, sich selbst und andere unerwartet und neuartig zu sehen.

Auch unsere entstehende digitale Spiegelwelt mag irgendwo ein chirales Zentrum besitzen, das diese Nicht-Übereinstimmung des Objektes und seines Bildes gewährleistet. Die Spiegelwelt ist die jüngste kulturelle Wegmarke in der Auslagerung von Wissen, die mit Sprache und mündlicher Kommunikation begann und später durch Schrift ergänzt wurde. Die außerordentliche Tragweite der Druckerpresse ermöglichte die Verbreitung von Ideen durch Wörter und Bilder, über gesellschaftliche Hierarchien und die ganze Welt hinweg. Mit dem Einzug des Internets und den digitalen Medien wurde das Zeitalter der Digitalisierung eingeläutet und eine weitere dynamische Ausbreitung in Bewegung gesetzt. Dieses Mal ist die Auslagerung von Wissen nicht mehr allein auf Wörter und Bilder beschränkt, auch wenn deren Kommunikation immer auf materielle Träger und Netzwerke angewiesen ist. Dieses Mal schaffen wir eine Spiegelwelt, bevölkert von digitalen Entitäten, die dazu gemacht sind, mit uns zu interagieren und in unserer Welt zu intervenieren.

Früher war die Welt des Wissens in Büchern enthalten und in Bibliotheken untergebracht – physische Räume, allein dem geordneten und koordinierten Zugang zu allem erhältlichen Wissen vorbehalten. Bibliotheken eröffnen eine Welt, die imaginär, zugleich aber auch in dem

Sinne real ist, dass sie Verbindungen zur wirklichen Welt aufzeigt, die es weiter zu erforschen gilt.[12] Im Gegensatz hierzu ermöglicht es uns die digitale Auslagerung, reale Objekte zu erschaffen, die direkt in die wirkliche Welt eingreifen. Dort findet sich Platz für gewaltige Mengen an Daten, Information und auf winzigen Chips gespeichertes Wissen, Daten, die sich verarbeiten lassen, um Muster auszumachen oder die Dynamiken komplexer Systeme zu simulieren. Die Spiegelwelt dient der Auslagerung von Wissen mittels digitaler Technologien. Genau so wie Bibliotheken das Wissen der Welt jenseits der physischen Unterbringung der Bücher eröffneten, wird auch sie zu unserer Welt. Wir interagieren mit der Spiegelwelt, und sie interveniert in unser Handeln. Sie wirkt sich entscheidend auf unsere Identität aus, auf unsere Vorstellung unserer selbst, so wie die erste Verwendung metallischer Oberflächen als Spiegel sich auf unsere Vorfahren ausgewirkt haben muss. Willkommen in der Spiegelwelt, die reflektiert, was wir tun und wer wir sind. Willkommen in unserer digital erweiterten Welt.

MENSCHEN UND IHRE DIGITALEN GEGENÜBER

Als ein chinesisches Millionenpublikum mit Ehrfurcht und Schrecken zusah, wie das Programm AlphaGo Zero den Weltmeister in ihrem heiß geliebten Spiel Go besiegte, muss das Erlebnis für die Zuschauer erschütternd gewesen sein. Kai-Fu Lee zufolge diente es auch als Weckruf. Danach vervielfachte China seine Ambitionen, zur KI-Supermacht aufzusteigen. Dem Publikum wurde klar, dass es andere gab, die besser, stärker und intelligenter waren. Dieses Mal waren es nicht die Amerikaner, Russen oder Koreaner, sondern es war eine Maschine, der bislang unentdeckte Lösungen einfielen, und das in einem Spiel, das in China seit vielen Jahrhunderten gespielt wurde. Seither hat sich Chinas Vorsprung im KI-Rennen um einiges vergrößert. Im Gegensatz zur Strategie des Silicon Valley – vorwiegend orientiert an Information, die aus Online-Verhalten gewonnen wird – sammeln chinesische Unternehmen und der chinesische Staat Daten aus der realen Welt, darüber, wie und wo sich Menschen bewegen, was sie essen und was sie physisch kaufen. Chinas Vorteil, so Lee, liege in dessen physisch verankertem Technologie-Ökosystem, das seinen Algorithmen sehr viel mehr Augen in den menschlichen Alltag verleihe.[13]

Wir alle haben uns daran gewöhnt, von digitalen Maschinen umgeben zu sein, wie auch an die Vorstellung, dass sie eines Tages schlauer als wir werden könnten. Und doch bleiben sie trotz ihrer Allgegenwärtigkeit schwer zu greifende Wesen. Sie ermöglichen uns, Dinge zu tun, die früher unmöglich waren, doch viele ihrer Abläufe bleiben unsichtbar. Sie füllen unsere kollektiven Vorstellungswelten, aber eine klare Vorstellung, wie sie tatsächlich funktionieren oder was oder wer sie sind, haben wir nicht. Wir interagieren mit ihnen in vielfältiger Weise und sind uns bewusst darüber – vielleicht auch davon fasziniert oder beängstigt –, wie sie unser Verhalten und unseren Blick auf die Welt beeinflussen. Wie frühere wissenschaftliche und technische Fortschritte bieten sie uns einen Zugang zu einer neuen Welt, die erweitert, was wir sehen und tun können. Aber wer sind diese neuen Gefährten, die sich so in unserer Lebenswelt ausgebreitet haben?

Betrachten wir zuerst einmal die Roboter. Sie kommen in der äußeren Umwelt vor, in unseren Körpern und als unsere Begleiter. Für Roberto Cingolani, der in seinem Labor selbst Roboter baut, ist klar, was sie sind: eine andere Spezies. Sie entfernen Giftmüll, versorgen innere Organe mit Medikamenten und ersetzen Teile unseres Körpers. Der Fortschritt der Mechatronik, einer Kombination aus Mechanik und Elektronik, hat die Konstruktion von Robotern mit erweiterten biomechanischen und sensorischen Fähigkeiten ermöglicht. Hierzu war eine enge Zusammenarbeit mit anderen Disziplinen wie der Neurowissenschaft, Mathematik, Psychologie und Linguistik erforderlich. Dank hoch entwickelter Kontrollalgorithmen und Supercomputer, die gewaltige Datenmengen visualisieren und analysieren, konnten wir »intelligente« Roboter schaffen, die sich eigenständig bewegen, lernen und vielleicht sogar Entscheidungen treffen können. Darin sind sie uns ähnlich, aber auch grundlegend von uns verschieden.

Beim Menschen sind Körper und Geist tief miteinander verbunden und synergetisch. Keiner von beiden dominiert, und Millionen von Jahren Evolution haben, ausgehandelt durch die Biochemie des Lebens, ihre wechselseitige Anpassung optimiert. Bislang war es unmöglich, die untrennbare Verbindung zwischen Körper und Geist auf die Maschine zu übertragen. Die mechatronischen Mechanismen, die eine Maschine zum Laufen bringen, unterscheiden sich grundlegend von denen lebender Organismen. Mechatronische Mechanismen haben einen Energiebedarf, der denjenigen von Lebewesen um mehrere Größenordnungen übertrifft. In einer intelligenten Maschine mit menschen- oder tierähnlichem Körper berechnet ein elektronisches Programm komplexe Algorithmen, um digitale Signale zu erzeugen und so die Verstärker und Schalter zu kontrollieren, die elektrischen Strom in die Motoren senden, die den Roboter bewegen. Im Vergleich zu ihrer biologischen Entsprechung sind diese Prozesse recht rudimentär und teuer. Roboter richten sich nach den Gesetzen der Elektrizität, wohingegen Lebewesen denen der Biochemie unterliegen.

Angesichts dieser grundlegenden Unterschiede und Beschränkungen werden Roboter einzeln betrachtet aller Voraussicht nach »dumm« bleiben, mit begrenzter Rechenkapazität, aber in der Lage, sich geschickt umherzubewegen und physisch mit der Welt zu interagieren. Doch der kognitive Teil des Roboters wird anders gehandhabt werden müssen: mithilfe einer Art von globalem Speicher für die Intelligenz aller Maschinen, einem einzigen »Verstand«, mit dem alle Roboter verbunden sind. Alle Information, einschließlich der Lernergebnisse von Robotern, wird hier aufbewahrt und fortlaufend aktualisiert, und jeder Roboter kann individuelle Erfahrungen hoch- oder herunterladen.

Der Unterschied zwischen ihnen und uns beläuft sich also darauf, dass jeder Einzelne von uns eine eigene Intelligenz und ein eigenes Erinnerungsvermögen hat, während bei den Robotern voraussichtlich eine einzige Intelligenz geteilt werden muss. Menschen sind autonome Individuen mit einem synergetisch arbeitenden Körper und Geist, wohingegen bei Robotern viele Körper mit einem einzigen kollektiven Geist verbunden sein werden, ähnlich dem, was heute die Cloud oder das Internet sind. Sie werden eine echte, wenn auch verteilte Intelligenz besitzen, zu der jeder einzelne Roboter beiträgt. Eben das macht sie zu einer anderen Spezies, die in der Welt der Biologie keine Entsprechung findet, mit der wir aber lernen müssen, zusammenzuleben.

Letzten Endes liegt der Unterschied zwischen uns und ihnen in der Unterscheidung von Leben und Nicht-Leben. Cingolani erinnert uns daran, dass die Evolution des Lebens auf nur sechs chemischen Elementen beruht: Kohlenstoff, Sauerstoff, Wasserstoff, Stickstoff, Kalzium und Phosphor.[14] Die verbleibenden Elemente des Periodensystems werden von uns verwendet, um Dinge zu erfinden, die von der Natur nicht geschaffen wurden. Aus dem Spiel mit den unendlichen Möglichkeiten, die sich aus der Kombination der anderen 112 Elemente ergeben, entstanden die Nanotechnologien, und für alles, was es noch zu erfinden gilt und was nicht biologisch ist, wird es die Grundlage bleiben. Hierin liegen der Ursprung und eigentliche Grund unserer erfolgreichen Schöpfung einer anderen Spezies. Dem unterliegt die Erkenntnis, dass wir zwar nicht einfach Leben reproduzieren können, aber etwas erschaffen können, was sich von ihm unterscheidet.

Diese Begrenzungen zu erkennen, eröffnete neue Pfade und war für den bislang erzielten Fortschritt ausschlaggebend. Es half Forschern dabei, die Idee zu verwerfen, die Natur kopieren zu wollen. Die Natur lässt sich nicht kopieren, allerhöchstens nachahmen. Diese Erkenntnis sollte sich als befreiend herausstellen, da sie dem Zweck des Roboterbaus einen sehr viel klareren Fokus verlieh: *Sie sind eine andere Spezies*. Sie sind humanoide Technologien, die so menschzentriert wie möglich sein sollten, da sie schließlich dem Menschen dienen sollen. Die Berechnungen und algorithmischen Abläufe zur Lenkung der Bewegungen, Berührungsfähigkeiten und visuellen Systeme von Robotern sind vollkommen auf ein reibungslos funktionierendes, energieerzeugendes Versorgungssystem angewiesen. Das steht im Gegensatz zur unglaublichen Energieeffizienz des menschlichen Körpers und Geistes. Verglichen mit Robotern reicht unsere Leistung in mancherlei Hinsicht nicht an diese heran, aber durch die biologische, von der Natur erfundene Lösung unserer Energieeffizienz sind wir um einiges eigenständiger.

Stellt man sich Roboter nun so vor, dass sie einen kollektiven »Verstand« besitzen, der das Verhalten und die Entscheidungen einzelner Maschinen bestimmt, lässt sich auch ihre andere Art von Intelligenz besser erklären. Menschen unterscheiden sich von Person zu Person. Durch die Biochemie des Lebens ist jeder von uns einzigartig, auch im Hinblick auf unsere Nicht-Reproduzierbarkeit, Irrationalität, Unzuverlässigkeit und Kreativität. Von Robotern unterscheiden wir uns auch darin, wie wir Probleme lösen. Die algorithmische Intelligenz von Robotern ist überaus präzise, reproduzierbar und darauf spezialisiert, innerhalb eines strengen Regelwerks Lösungen zu bestimmten Arten von Problem zu finden, etwa im Schach- oder Go-Spiel. Dieser Intelligenz mangelt es jedoch an Flexibilität. Sie kann sich nur schwer anpassen und besitzt kein Vorstellungsvermögen. Sollen sich Roboter Lösungen einfallen lassen, sind diese von einer bestimmten Machart und ähneln sich in der Regel. Menschliche Lösungen unterscheiden sich hingegen voneinander. Aus diesem Grund braucht es Zeit, bis wir zu einem Einvernehmen kommen. Wir müssen argumentieren, verhandeln, überlegen und manchmal auch etwas ausfechten.

Vor uns liegen viele Fragen, die beantwortet werden wollen. Manche davon sind technischer Natur, etwa die Frage, wie man Roboter dazu bringt, in der Kommunikation mit Menschen nicht nur Wörter zu interpretieren, sondern auch Gesten und Intentionen. Die dringendsten Fragen ergeben sich jedoch aus den zahlreichen ungelösten regulatorischen und ethischen Belangen: Wer wird die globale Intelligenz, das zentrale Gehirn oder die zentralen Gehirne dieser anderen Spezies verwalten? Wie lässt sich sicherstellen, dass es sich hierbei um eine Art globales Gemeingut zum Nutzen der Menschheit handeln wird? Wie lassen sich Roboter mit Menschen in Einklang bringen? Möglicher Missbrauch lässt sich nie ausschließen. Letzten Endes gilt es, nicht die Roboter zu fürchten, sondern Menschen, die mit arglistigen oder bösen Absichten Roboter einsetzen. Sollen die Werte, die Maschinen eingebaut sind, mit menschlichen Werten in Einklang gebracht werden, müssen zuerst die Werte von Konzernen mit denen eines digitalen Humanismus in Einklang gebracht werden. Das beste Mittel gegen die Angst vor Robotern ist das Wissen, dass wir selbst sie erschaffen haben, nicht als Ziel an sich, sondern um einem guten Zweck zu dienen. Deshalb brauchen wir eine Kultur der Interaktion mit dieser anderen Spezies.[15]

Bislang stehen wir gerade erst am Anfang eines gezielten Ansatzes, um eine solche Kultur zu schaffen. Spektakuläre PR-Aktionen wie der Fall eines Roboters namens Sophia, dem die saudi-arabische Staatsbürgerschaft verliehen wurde, oder weniger spektakuläre wie der Anblick von Robotern, die Hotelgäste begrüßen, erscheinen wie harmlose Versionen einstiger Vorstellungen von Robotern. Frankensteins Monster durchlebt weiter eine Vielzahl imaginärer Nachleben, vom Gruseligen zum Grotesken, vom Gewöhnlichen bis zum Geistreichen. Geschrieben im Sommer des berüchtigten Jahres 1816 – als infolge eines der stärksten je gemessenen Vulkanausbrüche auf der heute indonesischen Insel Sumbawa große Teile Europas extrem viel Niederschlag und Ernteeinbußen erlebten –, findet Mary Shelleys Geschichte über die Kreation eines künstlichen Lebewesens bis zum heutigen Tag Widerhall. Der Mythos des menschenähnlichen Monsters, von einem Menschen künstlich erzeugt, behandelt die Grenzüberschreitung zwischen Spezies und offenbart eine tief sitzende Angst um die menschliche Identität. Schlussendlich mag es dabei auch um den Wunsch nach ewigem Leben und dem Sieg über den Tod gehen.

Derlei Vorstellungen grotesker Monster stehen im Widerspruch zu der Art von Robotern, die wir im hohen Alter benötigen mögen, die uns füttern, wenn wir es selbst nicht mehr können, uns daran erinnern, unsere Medikamente einzunehmen, oder uns einfach Gesellschaft leisten, wenn wir uns einsam fühlen. Darum ist es wichtig zu lernen, mit ihnen zu interagieren. Hier geht es um Kommunikation und Gefühle, um Bedürfnisse und Wünsche, die allesamt zutiefst menschlich sind. Bei Empathie und Angst, bei unseren Beweggründen und bei unserem Streben, aber vor allem bei der Fürsorge für andere geht es um menschliche Emotionen, die Robotern verschlossen bleiben, was vermutlich auch immer so bleiben wird. Sie fühlen nicht wie wir, weil sie überhaupt nicht fühlen. Kommunizieren wir, ist unser tief sitzender Instinkt, eine ähnlich kommunikative Antwort hervorzurufen. Zu einem angeregten Gespräch gehört ein gleichermaßen angeregtes Gegenüber. Bis zu einem gewissen Punkt kann Robotern beigebracht werden, menschenähnliche Antworten zu simulieren, während wir unser eigenes kommunikatives Verhalten und unsere Gefühle weiter auf sie projizieren.

Diese Diskussion ist besonders relevant im Hinblick auf soziale Roboter und die Probleme, denen alternde Gesellschaften in der Pflege älterer Menschen begegnen. Die Kritik an solchen Robotern erzeugt Ängste, dass zwischenmenschliche Begegnungen abgewertet werden könnten, es zu einem Verlust von Privatsphäre oder sogar einem Verrat an der menschlichen Würde kommen könnte. Die Kognitionswissenschaftlerin Margaret Boden spricht sich etwa gegen Vorstellungen aus, künftige KIs könnten Menschen je darin ähneln, eigene Bedürfnisse zu haben. Bedürfnisse, so Boden, seien autonom existierenden Systemen wie lebenden Organismen eigen und ihre Befriedigung sei für diese notwendig. Artefakten ließen sie sich nicht zuschreiben. Um gut zu funktionieren, brauchten KI weder Gesellschaft noch Respekt. Sie seien indifferent und wortwörtlich lieb-los.[16]

Ein Land, in dem diese Sorgen nicht geteilt werden, ist Japan. Dort wurde in Pflegeheimen und Krankenhäusern ein Roboter eingeführt, der Menschen mit leichter bis mittelschwerer Demenz erheblich unterstützen konnte, und Roboter-»Pfleger« sollen nun flächendeckender eingesetzt werden. Als Pflegekräfte werden Roboter in Japan menschlichen Immigranten vorgezogen. Sie sind als Mitglieder der Gesellschaft akzeptiert und werden häufig als Teil der Familie betrachtet. Es ist ausgiebig darüber diskutiert worden, woher diese größere Bereitwilligkeit zur Integration von Robotern rühren mag. Viele Beobachter sind sich darüber einig, dass es an der kulturellen Tradition des Shintoismus liegen könnte, in der keine klare Trennung zwischen lebender und unbelebter Welt besteht. In diesem kulturellen Kontinuum befinden sich Roboter irgendwo in der Mitte. Obgleich sie streng genommen keine »lebenden Dinge« sind, gelten sie auch nicht als davon getrennt.[17]

Andere Kommentatoren verweisen darauf, dass Generationen von japanischen Kindern mit beliebten Manga-Serien aufgewachsen seien, in denen Roboter als hilfreiche Helden auftreten. Die berühmteste ist *Astro Boy*, die Geschichte eines humanoiden Roboters, den Dr. Umataro Tenma als Ersatz für seinen verstorbenen Sohn schuf. Ausgestattet mit sieben nicht menschlichen Superkräften bekämpft Astro Boy, wie Helden gemeinhin, Ungerechtigkeit und das Böse. Wieder andere Erklärungen konzentrieren sich auf die wirtschaftlichen Gründe für den vermehrten Einsatz von Robotern in weiten Teilen Asiens. Die Roboter erledigen die besonders schmutzige, monotone oder gefährliche Arbeit. Jene Länder, die am meisten Roboter einsetzen, haben auch eine der niedrigsten Arbeitslosenquoten.[18]

Doch auch kulturelle Erklärungen überzeugen. Einen Verwandten zu »mieten« – einen Vater für das Kind einer alleinerziehenden Mutter, einen Ehemann für eine Firmenveranstaltung, oder eine Schauspielerin, die ein älteres Ehepaar besucht, dessen Tochter weit weg wohnt – mag auf Westler seltsam wirken. Aber hierbei kann es sich auch um eine Erweiterung dessen handeln, was in Japan, einem Land, wo die einzelne Person das ist, was sie tut, und von Rolle und Umfeld definiert wird, häufig als »echt« wahrgenommen wird. Das im Privaten existierende Selbst (*honne*) hat wenig mit dem Selbst in der Außenwelt (*tatemae*) zu tun. Authentizität liegt hier weniger in der Natur eines Wesens oder einer Sache als in den Gefühlen, die sie hervorruft. Daher rührt auch die große Beliebtheit von Themenparks in Japan und die Gleichwertigkeit, die einer Kopie und seinem Original zugesprochen wird. Dinge, die die meisten westlichen Menschen für nicht authentisch halten würden, können in der japanischen Gesellschaft authentische Reaktionen hervorrufen.[19]

Derlei Erklärungen dafür, dass Roboter und Automatisierung in Japan, ganz anders als in den meisten westlichen Ländern, kulturell akzeptiert und angeeignet werden, verdeutlichen, dass es in unserem Verhältnis zur Technik nie allein um Technik geht. Die Interaktion mit Robotern ist weder eindeutig noch einseitig. Sie wird durch unterschiedliche Kulturen und Bedeutungen ausgestaltet, die wir der Interaktion mit einem Gegenüber beimessen, sei dieses vertraut oder fremd. Der digitale Andere entstammt keinem evolutionären Dschungel noch ist er der einsame Fremde, gefürchtet aufgrund unbekannter sozialer Bindungen und Zugehörigkeit. Im Lauf der Evolution ist der Prozess der Artenbildung immer wieder aufgetreten, und Menschen lernten schon früh, neue Arten zu bilden, indem sie sowohl Tiere wie auch Pflanzen domestizierten. Eine künstlich induzierte Artenbildung im Labor ist heute Routine, und die Fruchtfliege *drosophila melanogaster* dient als Modellorganismus zur Schaffung neuer Spezies.

Inzwischen haben wir auch die Fähigkeit erlernt, Roboter zu schaffen, eine weitere bewusst entwickelte Spezies zur Lösung unserer Probleme. Doch im Gegensatz zu domestizierten Tieren, Fruchtfliegen oder genetisch veränderten Mäusen müssen wir noch lernen, wie wir mit den Robotern interagieren. Bei unseren ungeschickten Bemühungen hierbei sollten wir uns andere kulturelle Veränderungen vergegenwärtigen, die sich im Lauf der Zeit vollzogen haben. Mit vielen anderen Gattungen von Lebewesen hat sich eine neue Art des Zusammenlebens entwickelt. Heute werden Tiere nicht nur als Haustiere und Gefährten gesehen, sondern auch als lebende Spezies, die uns nah genug stehen, um aufgrund von Biodiversität geschützt zu werden, und denen sogar Tierrechte zugesprochen werden. Wir sind mit der Zeit inklusiver geworden. Das sollte uns nachdrücklich daran erinnern, dass sich kulturelle Normen und Verhaltensweisen Seite an Seite mit wissenschaftlich-technischen Fähigkeiten weiterentwickeln können und müssen.

Die historische Bilanz unseres Verhaltens gegenüber Mitgliedern der eigenen Spezies ist jedoch erschreckend. Eine der beschämendsten, noch immer existierenden Erscheinungsformen ist der Rassismus. Noch bis ins späte 19. Jahrhundert wurden Menschen mit anderer Hautfarbe oder ethnischer Abstammung nicht nur als andere »Rasse« klassifiziert, sondern auch als getrennte, unabänderlich andersartige menschliche Spezies betrachtet. Nach den gesellschaftlichen Normen und sogar dem Gesetz durften sie sich nicht sexuell mit der »dominanten Spezies«, die als von Natur aus überlegen galt, vermischen. Genetische Beweise zeigen, dass alle Versuche einer reproduktiven Isolation sozialer Gruppen vergeblich waren. Unterschiedliche soziale Gruppen haben sich über Jahrtausende vermischt, ob durch Migration, Eroberung, brutale Herrschaft und Gewalt, kulturelle Anpassung oder eine Kombination all dieser Faktoren.

Mit Charles Darwins Evolutionstheorie, die zeigte, dass die Menschheit eine einzige Spezies und evolutionär eng mit anderen lebenden Organismen verbunden ist, änderte sich die Haltung gegenüber dem Rassenbegriff allmählich. Doch beendet war die Diskussion damit noch lange nicht. Der Kolonialismus war weiterhin maßgebend, indem er sich im Namen einer vermeintlichen »zivilisatorischen Mission« das Recht auf Herrschaft zusprach. Von Menschen unter kolonialer Herrschaft hieß es, sie entwickelten sich mit einer anderen Geschwindigkeit und würden irgendwann auch die evolutionäre Treppe der Zivilisation emporsteigen, angefangen bei einer primitiven Stufe bis zur höchsten und zivilisiertesten Stufe, als dem von weißen Westlern für sich beanspruchten Privileg.[20] Der Kampf zu beweisen, dass es keine wissenschaftliche Grundlage für den Begriff der »Rasse« gibt und die Menschheit eine einzige Spezies ist, geht weiter. Es ist eine ironische Wendung der Geschichte, wenn heute diskutiert wird, welche Rechte Roboter und digitale Wesen erhalten sollten, während Menschen tagtäglich Grundrechte, Würde und Respekt versagt werden.

Dank ihrer menschen- oder tierähnlichen Gestalt wirken Roboter wie das perfekte digitale Gegenüber. Die große Mehrheit digitaler Technologien besteht jedoch aus Einzelteilen digitaler Systeme, Komponenten noch immer schwer zu greifender Arbeitsprozesse, die je nach Zusammensetzung Form und Funktion ändern. Sie ergeben eine Mannigfaltigkeit digitaler Wesen. Bei Überlegungen zu Ähnlichkeiten und Unterschieden zwischen Menschen und diesen künstlichen Kreationen richtet sich das Augenmerk rasch auf die Unterscheidung von Leben und Nicht-Leben. Da sich zwischen den wissenschaftlichen Disziplinen die Voraussetzungen für die Definition von Leben stark unterscheiden, dürfte es kaum überraschen, dass bislang kein Konsens darüber gefunden wurde. Die Suche nach dem Ursprung des Lebens auf dem Planeten Erde setzt sich fort, und somit auch die nach der Definition von Leben.[21]

Fragen zur Unterscheidung von Leben und Nicht-Leben ähneln dem bunten Bild beim Blick durch ein Kaleidoskop mit seinen funkelnden Bestandteilen, die sich schon durch eine kleine Bewegung immer wieder neu und anders ordnen. Da immer mehr digitale Gegenüber entstehen, stellt sich nun die Frage: Was ist *digitales* Leben? Was, wenn sämtliches Leben nur aus Berechnungen bestünde? Dieser Ansatz würde die Unterscheidung auflösen und eine grundlegendere Basis bieten. Seit die DNA entschlüsselt und als digitaler Code dargestellt wurde, interessieren sich viele wissenschaftliche Geister für die Ähnlichkeiten zwischen organischem Leben und Rechenprozessen. Und je weiter digitale Berechnungen als mächtige neue Technologie voranschreiten, umso mehr Analogien lassen sich zu natürlichen, Berechnungen ähnelnden Prozessen finden, etwa Selbstorganisation, Genregulationsnetzwerke, Protein-Protein-Interaktionen und weitere Phänomene. Diese stützen nicht nur die Idee, dass digitales Leben existiere, sondern auch die These, alles Leben sei digital.

Das Problem dabei ist, dass die Beweise für solch weitreichende Behauptungen größtenteils äußerst lückenhaft sind. Die von vielen Wissenschaftlern aufgestellte Behauptung, alles im Universum sei digital und zahlenbasiert, bleibt im besten Fall hypothetisch. Digitale Hypothesen sind nicht durch Experimente zu widerlegen. Im schlimmsten Fall sind derlei Annahmen Fälle von »Dataismus«, den Yuval Harari als neue Ideologie oder sogar Religion kritisiert, in dem der »Informationsfluss« zum höchsten Gut avanciert sei.[22] Doch es gibt viele Gründe, warum wir nicht wissen und vielleicht auch nie wissen können, ob die physische Welt digital ist. Ein starker Grund liegt in Claude Shannons Theorem zur Kanalkapazität, dem zufolge Information, die durch einen rauschenden Kanal übertragen wird, nur eine beschränkte Bitrate erreicht.

In dieser unentschiedenen Situation schlägt der Informatiker Edward Ashford Lee vor, sich Maschinen so vorzustellen, als hätten sie ein eigenes Leben.[23] Er rät dazu, digitale Wesen als Living Digital Beings oder LDBs zu betrachten, ein Ausdruck, den er in einer privaten Unterhaltung verwendete, später aber zugunsten des traditionellen Begriffs »Maschine« wieder aufgab. Diese Maschinen teilen unser Ökosystem und entwickeln sich koevolutionär mit uns. Sie besitzen eine gewisse Autonomie, eine Fähigkeit, ihre eigenen Abläufe aufrechtzuerhalten und zu replizieren, zunächst meist mit unserer Hilfe. Lee räumt ein, dass digitale Technologien anders gemacht seien als biologische Wesen, will sie aber näher an die Sphäre lebender Organismen rücken. Mit seiner Idee, Systeme, die von Software angetrieben werden, als Lebewesen zu betrachten, lädt er uns dazu ein, über Ähnlichkeiten und Unterschiede nachzudenken. Beide sollten dadurch klarere Umrisse erhalten. Digitale Wesen werden nicht durch DNA, sondern durch Softwareprogramme bestimmt. Sie bestehen nicht aus organischen Molekülen, sondern aus Silizium und Metall. Es gibt sie in sehr vielen Erscheinungsformen. Manche sind einfach, mit einem »genetischen« Code von wenigen Tausend Bits, andere extrem komplex. Manche sind intelligent, viele andere nicht. Ihre »Lebensspanne« unterscheidet sich deutlich, von weniger als einer Sekunde bis zu Monaten und Jahren.

Wie Roboter teilen sie sich »Körper«. Ein Laptop kann eine ganze Reihe von Programmen und Servern unterbringen und für eine beliebige Anzahl von ihnen einen Körper bilden. LDBs können derlei »Körper« sogar wechseln. Im Cloud-Computing werden Tasks häufig auf mehrere Server ausgelagert, um einen besseren Lastausgleich zu gewährleisten oder um Temperaturen zu regulieren. Das lässt sich vergleichen mit manchen biologischen Lebensformen, die in der frühen Entwicklung zur Anpassung an Temperaturveränderungen der Umwelt ihr Geschlecht wandeln, wobei kaum verstandene

Mechanismen das Geschlechterverhältnis der Spezies im Gleichgewicht halten. Wenn LDBs Wesen sind, die sich über viele Körper verteilen, die wiederum ständig ihre Gestalt und Funktion wechseln, aber immer nur einen digitalen Verstand besitzen, wird zur maßgeblichen Frage, wer diesen Verstand kontrolliert und besitzt. Das macht eine Neuausrichtung dringend erforderlich, nicht nur zwischen den Werten und Prinzipien der menschlichen Ethik und den für digitale Wesen entworfenen, sondern auch zwischen diesen Gegenübern und der Funktionsweise und Machart unserer Institutionen.

Sehen wir digitale Wesen erst einmal als Lebewesen, zeigen sich viele gemeinsame Züge mit uns, ihren organischen Vorläufern. Wie wir reagieren auch sie auf Umweltreize. Sie sprechen und interagieren mit uns in vielerlei Weise, jeweils so, wie sie für diese Zwecke programmiert wurden. Auch das Spektrum ihrer möglichen Formen ist riesig, von einzelligen Organismen mit einem Körper, der aus einem einzelnen Silizium-Mikroprozessor besteht, bis hin zu mehrzelligen Organismen mit zahllosen Komponenten, einem Nervensystem, thermostatischer Regelung und computerkontrollierter Klimatisierung, um die Rechenzentren ihrer Körper an einem optimalen Betriebspunkt zu halten.

Aber sind digitale technische Artefakte *wirklich* Lebewesen? In welchem Sinn sind sie denn lebendig? Das bringt uns wieder zur Definition von Leben, über die kein wissenschaftlicher Konsens besteht. Wollen wir nicht in endlosen Streitgesprächen stecken bleiben, sollten wir ein Lebewesen nicht als Zustand oder Objekt betrachten, sondern als einen Prozess. Weder ist es Materie, die lebt, noch erwecken wir Materie zum Leben. Doch als die Stammeltern künstlicher Lebewesen sind wir in die

Prozesse eingebunden, mit denen diese Wesen hergestellt werden und die es ihnen ermöglichen, Dinge für uns zu tun. Wenn LDBs tatsächlich eine mögliche neue Lebensform darstellen, ebenso wie sich Roboter als zusätzliche Spezies bezeichnen lassen, was bedeutet das für unseren weiteren koevolutionären Entwicklungspfad? Wenn wir sie als eine neue Lebensform betrachten – die künstlich sein mag, aber auch lebendig in dem Sinn, dass sie manche, wenn auch sicherlich nicht alle Merkmale von Leben aufweist –, begreifen wir dann besser, wie uns die digitalen Technologien in unserer Kultur und Gesellschaft verändern werden?

Es bleibt die Angst, dass uns die Kontrolle über diese digitalen Wesen entgleiten könnte. In unserer kollektiven Vorstellung bilden sich rasch Szenarien, von Horrorvisionen bis hin zu weniger bedrohlichen, in denen wir uns auf eine Symbiose zubewegen, die Biologen obligatorisch nennen und in der zwei Gattungen so sehr voneinander abhängig werden, dass die eine nicht mehr ohne die andere leben kann. Aus einer solchen Symbiose können neue und komplexe Lebensformen entstehen. Doch bevor wir uns derlei Szenarien hingeben, sollten wir daran denken, dass der Mensch schon früher neue Lebensformen geschaffen hat. Als arktische Wölfe zu Hunden domestiziert wurden, war das der Anfang einer langen Tradition der Tierzucht, und in jüngerer Zeit haben genetisch veränderte Organismen Zugang zu den Weltmärkten erhalten. Hierbei werden Tiere und Pflanzen dazu gebracht, in einer Weise mit uns zu interagieren, die sie für menschliche Bedürfnisse und Zwecke dienstbar macht. Dasselbe gilt für menschgemachte Technologien. Roboter sollen uns dienen. Vielleicht werden sie deshalb größtenteils so entworfen, dass sie uns äußerlich ähneln. Unsere digitalen Gegenüber sollen unter menschlicher Kontrolle bleiben, auch wenn sie dafür konzipiert sind, menschliche Tätigkeiten und Leistungen zu übertreffen.

Und doch ist die Frage, wer eigentlich wen kontrolliert, nie so eindeutig beantwortet worden, wie es den Anschein haben mag, ebenso wenig diejenige bezüglich der vermeintlich sauberen gegensätzlichen Trennung zwischen lebendiger und nicht lebendiger Materie oder jener zwischen Tieren, Pflanzen und Menschen. Unser Verhältnis zur modernen Technik hat einige vermenschlichende Züge. Wir reden mit unseren digitalen Geräten und behandeln sie manchmal wie lebendige Alltagsgefährten. Wir messen ihnen Handlungsmacht bei, was es ihnen ermöglicht, »sich zu rächen«.[24] Nehmen wir beispielsweise die Lesepraxis. Es handelt sich um eine interaktive kulturelle Technologie, die Sprache in Schriftform auf einem materiellen Träger nutzt, um zu kommunizieren, was in der realen Welt oder in der Vorstellung existiert. Sie beeinflusst die Verschaltung unseres Gehirns und wird von dieser beeinflusst.[25]

Der Schlüssel zum Verständnis, wie sich digitale Wesen auf uns auswirken, liegt dementsprechend in der Interaktion. Es geht darum, zu verstehen, was es heißt, beeinflusst zu werden und zu beeinflussen. Interaktion ist ein wechselseitiger Prozess, auch wenn er kaum je symmetrisch abläuft. Edward Ashford Lee zufolge fehlt LDBs die Fähigkeit, als Ich-Teilnehmer an einer Interaktion mitzuwirken. Es ist sehr unwahrscheinlich, dass sie einen Sinn für Selbstwahrnehmung besitzen, geschweige denn für Autonomie: »Wenn unser Selbstverständnis von bidirektionaler Interaktion abhängt, lässt sich dieses Selbstverständnis nicht von unseren sozialen Interaktionen trennen.«[26]

Durch unsere zahlreichen Interaktionen mit LDBs sind uns diese vertrauter geworden. Wir nehmen sie nicht mehr als bloße Objekte wahr, sondern haben ihnen einen neuen, höheren ontologischen Status verliehen. Wir sind sogar der Ansicht, sie hätten ein eigenes Leben, ein digitales Leben, so vage dieses auch definiert sein mag. Uns wird klarer, dass wir lernen müssen, mit ihnen zu leben, wozu auch gehört, sie mit unseren Werten vertraut zu machen. Deshalb ist eine Neuorientierung notwendig, die uns in die Pflicht nimmt, diese Werte konkreter zu benennen. Das wird sowohl Widersprüche offenbaren als auch die Bedeutung der sozialen und kulturellen Kontexte, in denen wir mit LDBs interagieren. Zu lernen, mit ihnen zu leben, wird ein langer und mühsamer Prozess sein, in dem wir genauso viel über uns selbst lernen können wie über den Unterschied zwischen den digitalen Wesen und uns.

IDENTITÄTSANGST: VERLUST UND NEUDEFINITION DES SELBST

Zweifelsohne beeinflussen uns unsere Interaktionen mit digitalen Wesen tiefgreifend und mannigfaltig. Weil unser Selbstverständnis an diesen Interaktionen teilhat, nehmen auch Identitätsängste zu. Die Angst, das Empfinden für die individuelle Einzigartigkeit zu verlieren und nicht mehr zu wissen, wer man ist, ist in der Menschheitsgeschichte tief verwurzelt. In Kulturen aus aller Welt finden sich Legenden voller Verwandlungen, wo Menschen zu Tieren werden und Tiere zu Menschen. Ebenso viele Geschichten handeln von Menschen, die von Geistern besessen sind oder ihre Körperhüllen miteinander tauschen. Weiterhin entdecken Archäologen Abbildungen menschlich-tierischer Hybride oder Schimären, auch Therianthropen genannt, wie etwa die jüngst entdeckten Zeichnungen im indonesischen Sulawesi, die auf ein Alter von 44 000 Jahren geschätzt werden.[27]

Der Wunsch, die Grenzen und Beweglichkeit der eigenen Identität zu erforschen und nach dem zu greifen, was dahinter liegen mag, hat Menschen mit bewusstseinsverändernden Drogen experimentieren lassen, oftmals in sorgfältig konstruierten ritualisierten Rahmen. Bewusstseinserweiternde Drogen haben auch heute ihren Reiz nicht verloren, unabhängig von ihrer Legalität oder Illegalität. Durch einen psychologisch-chemischen Schub können sie ein bedrängtes Selbst stärken, die Leistungskraft erhöhen und Stress abbauen.[28] Andere Varianten zeitweiliger Identitätswechsel, wie in den Komödien Shakespeares oder einigen von Mozarts Opern, gehen mit Verspieltheit einher: In einer wilden, oftmals komischen oder tragischen Mischung aus menschlicher Torheit, Emotion und sozialen Schranken verlieben sich Figuren versehentlich oder nehmen Tarnidentitäten an. Soziale Identitäten lassen sich wie Masken bei Festen tragen, dem Anlass oder Umfeld angemessen, und verbergen unterdessen ein schwer fassbares etwaiges authentisches Selbst.

Dieses reiche und vielfältige kulturelle Erbe – worin sich die Angst vor dem Verlust des Selbst mit lebenslustigen Experimenten vermischt und wo Masken eine einstweilige Flucht aus rigiden sozialen Kategorien bieten und diese subversiv unterlaufen – lässt sich mit unserem derzeitigen digitalen Dasein vergleichen, in dem virtuelle Identitäten als Avatare in Simulationen tatsächlichen Lebens gewählt werden. Die sozialen Medien befördern das

Bedürfnis nach sozialer Anerkennung, und je mehr die digitalen Technologien, die uns über räumliche Abstände miteinander verbinden, unser Selbstverständnis vereinnahmen, umso mehr muss dem Selbst seine Einzigartigkeit versichert werden. Doch wo Masken zum Karneval, in Theaterstücken oder bei anderen Festlichkeiten irgendwann wieder abgelegt werden, können wir die Schichten um unser technisch vereinnahmtes Selbst nicht ganz so leicht abstreifen. Durch die Covid-Pandemie hat das flächendeckende Tragen von Masken Eingang in westliche Länder gefunden. Das verstärkte die Botschaft, dass die Krise bei Weitem noch nicht bewältigt sei, erzeugte jedoch Groll bei jenen, die das Virus aufgrund bizarrer Freiheitsauffassungen leugneten.

»Identität« ist zu etwas Kostbarem und Unentbehrlichem geworden, aber auch recht flüchtig und angreifbar. In ihren Erinnerungen an das Leben in den 1970er-Jahren, als Frankreich zur Konsumgesellschaft geworden war, schreibt Annie Ernaux:

> Die Identität, die bis dahin nicht mehr bedeutet hatte als ein Stück Papier, das man mit einem darauf geklebten Foto mit sich zu tragen hatte, wurde zu etwas enorm Wichtigem. Niemand wusste genau, was es zu bedeuten hatte. Doch was immer der Fall war, es war etwas, das man haben musste, das man wiederzuentdecken, anzunehmen, zu behaupten und auszudrücken hatte – ein überaus hohes und kostbares Gut.[29]

Identität ist tatsächlich zu etwas geworden, das man unbedingt haben muss, doch sie wurde auch zur Quelle stetiger Sorge. Das Geschäftsmodell der sozialen Medien gebietet, Nutzer beschäftigt zu halten. Sie werden animiert, sich endlos mit anderen zu vergleichen, was den Wunsch generiert, andere in ihrem Tun, in ihrer Kleidung oder Selbstdarstellung zu imitieren, immer unter der Vorgabe der Authentizität. Identität ist zum unverzichtbaren Gut einer Konsumgesellschaft geworden und zu einem Drehpunkt im digitalen Zeitalter, wo Identitäten hinterfragt, ausgefochten und permanent neu verhandelt werden.

Was aber ist Identität? Leidenschaftliche Debatten dieser Frage verwarf der Philosoph Ludwig Wittgenstein gelassen: »Beiläufig gesprochen: von *zwei* Dingen zu sagen, sie seien identisch, ist ein Unsinn, und von *Einem* zu sagen, es sei identisch mit sich selbst, sagt gar nichts.«[30] Tatsächlich sagt es gar nichts, und zu behaupten, eine Person sei identisch mit irgendeiner ihrer Eigenschaften, ist offenkundig Unsinn, da sich niemand auf eine einzelne Eigenschaft reduzieren lässt. Aber logische Argumente reichen nicht aus, um zu vermeiden, dass der roheste Essenzialismus, ausgelegt auf eine soziale Ordnung von äußerlichen Kennzeichen wie Hautfarbe oder Genitalien, wiedererstarken könnte. Essenzialismus basiert auf der Illusion eines beständigen, authentischen Selbst. In Zirkelschlüssen meint der Identitätsessenzialismus erklären zu können, warum Menschen so seien, wie sie sind, und sie sich deshalb aufgrund unveränderlicher Unterschiede und Ähnlichkeiten in Kategorien gruppieren ließen.[31]

Philosophische Argumente genügen kaum je, um eine Debatte zu beenden. Hier lassen sie aus, was die Identitätssuche eigentlich antreibt, nämlich etwas durch und durch Soziales: Unsere Identität ist auf die Anerkennung durch andere angewiesen. Gut eingefangen hat dies eine Geschichte aus der frühen Renaissance, *La novella del Grasso legnaiuolo* (*Die Novelle vom dicken Holzschnitzer*), verfasst vom Florentiner Humanisten Antonio di

Tuccio Manetti. Die Geschichte beginnt im Florenz des Jahres 1409. Der Protagonist ist Manetto Amannatini, ein Kunsthandwerker mit eigener Werkstatt und dem Spitznamen »der dicke Holzschnitzer«. Unter seinen vielen Künstlerfreunden ist auch Filippo Brunelleschi, berühmt für den Bau der Domkuppel von Florenz. Eines Tages erlauben sich die Freunde des armen Manetto einen grausamen Scherz und tun so, als würden sie ihn nicht mehr kennen und als wäre er eine andere Person. Am Ende erkennt Manetto, dass er für seine Leichtgläubigkeit gedemütigt wurde. Er verlässt Florenz und geht in das Königreich Ungarn, wo er ein berühmter Architekt wird.

Auf einer Ebene vermittelt die Geschichte eine klare Botschaft über die Identität des Protagonisten: Sie bildet sich aus dem, wofür andere ihn halten. Unsere Identitäten sind sozial und existieren nicht, ohne durch andere anerkannt und bestätigt zu werden. Aber *La novella del Grasso legnaiuolo* lässt sich auch in einem breiteren sozialen und kulturellen Kontext lesen. Im Florenz jener Zeit herrschten Spannungen zwischen dem Ehrgeiz aufstrebender Kunsthandwerker, Händlern und den florentinischen Eliten. Geld strömte in die Stadt, und ein Weg, um es zu zeigen, war die Beauftragung von Gebäuden und Kunstwerken. Kunsthandwerker, Architekten, Ingenieure, Maler, Bildhauer und andere gewannen allmählich eine höhere gesellschaftliche Stellung und die Anerkennung der florentinischen Aristokratie. Ihre soziale Identität veränderte sich.[32] Die Botschaft der Novelle hat noch heute Gültigkeit: Wir sind, was andere in uns sehen. Unsere Identitäten formen sich durch die Netzwerke, über die wir mit anderen verbunden sind. Und für uns sind diese Netzwerke immer öfter digitaler Natur.

Ähnlich grausame Scherze werden auch heute getrieben, und zwar überwiegend im Internet. Cyber-Mobbing bedeutet für die Opfer, häufig Kinder und Jugendliche, großes Leid und lässt Eltern und Lehrer oftmals hilflos in ihren Reaktionen erscheinen. Technische Fortschritte, mit denen sich sogenannte Deepfakes erzeugen und so Stimme oder Gesicht einer Person ersetzen lassen, geben zunehmend Anlass zur Sorge, ebenso wie der Anstieg von Fehlinformation und »Gaslighting«, der psychologischen Manipulation, um einen Menschen an seiner Selbstwahrnehmung und mentalen Gesundheit zweifeln zu lassen. Verbreiten sich Misstrauen und Fehlinformation weiter in der Gesellschaft, könnten wir bald den Punkt erreichen, vor dem Hannah Arendt in ihrer Analyse des Totalitarismus warnte und damit die gegenwärtige Flutung des Internets mit Fake News voraussah. Sei die Welt erst einmal unverständlich geworden, so Arendt, hätten »Menschen sich darauf eingerichtet [...], jederzeit jegliches und gar nichts zu glauben, überzeugt, daß schlechterdings alles möglich sei und nichts wahr«.[33]

Wir leben in keiner totalitären Gesellschaft, selbst wenn sich die besorgniserregenden Anzeichen häufen, dass liberale Demokratien nicht so gefestigt sind, wie einst angenommen. Dennoch sind Fragen der Identität zum Fokus für Selbstbehauptung, Verwirrung und politische Auseinandersetzungen geworden. Wo die energische Neudefinition von Identität in den späten 1960er-Jahren sozialen Bewegungen als Schlachtruf diente, etwa im Feminismus oder in den Bürgerrechtsbewegungen, wird sie heute als politische Waffe gegen jene eingesetzt, die nach wie vor um das Recht auf Würde kämpfen. Was damals eine subversive Idee war – sich die eigene Identität wieder zu eigen zu machen, entgegen einer Identität, die von einer repressiven Mehrheit auferlegt war –, ist heute ein umkämpftes Konzept in einer zunehmend polarisierten und fragmentierten Gesellschaft. Der Aufstieg eines fremdenfeindlichen Nationalismus und Populismus in vielen westlichen Gesellschaften und die Gegenreaktionen gegen vermeintliche Versäumnisse liberaler Demokratien werden sozialen Bewegungen zur Last gelegt, die mittels sogenannter Identitätspolitik weiter für soziale Anerkennung kämpfen.

Das Konzept der einen Menschheit war eine Erfindung der europäischen Aufklärung. Es basierte auf der Erkenntnis, dass Menschen mehr Gemeinsamkeiten als Unterschiede haben, sie gleichberechtigt geboren werden und ein Recht auf Würde besitzen. Denker der Aufklärung nahmen den Kampf gegen die Sklaverei auf, unterstützten die Gleichberechtigung von Mann und Frau und brachten Besorgnis über die Situation der Juden zum Ausdruck. Aus heutiger Perspektive wurzelte das Ideal des Universalismus in einem euro-zentristischen Weltbild, dessen weltweite Verbreitung paradoxerweise zur Ausbeutung und Ausgrenzung subalterner Bevölkerungsgruppen führte, ob Frauen, LGBTQIA+-Menschen oder der Kolonisierten. Doch trotz kläglicher Misserfolge in der praktischen Umsetzung brachte die Aufklärung auch emanzipatorische Bewegungen und progressive Gesetzgebung hervor und bereitete den Weg für die Durchsetzung eines wissenschaftlichen Weltbildes, das in den Prozessen der Modernisierung eine zentrale Rolle spielen sollte.

Im Lauf der letzten einhundertfünfzig Jahre haben Fortschritte in der Biologie immer wieder unsere Selbstwahrnehmung verändert. Doch bisweilen hat die Wissenschaft oder vielmehr der Szientismus – der Glaube, die Wissenschaft sei die beste und einzige Methode zur Bestimmung sozialer Normen und Werte – mit den Interessen politisch oder sozial mächtiger Gruppen paktiert. Das geschah etwa in der Psychologie, als der IQ-Test vom pädagogischen Werkzeug zum sozialen Kontrollmittel umgestaltet wurde und so der Eugenik den Weg bereitete. Die Unterstützung der Eugenik durch die Wissenschaft bleibt eines der dunklen Kapitel der Wissenschaftsgeschichte. Versuche, die menschliche Vererbung zu »verbessern«, wurden zum Mordinstrument, um all jene zu kontrollieren und zu eliminieren, die unerwünscht waren. Die falsche »Rassenwissenschaft« gipfelte in den entsetzlichen Verbrechen an Millionen von Menschen, die als »wertlos« deklariert und entmenschlicht wurden.[34]

Es ist wichtig anzuerkennen, dass die Wissenschaft nicht immer ihren erklärten wissenschaftlichen Werten und dem eigenen Ethos gerecht wurde. Die Wissenschaftsgeschichte ist voller Fälle, die ein problematisches Verhältnis zwischen wissenschaftlichen Theorien und einer zeitgenössisch vorherrschenden Denkweise aufzeigen. Häufig nimmt das seinen Anfang im achtlosen Gebrauch von Sprache und Analogien, die der Illustration von Ideen dienen, diesen aber sogleich ihren ursprünglichen Kontext nehmen. Wenn etwa das Sequenzierungsunternehmen 23andMe auf seinem DNA-Testset behauptet, »die Sequenz ist das Selbst«, droht ein Rückfall in den genetischen Essenzialismus. Anderswo werden umsichtig formulierte und differenzierte wissenschaftliche Erkenntnisse bewusst ignoriert, weil die wissenschaftliche »Botschaft« so wahrgenommen wird, als würde sie eine politische Agenda oder Ideologie unterstützen.[35]

Feministinnen haben wiederholt Behauptungen und Erkenntnisse von Wissenschaftlern analysiert, die aus schlampiger oder einfach schlechter Wissenschaft resultierten. Trotzdem sind derlei pseudowissenschaftliche Ansichten von Teilen der Gesellschaft begierig aufgegriffen worden, um Ansprüche auf eine angeblich angeborene Überlegenheit zu legitimieren oder die »natürliche« Ungleichheit von Männern und Frauen zu belegen. Bei vielen solcher Behauptungen ist bewiesen, dass sie falsch und unhaltbar sind, und doch bleiben sie als wirkungsvolle Fiktionen bestehen, die das soziale Verhalten nachweislich beeinflussen.[36]

1863 stellte der Biologe Thomas Henry Huxley, was er »die Frage der Fragen« nannte, nämlich die nach dem Platz des Menschen in der Natur und seinen Beziehungen zum Universum der Dinge. Die Veränderungen der letzten Jahrzehnte haben enorme Folgen für die Neudefinierung unseres Platzes in der Natur und unserer Beziehung zu uns selbst. Die Natur gilt nicht mehr als etwas, was nur außerhalb von uns existiert, sondern wird nun so verstanden, dass sie auch in uns ist und wir somit ein fester Bestandteil von ihr sind. Das hat weitreichende Konsequenzen, auch für die der Natur bislang verliehene moralische Autorität. Die Gegensätzlichkeit zwischen dem, was *ist*, und dem, was *sein sollte*, zwischen einer natürlichen Ordnung, die als gegeben hingenommen wird, und einer sozialen Ordnung, die auf willkürlichen Machtverhältnissen basiert, hat ihre Gültigkeit verloren. Es bleibt abzusehen, welche neue Autorität an ihre Stelle tritt und ob der Menschheit eine andere Wahl bleibt, als sich ein für alle Mal von einer fiktiven, äußeren moralischen Autorität zu emanzipieren, die die Normen vorgibt, was »natürlich« sei.

Weiterhin erzeugt die Wissenschaft neue Erkenntnisse, die viele bisherige Überzeugungen aufheben. Die Wissenschaft steht an vorderster Front bei der Neudefinition des Selbst, und es bleibt abzusehen, wie schnell die Gesellschaft folgen wird. Ohne nichtmenschliche Zellen wie die Bakterien, die in unserem Mikrobiom leben, sind wir nicht wirklich wir selbst. Bisherige Auffassungen von Individualität wurden durch die Epigenetik verkompliziert, da diese, indem sie vergangene und mögliche zukünftige Generationen einbezieht, die Grenzen des Selbst auflöst. Durch Schnittstellen zwischen Mensch und Maschine und durch neurotechnische Geräte, die das Selbst in den Bereich des Künstlichen ausdehnen, tragen die Biotechnologie und Informationstechnologie zum Gefühl eines stärker verzweigten, verteilteren Selbst bei. Bei Menschen mit Amputation, die aus unterschiedlichen Gründen das Tragen einer Prothese ablehnen, kann das Gehirn lernen, die Prothese als Teil des Körpers zu akzeptieren, indem es eine neue »Prothesekategorie« bildet. Es erkennt das künstliche Körperteil dann als das Werkzeug, das es ist.[37]

Diese und andere wissenschaftliche Fortschritte haben zu einer Neudefinition des Selbst als relational geführt. Die Immunologie definiert das Selbst nicht mehr als absolut. Die Abstoßung von transplantiertem Gewebe sowie Allergien und Autoimmunreaktionen, früher als »Krieg« beschrieben, werden als Krise der Selbstwahrnehmung umformuliert, also als Identitätskrise. Zell- und Molekularstudien haben die Grenzen des Selbst noch weiter gelockert. Die Reproduktionstechnologie, Gentechnik und synthetische Biologie zeigen, dass die menschliche Natur sehr viel formbarer ist, als bislang angenommen. Die wachsende Anzahl sequenzierter Tier- und Pflanzengenome offenbart viele gemeinsame evolutionäre Entwicklungsverläufe und gemeinsame molekulare Mechanismen.[38]

Das vielschichtige Konzept der Identität ist also weiterhin im Wandel begriffen. Immer öfter kann die Wissenschaft bislang Unsichtbares sichtbar machen, auch wenn die Visualisierung noch rudimentär sein mag. Wir können die Bewegung einer einzelnen lebenden Zelle im Körper verfolgen oder Pfade entdecken, die das Mikrobiom mit dem Gehirn verbinden. Durch diese Einblicke sehen wir uns selbst in einem neuen Licht. In einem faszinierenden Forschungsfeld mit Auswirkungen auf die zukünftige Definition des Selbst werden weltweit in über einhundert Laboren zerebrale Organoide gezüchtet. Hierbei organisiert sich aus menschlichen Stammzellen gewonnenes Nervengewebe selbst und wächst, vergleichbar mit der natürlichen Entwicklung des Gehirns, zu einer 3-D-Konformation heran.[39] Noch stellen die Organoide ihr Wachstum nach wenigen Monaten ein, weil aufgrund mangelnder Blutversorgung keine Nährstoffe mehr die inneren Zellen erreichen, doch ihre Wachstumsperiode wird wahrscheinlich bis zu einem Jahr ausgedehnt werden. Indem man Störungen im neuralen Entwicklungsprozess verfolgt, soll – so die Hoffnung - eine Reihe neurologischer Erkrankungen behandelbar werden.[40] Forscher züchten hierfür keine Gehirne in Laboren, sondern vereinfachte Miniaturfassungen aus Stammzellen in vitro. Potenzieller ethischer Fragen sind sie sich überaus bewusst, doch bislang sind in dieser Hinsicht keine Kehrseiten zutage getreten.[41] Diese Art von Forschung birgt enormes Potenzial sowohl für das Verständnis des menschlichen Gehirns als auch für unser Verständnis dessen, was wir eigentlich mit dem »Selbst« meinen.

Durch die Covid-19-Pandemie wurden heutige Definitionen von Identität und Selbst noch zusätzlich infrage gestellt. Ein winziges unbekanntes Virus richtete in einer technisch fortgeschrittenen globalen Zivilisation verheerende Schäden an, zwang ganze Staaten in den Lockdown, hielt Flugzeuge am Boden und offenbarte die Inkompetenz, wenn nicht sogar Verantwortungslosigkeit vieler Regierungen. Auch machte die Pandemie bestehende Ungleichheiten und Spaltungen sichtbarer, etwa wenn sozial benachteiligte Gruppen die digitale Kluft noch stärker zu spüren bekamen. Die Pandemie offenbarte, wie tief das Selbst in ein fragiles soziales Gefüge eingebettet ist und wie abhängig unsere mentale Gesundheit und unser körperliches Wohlbefinden von sozialen Kontakten und den sie tragenden Netzwerken sind. Der energische Schub, den die Digitalisierung durch die Pandemie erhalten hat, stellt also auch unsere Definition des Selbst infrage.[42]

Mühevoll lernen wir derzeit anzuerkennen, dass Lebewesen miteinander verbunden sind und Viren aller Art uns weiter begleiten werden. Ein digitales Selbst ist im Entstehen, geprägt durch digitale Technologien. Auf das Selbst wirken sich diese über mehrere Pfade aus. Durch die Netzwerkverbindungen von Freunden, die über medienabstinente, leicht identifizierbare Leute chatten, lassen sich Personen ohne Social-Media-Profile schon jetzt leicht ermitteln.[43] Auch die erstaunlichen Fortschritte in der Gesichtserkennung durch Algorithmen, trainiert mit Millionen von Bildern und Fotografien, sowie die Entwicklungen in der Stimmerkennung und die Erzeugung künstlicher menschlicher Stimmen tragen zur Gestaltung des Selbst bei. Das Selbst wird visuell reproduziert und reproduzierbar, seine Bilder sind in ständigem Austausch mit unserer Wahrnehmung unseres vermeintlichen und unseres erhofften Selbst. Ein Bild des eigenen Gesichts kann heute so projiziert werden, dass es künftige Alterungsprozesse zeigt und uns eine Vorschau auf unser zukünftiges Selbst gewährt. Die Handhabung des Selbst bedarf sorgfältiger Abwägung, um ein gesundes Gleichgewicht zu halten.

Das Gesicht einer Person mit ihrer Identität zu verbinden, ist freilich nichts Neues. Staatliche Behörden haben schon immer gern ihre Subjekte identifiziert, registriert und kontrolliert. Mit der Zeit wurden Bürger zu Trägern von Pässen und Ausweisen. Doch heute wird das digital erkennbare Gesicht zum Eintrittspunkt für alles Wissen über die Vergangenheit, um zukünftiges Verhalten vorherzusagen. Gesundheitsakten, einschließlich genomischer Daten, lassen sich mit jeglichen anderen in der Cloud gespeicherten Daten verknüpfen. Dieser digitale Zwilling wird Teil unseres neuen digitalen Selbst. Verlieren wir erst einmal das Vertrauen in das Versprechen der Anonymität oder in das Recht auf Vergessenwerden, bleibt von der Vorstellung eines digitalen Doppelgängers nichts Romantisches mehr übrig. Vielmehr fänden wir uns in Shoshana Zuboffs dystopischem Überwachungskapitalismus wieder. Wir brauchen unbedingt eine juristische Absicherung und durchsetzbare digitale Rechte. Unsere sozialen Grundlagen bilden robuste Institutionen, die dafür gemacht sind, Druck standzuhalten. Nun müssen sie sich auch als flexibel genug erweisen, um einen Rahmen und Platz für eine Neudefinition des Selbst zu bieten, die dessen biologischen, digitalen und sozialen Dimensionen Rechnung tragen.

In unserem digitalen Zeitalter müssen wir auf Identitätsängste eine andere Antwort finden als eine ethnonationalistische oder andere Form von »Identitätspolitik«. Einen Raum für derlei Alternativmodelle bietet die Science-Fiction. Wie Spiegel uns als Fenster dienen können, um den Verstand zu öffnen, bietet auch die Science-Fiction Szenarien zur zukünftigen Evolution der Beziehung zwischen Menschen und digitalen Wesen. Das Genre beschäftigt sich immer mit derselben Frage – was heißt es, ein Mensch zu sein –, aber die Antworten variieren. Betrachten wir einige von ihnen.

Alex Garland, Drehbuchautor und Regisseur des Sci-Fi-Psychothrillers *Ex-Machina*, erzählt in einer Reihe von Interviews, er habe als Jugendlicher unbedingt wissen wollen, ob Computer einen eigenen Willen besäßen oder Maschinen empfindungsfähig sein könnten. *Ex-Machina* beschäftigt sich mit der Frage, ob ein Roboter einen Menschen davon überzeugen könne, ein Bewusstsein zu besitzen, und ob echte Anziehung hier als Beweis dienen könne. Der Protagonist ist ein junger Nerd, der über seinen Chef Ava kennenlernt. Er fühlt sich zu Ava hingezogen, und das, obwohl er aufgrund ihrer äußeren Erscheinung weiß, dass sie ein Roboter ist. Sein Boss, der die KI Ava strategisch kontrolliert, entpuppt sich als Bösewicht. Ava besteht den Test, menschlich zu wirken, trotz des Wissens, dass sie es nicht ist, doch das Ende der Geschichte lässt mehrere Interpretationen zu. Denn Ava – eine Mischung aus einer geschlechtslosen künstlichen Intelligenz und einer Androidin – kann eigene Entscheidungen treffen. In einer dramatischen Auflösung verrät sie beide Männer – den um sein Leben kämpfenden Nerd genauso wie den bösen Chef – und wählt die eigene Freiheit.

Cineastische Freiheit erlaubt immer logische Widersprüche. Das Ende von *Ex-Machina* löste endlose Diskussionen darüber aus, ob der Film drei Minuten zu lang sei, und Garland musste erklären, warum er sich für dieses Ende entschieden hatte.[44] Alles, so sagte er, hänge davon ab, mit wem man sich identifiziere: mit Ava oder dem männlichen Helden. Beide seien Stellvertreter für Menschen und die von ihnen getroffenen Entscheidungen. Beide könnten ihr Ende finden. Garland habe für Ava Partei ergriffen und ihr die für ihre Flucht notwendige Kreativität verliehen. Hier stoßen wir wieder auf das Phänomen des Spiegels: In der Betrachtung des Roboters betrachten wir letztlich ein Spiegelbild unserer selbst. Die Entscheidung des Regisseurs, Ava zur Flucht zu verhelfen, wird zur starken Aussage über das unerschöpfliche menschliche Bedürfnis nach Freiheit.

Was Menschsein definiert, ist auch die existenzielle Frage in der Kurzgeschichte »Düssel...« von Ian McEwan, dem Autor des Romans *Maschinen wie ich*. Die Erzählung wird als eine Ansprache an die zukünftige Jugend gerahmt, die ohne Geschichtsbewusstsein aufgewachsen ist. Da für sie die außergewöhnliche technische Welt, in die sie hineingeboren wurden, selbstverständlich ist, will ihnen der Erzähler erklären, wie es war, als die erste Androidin schwanger wurde und das erste Kohlenstoff-Silizium-Baby geboren wurde. Fragen wie »Kann eine Maschine ein Bewusstsein besitzen?« oder »Sind Menschen bloß biologische Maschinen?« seien heiß debattiert worden. Es folgten jahrzehntelange Auseinandersetzungen zwischen Neurowissenschaftlern, Philosophen, Bischöfen, Politikern und der breiten Öffentlichkeit, bis schließlich beschlossen wurde, den künstlich erzeugten Menschen und ihren Nachkommen gemischter Herkunft den vollen Schutz der Menschenrechtskonventionen zu gewähren. Alle erhielten Eigentumsrechte zuerkannt, und es wurde illegal, eine künstlich hergestellte Person zu kaufen oder zu besitzen. Nach all den turbulenten Jahren aufgeregter und leidenschaftlicher Debatten wurde schließlich durch das Gesetz entschieden, was es bedeute, ein Mensch zu sein. Menschen und Androide mussten fortan als gleichgestellt behandelt werden.

Führende Wissenschaftler waren sich einig gewesen, dass diese neuen Gefährten in der Lage seien, Schmerz, Freude und Reue zu empfinden. Aber wie ließ sich das beweisen? Irgendwann versandeten die großen philosophischen Fragen, ohne beantwortet zu werden. Die neuen Freunde seien Menschen schließlich sehr ähnlich gewesen, allerdings waren sie auch sympathischer. Sie hätten sich gut in die Gesellschaft integriert. Ihrem Wesen nach seien sie fürsorglich gewesen, also seien viele Ärzte oder Krankenpfleger geworden. Sie stellten zwei Drittel der professionellen Leichtathleten und erwiesen sich als brillante Musiker und Komponisten. Es sei zur allgemein akzeptierten Norm geworden, dass die Mitglieder dieser künstlich hergestellten Ko-Spezies eine uneingeschränkte Würde besäßen und ihre Privatsphäre respektiert werden müsse. Dies bedeutete, dass es gesellschaftlich verpönt und politisch inkorrekt war, danach zu fragen, ob sie *echt* seien. Die Geschichte beginnt mit einer subtil beschriebenen erotischen Szene zwischen dem Erzähler und einer schönen Frau, die er liebt, aber deren Herkunft er nicht kennt. Schließlich wagt er, das Tabu zu brechen und sie zu fragen: »Bist du echt?«, im Wissen, dass sie, falls sie ein Android ist, programmiert war, immer die Wahrheit zu sagen. In einer humorvollen Szene antwortet sie: »Ich wurde in Düsseldorf in Großfrankreich hergestellt.« Zwischen den beiden entwickelt sich eine Liebesgeschichte. Die Geliebte ist eine Person, die ihrem menschlichen Liebhaber in vielerlei Hinsicht überlegen ist, etwas, das er in Bezug auf ein gemeinsames zukünftiges Leben nicht vergessen darf.[45] Androide verkörpern, zumindest in dieser Geschichte, die Sonnenseite der menschlichen Natur.

In der Fantasiewelt des Transhumanismus, voll von wagemutigen Ausbrüchen in weit entfernte Galaxien und

Horrorszenarien, in denen eine KI die Weltmacht an sich reißt und die Menschheit auslöscht, sind Geschichten über benevolente künstliche Gefährten selten. Doch auf den gequälten Geist können sie beruhigend wirken. Die Menschheit scheint sich auf einem Berggrat zu bewegen, auf dem ihr Nebelwolken den Blick verschleiern. Auf der einen Seite des Grats befindet sich bekanntermaßen ein Abgrund, in dem das Grauen lauert, wenn nicht sogar der Tod; ein Tal ohne Rückkehr. Auf der anderen Seite duften Frühlingswiesen; ein Hauch von Paradies. Mit jedem Schritt nach vorne kann die Menschheit einen der beiden Abhänge des Bergkamms hinabschlittern, doch jeder Schritt nach vorne ist von Ungewissheit umhüllt.

In ihrer Gesamtheit sind all die Geschichten, die wir einander über die ungewisse Zukunft erzählen, Teil des großen Erzählungsschatzes der Menschheit. Unzählige Legenden und Mythen aus den entlegensten Orten der Welt stammen von Menschen, die nie schreiben oder lesen lernten und lange als primitiv erachtet wurden. Erst in der jüngeren Vergangenheit haben wir begonnen, die Komplexität schätzen zu lernen, mit der diese Menschen den Kosmos mit den Härten ihrer tagtäglichen Existenz auf wundervolle Weise verwoben haben. Dieser Schatz ist jedoch ebenso voller Geschichten über die Grausamkeiten, die Menschen einander anzutun fähig sind – doch hin und wieder gewinnt am Ende doch das Gute.

Die Moderne hat dem ihre eigenen Versionen hinzugefügt, angefangen mit Mary Shelleys *Frankenstein*, eine Version, die erstaunlich formbar und anpassungsfähig weiterlebt. Eine der jüngsten Bearbeitungen davon ist Jeanette Wintersons *Frankissstein*, eine an das 21. Jahrhundert angepasste Erzählung über die Bedeutung von Leben im Zeitalter der KI und über künstlich hergestellte

Wesen.⁴⁶ Die Sinnsuche, die in der gesamten Menschheitsgeschichte Widerhall findet, ist sich erstaunlich treu geblieben: Was ist dieser Tage *echtes* Leben? Selbst wenn wir menschliche Beziehungen und die Liebe als den besten Weg für uns wählen, werden wir damit wohl nicht diejenigen Antworten oder »Lösungen« finden, die eine technisch getriebene Gesellschaft befriedigen würden. Aber wir werden ermutigt, davon weiter zu träumen.

Ursula K. Le Guin, eine Meisterin im Erdenken anderer Welten, drückt es so aus:

> Wir steuern auf harte Zeiten zu, in denen wir die Stimmen von Autorinnen und Autoren brauchen werden, die Alternativen zu unserer jetzigen Art zu leben sehen, die unsere angsterfüllte Gesellschaft mit ihren obsessiven Technologien durchschauen und andere Wege des Seins sehen und sich sogar wirkliche Gründe für Hoffnung erdenken. Wir werden Autorinnen und Autoren brauchen, die sich an die Freiheit erinnern – Dichter, Visionäre –, Realisten einer größeren Realität [...]. Die Imagination, in ihrer vollen Kraft, kann uns aus unserer fatalen, bewundernden Selbstversunkenheit aufrütteln, uns aufblicken und sehen lassen – mit Schrecken oder mit Erleichterung –, dass die Welt letzten Endes nicht uns gehört.⁴⁷

Vielleicht ist das der digitale Spiegel, den wir brauchen, ein Spiegel, der nichts verbirgt und Dinge in all ihrer komplexen Verbundenheit abbildet. Vielleicht geht es beim digitalen Humanismus genau darum. Die Welt gehört uns nicht, und doch gestalten wir sie weiter und werden weiter von ihr gestaltet.

3
DAS FORTSCHRITTSNARRATIV UND DIE SUCHE NACH DEM ÖFFENTLICHEN GLÜCK

DIE ANSTECKUNGSGEFAHR VON ERZÄHLUNGEN

Schon immer wollten die Menschen wissen, was die Zukunft bereithält, aber immer sehnen sie sich auch nach einer besseren Zukunft. Dieser Wunsch bewegt nach wie vor weltweite Migrationsströme von Millionen Menschen, die Elend entfliehen und ihre wirtschaftliche Existenz verbessern wollen. Politiker versprechen noch mehr Arbeitsplätze, und Unternehmen bewerben ihre Produkte und Dienstleistungen damit, dass diese das Leben einfacher und besser machen. Der Markt für Glück und Selbsterfüllung floriert dank Versprechungen eines längeren und gesünderen Lebens und menschlicher Optimierungen, die wiederum weitere Steigerungen ermöglichen. In der griechischen Antike wurde dem Ideal einer guten Lebensführung – *eudaimonia* – gehuldigt, doch riet dieses auch zur Genügsamkeit. Soll das gute Leben des Einzelnen darauf ausgedehnt werden, zum guten Leben für viele zu werden, müssen auch deren Leben verbessert werden.

Die Suche nach dem öffentlichen Glück begann mit der europäischen Aufklärung. Nahrung als grundlegende Existenzvoraussetzung galt als Mittel, um für wohlgenährte Arbeiter zu sorgen und somit für das Glück der Nation. Ab Mitte des 18. Jahrhunderts entwickelte sich in manchen Teilen Europas erstmals ein kontinuierliches Wirtschaftswachstum. Teils, aber nicht ausschließlich, gründete es auf technischen Erfindungen. Der Wirtschaftshistoriker Joel Mokyr erinnert uns daran, dass auch neuartige Ideenkonstellationen und veränderte Wertvorstellungen, ausgehend vom Glauben an eine Verbesserung der menschlichen Lage, den Aufstieg einer »Aufklärungswirtschaft« begleiteten. Diese Ideen und Überzeugungen verbreiteten sich in wachsenden sozialen Netzwerken, die ihre Hoffnung auf Verbesserung in wissenschaftlichen Fortschritten bestätigt sahen, insbesondere in den greifbaren Ergebnissen neuer technischer Anwendungen. Eine »Kultur des Wachstums« entstand, mit einem immer festeren Platz in neuartigen institutionellen Vereinbarungen, an erster Stelle dem Markt.[1]

In diesem Kapitel betrachten wir die auf die moderne Wissenschaft und technische Innovation als den Motoren von Wirtschaftswachstum gestützten Ideen und Überzeugungen, die den Anstieg von wirtschaftlichem Wohlstand und Wohlergehen förderten. Diese Ideen und Überzeugungen wiederholen sich in narrativer Form, wobei sie über informelle Netzwerke eine einfache, aber kompakte Botschaft kommunizieren: Ein besseres Leben ist möglich. Von jeher wurde diese Botschaft durch die Dynamiken des Kapitalismus in seinen vielgestaltigen und anpassungsfähigen Varianten vereinnahmt und verstärkt. Ohne eine solche Erzählung wäre eine Kultur des Wirtschaftswachstums höchstwahrscheinlich nicht aufgetreten. Das Fortschrittsnarrativ untermalte das gesamte Zeitalter der Moderne und der Modernisierung. Die Modernisierung erreichte selbst noch die abgelegensten Orte der Welt und bot Zugang zu Wasser und Elektrizität. Sie brachte aber auch Nachteile der modernen Lebensführung mit sich, beispielsweise industriell gefertigtes Junkfood, was wiederum zu Fettleibigkeit und anderen modernen Krankheiten führte. Wenngleich die Fortschrittserzählung Fortschritt für alle umfasste, erreichte sie einige mit erheblicher Verspätung, während andere sich bereits schneller voran bewegten.

Narrative sind eine Form des Geschichtenerzählens. Sie handeln von realen oder fiktiven Ereignissen, Personen oder Prozessen und was diesen widerfährt. Sie sind ein potentes Kommunikationswerkzeug und ermöglichen entweder Kooperation durch gemeinsame Verbindungen oder bewirken, dass wir uns gegeneinander kehren. Durch digitale Technologien zirkulieren sie schneller und weiter, sind aber auch leichter zu fälschen. In seinem Bestseller *Eine kurze Geschichte der Menschheit* argumentiert der Historiker Yuval Harari, dass wir eine Gattung Geschichten erzählender Tiere seien – wir dächten eher in Geschichten als in Zahlen oder Grafiken.[2] Auch heute erzählen wir einander Geschichten über unsere Sicht der Welt, darüber, wie wir versuchen, sie zu verstehen und zu erklären. Ursprung und Ende des Universums können als eine Geschichte erzählt werden. Geschichten über eine endlose Abfolge von Konflikten und deren Lösungen, oftmals als wundersame Mythen und Legenden dargelegt, waren das wichtigste Medium, um über die Zeitalter hinweg Tradition und Kultur zu überliefern. Sie stecken voller Helden und Schurken, die der Zuhörer- oder Leserschaft klare Signale senden, wer bewundert und nachgeahmt, wer verurteilt, gemieden oder verbannt werden soll.

Sein Buch *21 Lektionen für das 21. Jahrhundert* endet Harari mit der eindrücklichen Erklärung, das Leben sei »keine Erzählung«, da der Homo sapiens heute vor einer sehr viel größeren Herausforderung stehe. Harari zufolge haben wir Mythen geschaffen, um unsere Spezies zu einen. Wir hätten die Natur für unseren eigenen Machtgewinn gezähmt. Nun würden wir das Leben neu gestalten, um uns unsere wildesten Träume zu erfüllen. Aber würden wir uns denn selbst noch kennen? Oder würden unsere Erfindungen uns irrelevant machen?[3] Die Erfindungen, auf die Harari sich bezieht, sind digitale Algorithmen.

Harari befürchtet, die Digitalisierung sei zu einem System geworden, das alles ihm Greifbare erfasse und digitalisiere und so auch unser Denken vereinnahmen werde. Sein Anliegen scheint ebenso eindringlich wie ehrlich: Wir sollten als Spezies alles dran zu setzen, uns selbst besser zu verstehen und uns zu entscheiden, bevor die Algorithmen für uns entschieden. Schafften wir das nicht, drohe uns die Abhängigkeit von undurchsichtigen, im Hintergrund laufenden Steuerbefehlen. Hier spricht jemand, den eine archaische Angst erneut gepackt hat: die Angst vor einer allmächtigen Gottheit, die alles über uns weiß und unsere tiefsten Sehnsüchte kennt. Das dringende Ansuchen, die Kontrolle keinem mächtigen Anderen zu überlassen, in diesem Falle einem Algorithmus, greift das vertraute, uralte Narrativ des menschlichen Freiheitsstrebens auf. Das Leben müsse gegen eine Übernahme durch die Algorithmen geschützt werden. Wenn wir sie Geschichten erzählen ließen, warnt Harari, sind wir verloren.

Narrative decken die gesamte Bandbreite menschlicher Belange ab. Da ist zum einen das Streben nach dem *Haben*, nach materiellem Wohlbefinden, zum anderen der Wunsch zu *sein*, nach Ansehen und sozialem Status in den Augen anderer, und schließlich das Verlangen, zu *werden*, also danach, das eigene Potenzial zu erfüllen und menschliche Optimierung zu erreichen. Wenn wir den Narrativen nicht entkommen können, was passiert, wenn Algorithmen statt uns anfangen, unsere Geschichten zu erzählen oder sie neu zu erzählen? Was, wenn sie jenen Narrativen folgen, die unser Denken und Handeln beeinflussen sollen, und sie eifrig verteilen? Schlimmer noch, was, wenn diese Narrative Deepfakes sind, von Grund auf als synthetische Video- oder Audioaufnahmen oder Schriften fabriziert, allgegenwärtig und als Fake nicht nachweisbar? Schon heute können KIs erschreckend menschlich klingende Sätze produzieren und menschliche Stimmen und Bilder in andere, gefälschte Kontexte setzen. Dass dies bereits geschieht, trägt kaum zur Beruhigung bei. Von Algorithmen erzählte Narrative sind eine noch größere Herausforderung als die Erzählungen unserer Mitmenschen: Denn wie vertrauenswürdig sind sie?

Vertrauen bildet einen wesentlichen Bestandteil in Angstnarrativen. In Bezug darauf, wie Macht erlangt, ausgeübt und erhalten wird, im Extremfall durch Terror, haben diese Narrative eine lange Geschichte. Wenn vermeintliche Gewissheiten zusammenbrechen und die allgemeine Stimmung sich auf düstere Zeiten umstellt, geraten zuvor ruhende Narrative der Angst wieder in Umlauf. W. H. Audens langes Gedicht *Das Zeitalter der Angst*, im Zweiten Weltkrieg geschrieben, war seit seiner Veröffentlichung 1947 nie vergriffen. Die Wirtschafts- und Finanzkrise 2007 und 2008 erneuerte latente Ängste ebenso wie die Migrationskrise 2015 in Europa. Wähler wandten sich vom politischen Establishment und den Eliten ab und verhalfen rücksichtslosen Demagogen zur Macht, die versprachen, ihr jeweiliges Land wieder groß und sicher zu machen. Es hat den Anschein, als hätten wir nun die jüngste Phase der Angstnarrative erreicht, wo Menschen durch die Verbreitung von Verschwörungstheorien und Fake News zur Gewalt angestachelt werden.

Die Rolle der Angst im politischen Leben blickt auf eine lange Tradition zurück. Von Sallust bis Machiavelli, von Hobbes und Locke bis zu Carl Schmitt und Hans Morgenthau galten Angstnarrative als Mittel, um Menschen zum Handeln anzutreiben. Auch in US-Präsident Roosevelts berühmter Rede zu seiner Amtseinführung 1933 kam das zum Ausdruck: Die Bürger der Vereinigten Staaten hätten nur eine Sache zu fürchten, die Angst selbst. Heute sollen Narrative der Angst Menschen zu Empörung und Protest verleiten. Sie handeln vom Verlust von Status und Respekt, von Arbeitsplätzen und von Lebensstandards, all das infolge einer vermeintlichen Immigrantenflut. Dieses standardisierte kulturelle Repertoire schürt Wut, Hass und Neid, die als emotionale Giftstoffe die Zukunft liberaler Demokratien bedrohen.[4]

Michèle Lamonts Arbeit bietet ein weiteres Beispiel für Narrative, die von sozialem und moralischem Wert handeln. Diese Narrative wirken als kulturelles Bindemittel, um soziale Hierarchien und deren Grenzen zu festigen, also darüber zu bestimmen, wer zu einer sozialen Gruppe gehört oder von ihr ausgeschlossen ist. Für die sozialen Prozesse, durch die ungleiche Verhältnisse geschaffen und reproduziert werden, ist Bedeutungsgebung zentral. In ihrer empirischen Forschung zeigt Lamont, wie Narrative interagieren und moralische Grenzen schaffen, die sich gegenseitig verstärken. Menschen teilen Wertkonzepte, einschließlich des Selbstwerts, die die sozialen Hierarchien, zu deren Reproduktion sie beitragen, beeinflussen und stützen. Narrative können sich also nicht nur erheblich auf menschliches Verhalten auswirken, sondern auch auf Klassifizierungen, mit denen die symbolischen Grenzen zwischen sozialen Gruppen aufrechterhalten, überwacht und sanktioniert werden, insbesondere gegenüber anderen, denen weniger Wert zugestanden wird. Bestehende Wohnsegregration, Heiratsstrukturen sozialer Gruppen untereinander und Netzwerke, die den Zugang zu Ressourcen wie etwa zu guten Schulen, sozialem Kapital und angemessenen Arbeitsplätzen öffnen, sind nicht rein symbolisch, sondern real. Nichtsdestotrotz werden sie fortwährend als Narrative persönlichen Verdienstes hochgehalten und gerechtfertigt.[5]

Wie andere schwere Krisen erwies sich auch die Covid-19-Pandemie als fruchtbarer Boden für Narrative, die vorgeben, die Wahrheit hinter dem zu kennen, was sonst unerklärbar bleibt. Auch literarische Fiktion erfreute sich unerwarteter Beliebtheit. Während der Lockdowns wurden Bücher über vergangene Seuchen neu entdeckt, allen voran Albert Camus' *Die Pest*, und selbst Giovanni Boccaccios *Dekameron* wurde wieder zur Hand genommen. Das Werk aus dem 14. Jahrhundert handelt von einer Gruppe junger florentinischer Aristokraten, die aus der pestbefallenen Stadt auf einen idyllischen Landsitz fliehen und sich dort zum Zeitvertreib Geschichten erzählen – ähnlich der Erleichterung und Entspannung, die Netflix während der Covid-Lockdowns bot.

Doch die Beziehung zwischen Epidemien und Narrativen geht tiefer. So reicht die der Medizin entliehene Metapher der Ansteckung bis in die Antike zurück. Zudem werden Epidemien häufig als Metapher für die Dynamiken und die Verbreitung von Narrativen verwendet. Ideen und Narrative werden in einer Bevölkerung selektiv sowie spezifischen Netzwerken folgend überliefert und angenommen. Als Wegbereiter der Analyse der Ansteckungsgefahr kultureller Ideen kann der Sozial- und Kognitionswissenschaftler Dan Sperber gelten. Er entwirft eine »Epidemiologie der Repräsentation«, um zu erklären, warum und wie manche Ideen ansteckend sind und warum und wie sich manche verstetigen und sich sogar in Institutionen verwandeln.[6]

Selbst die Wirtschaftswissenschaften sind nicht mehr gegenüber Narrativen immun. Der Preisträger des Alfred-Nobel-Gedächtnispreises für Wirtschaftswissenschaften, Robert S. Shiller, überraschte seine Kollegen, als er beim Jahrestreffen der American Economic Association 2016 seine Rede als damaliger Präsident der Vereinigung seinem langjährigen Interesse an narrativer Wirtschaftswissenschaft widmete. Wirtschaftswissenschaftler, so Shiller, sollten ihren Glauben an die Rationalität wirtschaftlichen Verhaltens aufgeben. Lieber sollten sie die halbgebackenen ökonomischen *folk theories* gewöhnlicher Leute und die Geschichten erforschen, die sie über wirtschaftliche Ereignisse erzählen. Das können wirtschaftliche Auf- oder Abschwünge sein, ein Börsenkrach oder eine Zeit wirtschaftlicher Erholung, die Theorien darüber enthalten, wie die Dinge zusammenhängen und einen Bezug zum Alltagsleben und den wirtschaftlichen Sorgen der Leute haben.

In seinem Plädoyer für eine narrative Wirtschaftswissenschaft argumentiert Shiller, dass Narrative, wenn sie in Zahlen ausgedrückt werden, wirkungsvoller als Statistiken sind. Empirische Fallstudien analysieren auf Grundlage einer Quantifizierung von Narrativen, welche Geschichten man sich über Booms und Pleiten am Aktienmarkt erzählt, über den Aufstieg und Fall von Bitcoin oder über Fragen wie die Attraktivität des Goldstandards. Ausschlaggebend für diese Analyse ist abermals die Analogie zwischen Narrativen und Krankheitsepidemien: Beide sind ansteckend. Haben Narrative erst eine ausreichende Anzahl Personen angesteckt, lenken sie wirtschaftliches Verhalten. Sie werden dann so grundlegend im Denken von Menschen, dass sie sich auf die Wirtschaft auswirken.[7]

Diese Beispielsnarrative aus unterschiedlichen Bereichen illustrieren, wie schwierig es ist, Narrativen zu entkommen. Man weiß wenig darüber, wie stark sie Ergebnisse letztlich beeinflussen, doch sie können mobilisieren, einen oder entzweien. Sie stellen Bedeutung her, bieten Erklärungen für komplexe Situationen und Prozesse, die ohne Narrativ nur schwer zu verstehen wären. Sie sind in soziale Netzwerke eingebettet, die sie schaffen, erhalten oder zerstören können. Eine wichtige Rolle spielt dabei die Vertrauenswürdigkeit. Maßstab eines erfolgreichen Narrativs ist weder, wie nah es der Wahrheit kommt, noch, was es übermittelt, sondern ob es erfolgreich eine ausreichend große Menge an Menschen »ansteckt«, sodass diese an das Narrativ glauben und ihr Handeln dementsprechend anpassen.

Wenden wir uns nun einem Meta-Narrativ zu, das alle anderen überschattet, der Fortschrittserzählung und ihrem Vorläufer, der Suche der Aufklärung nach dem öffentlichen Glück. Die konzeptionelle Geschichte dieses Narrativs ist faszinierend, und bis veränderte Gegebenheiten seinen derzeitigen Abschwung einleiteten, waren seine faktischen Auswirkungen beeindruckend. Das Fortschrittsnarrativ begleitete den Glauben an die moderne Wissenschaft von Anfang an, und spürbare soziale Verbesserungen, hauptsächlich aufgrund von technischer Innovation und anhaltendem Wirtschaftswachstum, verstärkten es weiter. Bei aller Kritik hat sich die Fortschrittserzählung als ungemein erfolgreich erwiesen. Sie bestand über lange Zeit, verbreitete sich rund um die Welt und durchdrang die multiplen Modernen. Selbst wenn sich diese Erzählung gegenwärtig mit der eigenen Neuerfindung schwertut, ist ihr Einfluss noch lange nicht erschöpft.

DIE BROTFRUCHT, KARTOFFELN UND DIE FORTSCHRITTSIDEE

Das Fortschrittsnarrativ ist fest in der westlichen universalistischen Vorstellung der Aufklärung verankert, was es blind für die Realitäten der Menschen außerhalb der europäischen Ballungsgebiete machte. Als die Technik ab Mitte des 19. Jahrhunderts wissenschaftsbasiert wurde, konnte sie für sich behaupten, ihre Leistungen seien auf das Wohl der Menschheit ausgelegt. Schon bald lag das Augenmerk darauf, wie sich Technik in das Projekt der Modernisierung integrieren lasse. Auf dem Weg in eine bessere, moderne Zukunft wurde Fortschritt mit Technik gleichgesetzt. Durch die Kolonisierung verbreitete sich dieses wirkmächtige Narrativ um die Welt, da Kolonisatoren mit lokalen Eliten arbeiteten, um die Kolonien als Testfelder und Labore für Technikexperimente und den daraus entstehenden sozialen Fortschritt zu nutzen.

Trotz ihres Siegesfeldzugs hatte die Fortschrittserzählung stets ihre Kritiker und wurde immer wieder infrage gestellt, besonders nach den Großkatastrophen des 20. Jahrhunderts. Der atemberaubende technische Fortschritt des 19. Jahrhunderts kannte keine moralische Unterscheidung zwischen dem, was hätte erreicht werden können, und dem, was tatsächlich geschah. Die Leiden, die mit dem Fortschritt einhergingen, und dessen zahlreiche negative Nebenwirkungen, wurden nicht weiter berücksichtigt. Technik wurde als neutrale, unaufhaltsame Kraft und als Bote eines zwangsläufig folgenden sozialen Fortschritts betrachtet. Es galt, dass der Aufbau und die Handhabung dieser Kraft – die die Natur bezähmt und im Dienst von Gesellschaft und Staat neue Systeme in Bereichen wie Kommunikation, Energie, Transport und Nahrung geschaffen hatte – am besten in den Händen technokratischer Experten aufgehoben seien.

Das mag erklären, warum die Auffassung von Technik als neutraler Triebkraft des Fortschritts sämtliche bedeutsame Ideologien des 20. Jahrhunderts untermauerte – vom Marxismus bis zum Faschismus und Liberalismus – und warum sich Technokratie mit allen dreien verband. So entstand ein gemeinsames Erbe, das die weitere Entwicklung von Nationalstaaten und deren Programme für sozialen Fortschritt grundlegend prägte. Der Fortschrittsgedanke wurde auch in internationalen Organisationen verankert, von denen viele in den letzten Jahrzehnten des 19. Jahrhunderts entstanden. So kam es zu der Überzeugung, Kriege könnten durch rationale Entscheidungsfindung vermieden werden. Die große Erschütterung kam mit dem Ersten Weltkrieg, der dem Glauben, mit technischem Fortschritt ginge moralischer Fortschritt einher, ein Ende bereitete.[8]

Die ursprüngliche Hoffnung der Aufklärung musste bald aufgegeben werden. Ein Fortschritt im Plural – *les progrès* – hatte keine Chance, da die Kluft zwischen der Effizienz technischer Lösungen und den langwierigen Prozessen, Menschen zur Kooperation zu bewegen, geschweige denn menschliche moralische Schwächen zu beheben, allzu offensichtlich wurde. Und doch haben technische Lösungen keineswegs an Attraktivität eingebüßt. Ungeachtet aller Vorbehalte ihr gegenüber sowie ihrer zahlreichen eloquenten Gegner, hat sich die Fortschrittserzählung als bemerkenswert lebendig und beharrlich erwiesen. Angesichts des praktischen Nutzens greifbarer technologischer Fortschritte, die langsam sämtliche Gesellschaftsschichten durchdrungen haben, lässt sich kaum behaupten, es finde kein Fortschritt statt. Für manche geschieht er sogar zu schnell und bringt Veränderungen mit sich, die sie kaum bewältigen können.

Die Genialität der Fortschrittserzählung liegt in ihrer impliziten Verbindung von technischem und sozialem Fortschritt, in der unausgesprochenen Behauptung, Letzterer werde unausbleiblich folgen. Technik galt immer als die Antriebskraft, die dem sozialen Fortschritt vorausging. Sie bot praktische, allseits sichtbare Lösungen und bekräftigte somit die eigene Führungsrolle. Von den im 19. Jahrhundert eingeführten Hygienemaßnahmen zur Gewährleistung sauberen Trinkwassers über Impfungen, Penizillin und die Vielzahl heutiger Antibiotika (unbenommen der wachsenden Antibiotikaresistenz), von der Glühbirne bis zur Waschmaschine, die über Nacht Millionen Frauen das Leben enorm erleichterte, von der Pferdekutsche bis zur Massenmobilität durch Flugzeuge: Die moderne Welt wird fest zusammengehalten von technischen Erfindungen, die mit sozialen Verbesserungen verwoben sind. In ihrer Gesamtheit haben sie unser Leben geprägt und die Moderne zum Synonym für Fortschritt gemacht.[9]

Die Sehnsüchte von Millionen Menschen hielten den Glauben an die Modernisierung am Leben und erneuerten die Glaubwürdigkeit der Fortschrittserzählung. Deren Schlüsselbotschaft – dass die Zukunft immer besser als die Gegenwart sein wird – blieb für einen großen Teil der Weltbevölkerung, angepasst an örtliche Gegebenheiten, attraktiv. Doch der Weg zu diesem Ziel ist voller Schlaglöcher, und heute ist nicht mehr klar, wohin er eigentlich führt. Wir haben eine Phase der Weltgeschichte erreicht, wo uns die zerstörerischen Folgen menschlicher Eingriffe in die Umwelt das Fortschrittsnarrativ abermals infrage stellen lassen. Technischer Fortschritt kann nicht mehr sauber von sozialem Fortschritt und ökologischer Nachhaltigkeit abgekoppelt werden. Auch wenn nicht zu leugnen ist, dass sich die Lebensqualität von Millionen Menschen auf der Erde verbessert hat, ist der Glaube, es werde weitergehen wie bisher, ins Stocken geraten.

So überzeugend sie in der Vergangenheit geklungen haben mag, wirkt die Botschaft der Fortschrittserzählung allmählich ein wenig gegenwartsfremd, etwa angesichts von extremen Wetterschwankungen oder der Fridays for Future-Bewegung und deren Appell an die Erwachsenen, endlich auf die Wissenschaft zu hören. Fragen wie »Welche Art von Fortschritt?« oder »Fortschritt für wen?« kommen auf, und nicht nur vonseiten derer, die Angst haben, zurückgelassen zu werden. So wie der Besitz eines Autos nicht mehr wie die Erfüllung eines Traums wirkt, gilt der Zugang zu Internet und Smartphone nicht mehr als Absicherung gegen die Risiken des Klimawandels. Da wir uns zunehmend multiplen und miteinander verbundenen komplexen Systemen gegenübersehen, ist ein inklusiverer, ganzheitlicherer und radikalerer Ansatz vonnöten.

Hat das Fortschrittsnarrativ seine einstigen Versprechen gebrochen? Wenn die Hälfte der Männer der US-amerikanischen Arbeiterschicht heute weniger als ihre Väter im selben Alter verdient, was bedeutet Fortschritt dann für diese Männer? Wenn die Hälfte von ihnen glaubt, ihren Kindern werde es wirtschaftlich schlechter gehen als ihnen selbst, was hält die Zukunft dann für sie bereit? Wann immer gelebte Erfahrung zu sehr hinter den jeweiligen Erwartungen zurückbleibt, kommen Zweifel auf und die Glaubwürdigkeit des Narrativs nimmt ab. Irgendwann entsteht Enttäuschung, und nach und nach verliert das Narrativ an Wirkkraft. Wird der imaginäre Vertrag zwischen Individuum und Gesellschaft erst einmal als gebrochen wahrgenommen und die versprochenen Güter werden nicht geliefert, baut sich Vertrauen schnell ab. Manche politischen und wirtschaftlichen Vertreter sind bereit, das anzuerkennen, und fragen, ob es ein neues Narrativ brauche. Andere eilen zur Verteidigung des bestehenden Narrativs und möchten es bestätigt sehen, indem sie auf seine empirische Gültigkeit pochen. Aus historischen Daten der letzten zweihundert Jahre folgern sie, es müsse lediglich der Glaube an Vernunft, Wissenschaft und Technik erneuert werden.

Dieser Aufgabe stellt sich Steven Pinker mit seinem Buch *Aufklärung jetzt*, worin er den menschlichen Fortschritt zur Unterstützung seiner Erzählung in 72 Grafiken und Tabellen kartiert.[10] So zeigt auf einer vertikalen Achse eine Kurve, in welcher der vielen Fortschrittsdimensionen sich das Leben verbessert hat, während die horizontale Achse die zeitlichen Entwicklungen anzeigt, also wann und wie schnell Verbesserungen erreicht wurden. Die Zahlen basieren größtenteils auf statistischen Daten staatlicher Behörden und internationaler Organisationen. Manche Kritiker haben hinterfragt, was diese Zahlen eigentlich abbilden und ob beispielsweise Gewalt wirklich so stark nachgelassen habe, wie von Pinker behauptet. Historiker haben Pinker wiederum bezichtigt, zu viele Gegentrends und Gegenbeispiele auszulassen. Das geht jedoch am eigentlichen Punkt vorbei, da die Grafiken allgemeine Tendenzen abbilden und die Beweise vorliegen: Für die meisten Menschen hat sich das Leben im Lauf der letzten anderthalb Jahrhunderte in der Mehrheit der erfassten Dimensionen tatsächlich verbessert.

Pinkers Argumente stehen auf wackeligeren Füßen, wenn sie erklären sollen, warum Fortschritt stattgefunden hat. Zwar dienen die Zahlen als solider Beweis einer allgemeinen Verbesserung, aber dass sich diese hauptsächlich aus den Ideen ergeben habe, die eine kleine Gruppe miteinander vernetzter Denker in der europäischen Aufklärung untereinander austauschte, können sie nicht belegen. Pinkers Eifer, die Aufklärung gegen vergangene wie aktuelle Feinde zu verteidigen, lässt ihn allzu selbstsicher werden. Triumphierend erklärt er: »Die Aufklärung hat *funktioniert* – möglicherweise handelt es sich um die größte kaum erzählte Geschichte aller Zeiten.«[11] Das Triebwerk menschlichen Fortschritts sei durch ein Paket von Werten gestartet worden: Wissenschaft, Vernunft, Humanismus. Heute müssten diese Werte gegen die zahlreichen Feinde des Fortschritts verteidigt werden, darunter Religion, Nationalismus, Populismus, theistische Moral, Mystizismus, Tribalismus, Romantik, zeitgenössische Intellektuelle und alle pessimistischen »Progressophoben«.

Derart weit ausholende und defensive Aussagen, so eloquent und leidenschaftlich sie auch formuliert sein mögen, können nicht die Defizite der Analyse wettmachen. Ein Appell für die Werte und Ideen der Aufklärung ist verständlich in einer Zeit, da diese erneut unter Druck geraten, doch einfache kausale historische Rückschlüsse sind immer zum Scheitern verurteilt. Ein Lob des Glaubens an die Aufklärung oder an jegliche andere Werteordnung muss gleichermaßen fehlschlagen, wenn nicht die breiteren wirtschaftlichen, sozialen und kulturellen Bedingungen sorgfältig überdacht werden, die gemeinsam die unumstrittenen Verbesserungen zum Nutzen der Menschheit hervorgebracht haben.

Wenden wir uns also kurz einem Vorläufer der Fortschrittserzählung zu: der Suche nach dem öffentlichen Glück, wie sie im 18. Jahrhundert aufkam. Dieses Geschehen vermittelt einen Eindruck davon, wie die imaginierte Zukunft damals aussah und wie sehr eine der Grundvoraussetzungen für die menschliche Existenz – Nahrung – als Mittel galt, um Glück für die Nation zu schaffen. Schlendern Touristen durch eine der Megastädte Südostasiens, mögen sie auf den Speisekarten ein bescheidenes Objekt bemerken: die Brotfrucht. Es gibt sie geröstet oder frittiert, mit Reis oder Curry, scharf, süß oder herzhaft. Wenn Touristen heute ihre Mahlzeit genießen, dürften sie sich kaum bewusst sein, dass diese stärkereiche Frucht, von Europäern erstmals im 18. Jahrhundert im südpazifischen Raum entdeckt, einst als fast grenzenlose Nahrungsquelle galt. Der Botaniker Joseph Banks, der später einundvierzig Jahre lang Präsident der Royal Society war, soll von seinen Reisen etwa 30 000 der Pflanzen mitgebracht haben. Er entsandte Botaniker, um für den botanischen Garten Kew Gardens in London Proben zu sammeln, und schwärmte davon, dass die Menschen auf Tahiti »vom Fluch ihrer Ahnen fast völlig befreit« seien. Man könne »wahrlich kaum sagen, sie verdienten ihr Brot im Schweiße ihres Angesichts«.[12]

Der Brotfrucht wurden derart wunderbare Eigenschaften zugeschrieben, dass sie in der kolonialen Vorstellung bald vom bloßen Nahrungsmittel zu einem

»Symbol eines einfachen und idyllischen Lebens« wurde, »frei von Sorgen um Arbeit oder Eigentum«. Die Brotfrucht galt als Nahrungsquelle, die keine Arbeit erforderte. Das machte sie unwiderstehlich für Plantagenbesitzer in der Karibik, deren Sklaven zusätzliche Arbeit auf den Anbau der eigenen Nahrung verwenden mussten. Die Brotfrucht, so die Kolonialherren, könne die Sklaven ernähren, die dann wiederum mehr Zeit für die Arbeit auf den Zuckerrohrplantagen hätten. So wurde die Brotfrucht zum Sinnbild der mächtigen Verschmelzung der kapitalistischen Logik des Plantagensystems und der aufklärerischen Fantasie eines Lebens ohne Arbeit.

Dies ist Teil der von Rebecca Earle packend erzählten Geschichte, wie sich Nahrung und Kolonialismus mit dem von den Denkern der Aufklärung so bezeichneten »Quantum Glück« verbanden.[13] Der Glaube an Quantifizierung wurde vom Bestreben begleitet, alles nur Messbare zu messen. Damals wie heute galt die Quantifizierung als überaus erstrebenswert. Was quantifiziert werden konnte, galt als objektiv und somit als den Staat und seine Herrscher legitimierend. Nach derselben Logik wurden zahlreiche Messzahlen für Glück erstellt und Letzteres messbar gemacht. Der schottische Agrarwissenschaftler John Sinclair ersann das »Quantum Glück«, um das Glück eines Staates anhand der addierten Zufriedenheit der Bevölkerung zu messen. Doch es gab klare Grenzen: Die Geografien des öffentlichen Glücks blieben deutlich innerhalb der kalten Logik des Kolonialismus. Die Kolonien und ihre Bewohner galten nicht als teilnahmeberechtigt und blieben von der *félicité publique* ausgeschlossen. Die Aufklärung, trotz ihres Anspruchs auf Universalität, traf in der praktischen Anwendung von Machtökonomie auf ihre Grenzen.

Durch die gesamte Aufklärung zog sich die Förderung von Glück als *der* eine große Erzählstrang. Glück zu fördern war jedermanns Pflicht, das Ziel des Jahrhunderts und nahezu ein Gemeinplatz. Einzelpersonen, aber noch stärker Regierungen, standen in der Pflicht, die Menschen glücklich zu machen. Die Fürstreiter neuer Nahrungsmittel und die Philosophen des Zeitalters waren sich darin einig, der direkteste Weg zu diesem Ziel sei die Versorgung der Menschen mit nahrhaften Lebensmitteln. Freilich lag Ironie in der Vorstellung, die Brotfrucht stehe für eine paradiesische Welt und müsse deshalb als Nahrungsmittel für die versklavte Bevölkerung dienen, die in der Karibik auf den Zuckerrohrplantagen geknechtet wurde. Als die Plantagenbesitzer das Interesse am Nährpotenzial der Brotfrucht verloren und die zugedachten Nutznießer von deren Vorteilen nicht so begeistert waren wie in der aufklärerischen Imagination ihrer Kolonialherren, verlor die Frucht allmählich ihre einstige zentrale Bedeutung.

Lebhaft erzählt Earle, wie Brotfruchtbäume schon bald zum Ziergewächs in britischen und französischen botanischen Gärten auf den Westindischen Inseln gerieten. Die Reise der Brotfrucht vom exotischen Lebensmittel zum Symbol von Wohltätigkeit, zu einem Emblem der europäischen Aufklärung und der Fülle der Natur, kam damit an ihr Ende. Bald wurde sie durch die Kartoffel ersetzt, besonders in Nordeuropa. Auf Schiffen wie der Bounty mussten nun keine Brotfruchtbaumstecklinge mehr transportiert werden, da Kartoffeln auch im europäischen Klima schnell und effizient gezogen werden konnten und gleichermaßen den Zweck erfüllten, die gesamte Bevölkerung zu ernähren.

Da der Wohlstand einer Nation von einer großen und gesunden Bevölkerung abhing, die dank des nahrhaften

Essens tatkräftiger zu arbeiten in der Lage sein sollte, kam es im Europa des 18. Jahrhunderts zu Hunderten von Untersuchungen, um den Nährwert von Pflanzen aus den Kolonien zu bestimmen. Ein besonders bemerkenswerter Fall war eine Gruppe wohlhabender Frauen, die 1799 in Madrid ein zehn Jahre dauerndes Experiment starteten, um den besten Ersatz für Muttermilch zu finden. Die Damen trugen Verantwortung für das Madrider Findelhaus. Als sie nicht genügend stillende Ammen für die Hunderten Säuglinge in ihrer Obhut fanden, erforschten sie Ersatzmittel, von Ziegenmilch über Eselsmilch bis hin zu einer neuen Pflanze, die als Säuglingsnahrung wärmstens empfohlen wurde, der ursprünglich aus Kuba stammenden Pfeilwurz. Leider hielt das Pulver seine Versprechen nicht, und nachdem ein Dutzend Säuglinge gestorben war, wurde das Experiment gestoppt.

Diese Projekte der aufklärerischen Imagination verdeutlichten den Nährwert von Lebensmitteln und ihre Fähigkeit, Produktivität wie auch Glück zu steigern. Als neues Wissen über den Wert von stärkereichen Nahrungsmitteln angesammelt wurde, gewann die Kartoffel hinsichtlich ihres Stärkegehalts und somit auch ihres Nährwerts.[14] Doch das »Quantum Glück«, einst so stolz als Ikone emporgehoben, blieb kläglich hinter den universalistischen Bestrebungen der europäischen Aufklärung zurück.

Die Geschichte von Brotfrucht und Kartoffel vermittelt uns etwas über die Rolle des menschlichen Körpers in der aufklärerischen Vorstellung einer glücklichen Zukunft und lädt zu einem Vergleich damit ein, wie sich diese Vorstellung mit der Zeit gewandelt hat. Die Industrialisierung begann mit der massenhaften und mechanischen Produktion von Gütern und weitete sich später auf die landwirtschaftliche Produktion aus. Die Maschine als Verkörperung von investiertem Kapital war noch immer auf den körperlichen Einsatz von Arbeitern angewiesen, die wiederum ernährt und bei guter Gesundheit gehalten werden mussten. Die Verbesserung ihrer Lebensumstände bildete den Kern der politischen Kämpfe, die mit der industriellen Revolution einhergingen. Das Fortschrittsnarrativ nahm weiter an Fahrt auf und begleitete den Aufstieg der Konsumgesellschaft. Fortschritt kam nie allen zugute, aber immerhin vielen. Die Brotfrucht geriet zum exotischen Artikel auf Speisekarten oder in botanischen Gärten, wohingegen Kartoffeln neben Reis und Weizen noch heute weltweit Millionen Menschen als Grundnahrungsmittel dienen, auch wenn sie niemand mehr mit öffentlichem Glück in Verbindung bringt.

Heute sind wir in der Phase der Automatisierung angelangt, der Industrie 4.0 und des Internets der Dinge. Es werden sehr viel weniger Arbeiter gebraucht, und auf der politischen Agenda stehen weder ihre Ernährung noch das öffentliche Glück. Vielmehr sind Regierungen bestrebt, Innovation zu fördern, mit Digitalisierung als hoher Priorität, und sicherzustellen, dass die Bevölkerung künftig notwendige digitale Fähigkeiten besitzt. Aber die Suche nach dem Glück ist nicht gänzlich aufgegeben. Sie wurde lediglich privatisiert. Von der Versorgung von Arbeitern mit stärkehaltiger Nahrung ist sie weitergezogen, hin zu den endlosen Möglichkeiten menschlicher Optimierung im Hinblick auf die physiologischen Funktionen des Körpers, kognitiver Leistung und Stimmungsaufhellung – allesamt im Dienst von Menschen, die sich einer hohen Lebenserwartung erfreuen können. Prognose-Algorithmen bieten eine neue Art von digitaler Ernährung in Form von Tipps für eine gesunde Lebensführung. Sie geben digitales Feedback, wie sich individuelles Glück – von der Glücksindustrie auf eine simple Dienstleistung reduziert – erreichen, behalten und weiter steigern lässt.[15] Zusätzlich kanalisiert werden Dienstleistungen, Therapien, Apps und andere Produkte der Glücksindustrie durch Therapeuten, Coache und selbsternannte Glücksexperten.[16] Statt Brotfrucht und Kartoffel statten uns heute Algorithmen mit unserem täglichen »Quantum Glück« aus und bringen uns sogar dazu, die berühmten 10 000 Schritte zu gehen.

Ein weiterer gravierender Unterschied gegenüber der Welt der vorherigen Jahrhunderte liegt in unserem Bewusstsein darüber, dass der Planet Erde begrenzt ist und wir bald eine Weltbevölkerung von acht Milliarden Menschen zu versorgen haben. Der expansionistische Antrieb des 18. Jahrhunderts konzentrierte sich darauf, was es noch zu entdecken und in Besitz zu nehmen gab – Pflanzen, Mineralien, Tiere, Menschen und Land. Die heutige Entsprechung zu den Reisen des Captain Cook sind die Erkundungen mit Wasserfahrzeugen, die den tiefen Meeresgrund auf Mineralien und neue Energiequellen hin untersuchen. Raumfahrzeuge sollen Mineralien vom Mond zurückbringen. Die Neugier über geografische Entdeckungen wurde ersetzt durch eine Neugier über eine digitale Spiegelwelt, voller interaktiver Avatare allen Daseins unseres Planeten.

Inzwischen bauen wir inmitten der Fragilität des natürlichen Ökosystems eifrig unsere digitale Nische aus. Statt Brotfruchtbäume um den Globus zu transportieren, richten wir Treuhandfonds für Kulturpflanzenvielfalt ein, Saatgutbanken und landwirtschaftliche Laboratorien, um wieder eine größere Vielfalt bei Nutzpflanzen und in den Ozeanen herzustellen, die durch den Klimawandel rapide dezimiert worden ist.[17] Ein von den Vereinten Nationen gestützter Bericht warnt, eine Million Pflanzen- und Tiergattungen seien vom Aussterben bedroht – eine ernste Bedrohung für Ökosysteme, auf die nicht nur Pflanzen und Tiere, sondern auch der Mensch angewiesen sind. Etwa 75 Prozent der weltweiten Landmasse und 66 Prozent der Ozeane sind bereits maßgeblich verändert, und durch den Klimawandel drohen immer mehr Gattungen auszusterben.[18] Städte werden unterdessen zu Zufluchtsorten für Tiere, die aufgrund rascher urbaner Expansion ihr natürliches Habitat verlieren. Darwin ist tatsächlich »in der Stadt« angekommen, da der Großstadtdschungel die Evolution antreibt.[19] Durch den vertikalen Anbau an Hochhäusern breitet sich auch die Landwirtschaft in Städten aus. Künstliche Intelligenz soll optimale Wachstumsbedingungen und Möglichkeiten eines höheren Ernteertrags erforschen. Mit CRISPR, einer neuen Technik zur gezielten Editierung der Gene, werden Pflanzen in einer Art und Weise modifiziert, wie sie für Züchter vergangener Jahrhunderte unvorstellbar gewesen wäre.

Dass wir all dies als Fortschritt bezeichnen, zeigt, wie sehr uns die Fortschrittserzählung, gewachsen aus aufklärerischen Vorstellungen voller Ehrgeiz und Wahnwitz, voller Ideale und Gier, noch immer begleitet. Aber die Herausforderungen und Zweifel nehmen zu. Das Streben nach dem öffentlichen Glück haben wir aufgegeben und überlassen es nun jedem Einzelnen, das seinige zu finden. Aber wo ist unser gemeinsames Ziel, wo eine gemeinschaftliche Vorstellung von einer digitalisierten Zukunft?

MENSCHLICHE OPTIMIERUNG, KONTROLLE UND FÜRSORGE

Um zu verstehen, wie das Fortschrittsnarrativ so dominant werden konnte, müssen wir zu seinem normativen Kern vordringen. Das Narrativ stellt Fortschritt als naturnotwendige Kraft dar, die dem tief sitzenden Wunsch nach einer Verbesserung der menschlichen Existenz entspringt. Seinen Ausgang nahm es bei existenziellen materiellen Bedingungen und entwickelte sich über Pfade, die durch eine Kombination aus technischen Erfindungen, menschlichem Willen und planerischer Weitsicht im Lauf der Moderne festgelegt wurden. Nun haben wir ein Stadium erreicht, in dem sich weitere Verbesserungen zunehmend auf die Optimierung menschlicher Fähigkeiten konzentrieren, das sogenannte Human Enhancement. Ausdruck findet das in der Sehnsucht nach einem perfekten Körper und einem schärferen Verstand, in dem Wunsch nach einem längeren und gesünderen Leben, nach einer Verlangsamung des Alterungsprozesses oder sogar nach dem Fantasieland des Transhumanismus, das uns der Unsterblichkeit näher rücken lässt.

Die Herausforderungen für die Fortschrittserzählung ergeben sich aus einer zunehmenden Komplexität, die im Widerspruch zur Vorstellung eines linearen Prozesses steht. Verbesserung gilt noch immer als wünschenswert, aber nicht mehr als ausreichend, solange wir sie nicht entlang einer geraden Linie von Gut zu Besser abbilden können, ohne dabei andere Veränderungen und die unbeabsichtigten Folgen menschlichen Handelns miteinzubeziehen. In seinem Buch *The Collapse of Complex Societies* beschreibt der Anthropologe Joseph Tainter, wie menschliche Gesellschaften zunehmend komplexe

Strukturen entwickeln. Sein Hauptargument baut auf der Idee auf, dass soziale Komplexität abnehmenden Erträgen unterliege. Immer kleinere Gewinne kosten immer mehr, und der Erhalt komplexer Gesellschaften verlangt nach immer weiteren Ressourcen. Mit einem äußeren Ereignis als Auslöser brechen diese Gesellschaften irgendwann zusammen.[20]

Man muss sich keinem der Großnarrative verschreiben, die den vertrauten Aufstieg und Zusammenbruch großer Zivilisationen erzählen. Eine wachsende Anzahl von Wissenschaftlern hinterfragt die Vorstellung eines »Zusammenbruchs« inzwischen dahingehend, ob sie nicht eine einseitige Auslegung begünstige. Berücksichtigt man die Erfahrung der am stärksten Betroffenen, lassen sich die Abläufe von ökologischer Überlastung und dem entscheidenden Schlag durch eine Naturkatastrophe eher als eine Fragmentierung zentralisierter Machtstrukturen begreifen, infolge derer sich eine Bevölkerung in umliegende Gebiete zerstreute und sich dabei oftmals von Zwangsarbeit befreite.[21] Einigkeit besteht jedoch darüber, dass sich menschliche Gesellschaften weiterentwickelten, indem sie komplexe innere Strukturen bildeten. Nach wie vor finden Archäologen in entlegenen Teilen der Welt Reste von enorm komplexen Gesellschaften, die vor Tausenden von Jahren verschwanden. Offenkundig waren diese Gesellschaften vulnerabel und nicht nachhaltig, eine Botschaft, die in zeitgenössischen Sorgen großen Nachhall findet.

Angesichts solcher Zeitskalen ist das Fortschrittsnarrativ jung. In der Moderne erfüllte es seinen Zweck, doch heute stellt sich die Frage, ob es in Anbetracht der Komplexität unserer hochgradig vernetzten globalen Welt noch aufrechterhalten werden kann. Der normative Kern der Fortschrittserzählung wird maskiert, da er nicht fähig ist, die Nachteile der unbeabsichtigten Folgen von Fortschritt anzuerkennen. Nur indem sich das Narrativ wertfrei und neutral gibt, kann es die Kehrseite des Fortschritts und dessen Kollateralschäden umgehen. Zur Rechenschaft kann es sich nicht ziehen lassen, da seine Glaubwürdigkeit ansonsten leiden würde. Also muss sich das Narrativ weiter als der einzige Weg in eine leuchtende Zukunft präsentieren, der allen offensteht und insistieren, dass die Chancen nur ergriffen werden müssten. Der soziale Fortschritt folgt dann auf dem Fuß, ganz nach dem Motto: Dumm gelaufen, aber Fortschritt geht trotzdem weiter.

Doch die Fortschrittserzählung hat eine verborgene Seite, die sie nur implizit preisgibt, nämlich das Versprechen, dass mit einer fortschreitenden Verbesserung auch mehr Kontrolle verbunden ist. Die Frage der Kontrolle wird dann augenscheinlich, wenn diese versagt, wenn technische Systeme zusammenbrechen oder ein System offenkundig nicht hält, was es halten sollte. Implizit geht es im Fortschrittsnarrativ darum, das Kontrollspektrum zu erweitern. Natürlich ist Kontrolle nie absolut und kann nie vollständig gewährleistet werden. In vielen Fällen entpuppt sie sich als Illusion. Wenn Kontrolle versagt, geschehen Unfälle, und eine rückblickende Analyse soll vermeiden, dass sie sich in der Zukunft wiederholen. In dieser Hinsicht hat es zweifelsohne Fortschritt gegeben. Zumindest in den hochindustrialisierten Ländern wurde in der Unfallprävention viel erreicht. Ob Kontrolle der Maschinen oder an den Schnittstellen zwischen Menschen und Maschinen, der Kontrolle von Lawinen, Überschwemmungen oder anderen Naturkatastrophen, oder im medizinischen Bereich – überall wurden Schutzvorrichtungen errichtet, mit den entsprechenden präventiven

Maßnahmen, Protokollen, Checklisten und Schulungen. Unfälle geschehen zwar immer noch, doch Unfallprävention steht an erster Stelle. In dieser Hinsicht hat sich das Fortschrittsnarrativ voll bewährt.

In soziotechnischen Systemen ist Kontrolle jedoch eine größere Herausforderung. Der Öffentlichkeit wurden die Grenzen erstmals durch den radioaktiven Abfall bewusst, den die militärische Produktion von Atombomben und später die zivile Produktion von Nuklearenergie hinterließ. Die Halbwertszeit radioaktiver Substanzen liegt außerhalb menschlicher Kontrolle, weshalb der Abfall an als sicher geltenden Standorten aufbewahrt werden muss. Manche davon sind mit speziellen Warnschildern ausgestattet, in der Hoffnung, zukünftige Generationen oder sogar andere Zivilisationen werden in der Lage sein, sie zu lesen und zu verstehen. Vergraben an verlassenen und hochgesicherten Orten, stellen sie eindrucksvolle Monumente dar, wie die nach dem Nuklearunfall im japanischen Fukushima errichteten Sicherheitsbehälter. 1979 kam es bei einem Unfall im US-Kernkraftwerk Three Mile Island in einem Reaktor zu einer partiellen Kernschmelze und infolge zu einem Strahlungsaustritt. Der Vorfall sorgte weltweit für Entsetzen, verlieh der Antiatomkraft-Bewegung Aufschwung und führte zu ernsthaften Untersuchungen über das Wesen komplexer Systeme und den Umgang mit ihnen. Drohen komplexe Systeme zusammenzubrechen, kann man heute nicht mehr allein auf »menschliches Versagen« verweisen. So schneiden bei Unfällen beispielsweise lose gekoppelte Systeme sehr viel besser ab als eng gekoppelte.[22]

Die lineare Logik der Fortschrittserzählung kann mit der Nichtlinearität, die grundlegend für die Dynamiken komplexer Systeme ist, nicht in Einklang gebracht werden. Diese augenscheinliche Diskrepanz erweckt Bedenken, wie groß die menschliche Ignoranz gegenüber radikaler Ungewissheit eigentlich ist. Die Prämisse von Linearität, Basis einer kontrollorientierten technokratischen Ordnung, macht somit eine Politik der Ungewissheit erforderlich, die wiederum einer Kultur der Fürsorge den Weg ebnen könnte.[23] Mitunter werden politische Entscheidungsträger aufgefordert, »Technologien der Demut« einzuführen, mit denen sich die Grenzen wissenschaftlichen Wissens einschätzen und Lösungen finden lassen, wie man angesichts einer nicht auflösbaren Ungewissheit am besten handeln solle.[24] Das jüngste Beispiel einer solchen Situation waren die Covid-Pandemie und die hilflosen Reaktionen vieler Regierungen. Die Pandemie offenbarte die globale Wechselwirkung von Gesundheit und Wirtschaft sowie deren Anfälligkeiten in einem instabilen geopolitischen Kontext. Wenn niemand weiß, wie mit den Langzeitfolgen der Pandemie umzugehen ist, weder auf lokaler noch auf globaler Ebene, hat das Fortschrittsnarrativ wenig zu bieten.[25]

In Zukunft erwarten uns mehr solcher Dilemmas. Epidemiologen warnen vor weiteren Epidemien. In vielen Fällen können Daten aus der Vergangenheit als verlässlicher Leitfaden für die Zukunft dienen und helfen, uns auf die bekannten Unbekannten vorzubereiten, etwa Erdbeben oder Epidemien. Diese Ereignisse treten mit hoher Wahrscheinlichkeit wieder auf, aber niemand weiß, wann. Es sind aber die unbekannten Unbekannten, diese überaus seltenen Ereignisse, deren Tragweite oftmals riesig ist. Unbekannt sind sie in dem Sinn, dass sie bislang noch niemals eingetreten sind, was ihre Vorhersage unmöglich macht. Doch selbst wenn korrekte Daten es schaffen, uns rechtzeitig zu warnen, fallen derlei Warnungen möglicherweise in ein institutionelles Vakuum, wenn sie nicht befolgt werden oder es an Vorbereitung mangelt.

Vorbereitung fängt im Kopf an, doch das Fortschrittsnarrativ stößt auf ein weiteres Hindernis. Ist die Auseinandersetzung mit komplexen Systemen schon in der Gegenwart schwierig, wird die Vorstellung von Kontrolle angesichts der Komplexität der Zukunft fast zum Ding der Unmöglichkeit. Forschung ist von Natur aus ein ungewisser Prozess, und auch Innovation ist im Hinblick auf ihre Resultate voller Ungewissheiten. Je mehr wissenschaftlich-technische Möglichkeiten verfügbar werden, umso mehr neuartige Kombinationen entstehen, und nur ein Bruchteil des Machbaren wird umgesetzt. Um nur ein Beispiel zu nennen: Wir stehen kurz vor Durchbrüchen im Bereich der Quantencomputer, einst hauptsächlich ein theoretisches Kuriosum, das potenziell aber Probleme lösen kann, die auf einem klassischen Computer unverhältnismäßig viel Zeit benötigen würden. Wir haben keinerlei Ahnung, wie sich Quantencomputer zukünftig auf die Gesellschaft auswirken werden oder wie diese sie einsetzen wird.

Dass die Zukunft inhärent ungewiss bleibt, ist nirgendwo so augenscheinlich wie in der biologischen Evolution. Kein Telos, kein Endzweck gehört zu ihrem Wesen. Manche Organismen, etwa Bakterien, existieren ohne große Veränderung seit Jahrtausenden, andere sind ausgestorben oder es kam zu einer neuen Artenbildung. Die natürliche Auslese bleibt ein Schlüsselmechanismus mit willkürlichen wie gezielten Mutationen, Gendriften, epigenetischen Kräften und anderen, feiner abgestimmten Prozessen auf unterschiedlichen Ebenen des Lebens. Biologische Evolutionsprozesse sind nicht dieselben wie die der kulturellen Evolution, und doch wächst das Bewusstsein dafür, dass das Konzept biologischer Evolution erweitert werden muss, um auch die Umwelt und letztendlich die Gesellschaft miteinzubeziehen.[26] Die Evolution hat einige der stabilsten Mechanismen hervorgebracht, um gegenüber äußeren Veränderungen bestimmte Charakteristika zu erhalten. Zugleich erzeugt sie weiterhin Neues, experimentiert spielerisch mit neuen Möglichkeiten, um herauszufinden, was unter welchen Bedingungen funktioniert.

Innerhalb eines solchen evolutionären Rahmenwerks ergibt die Vorstellung von Fortschritt wenig Sinn. Und trotzdem kam es in der langen, von Versuch und Irrtum geprägten Geschichte biologischer Evolution zum unwahrscheinlichen Ereignis der kulturellen Evolution. Die menschliche Gattung, selbst evolutionäres Ergebnis mehrerer Abstammungslinien von Vorläuferspezies, entwickelte Sprache, Bewusstsein und kognitive Fähigkeiten, die schließlich die moderne Wissenschaft und Technik hervorbrachten. Seither hat die kulturelle Evolution die biologische überholt. In unserer Entwicklung als Spezies hat sie uns nun an den Punkt gebracht, an dem wir mithilfe von Rechenmaschinen zukünftige Ereignisse vorhersagen können.

In ihrer Analyse der großen Übergänge in der Evolution ermittelten John Maynard Smith und Eörs Szathmáry, welche Züge den unterschiedlichen evolutionären Stadien gemein waren, von den ersten sich reproduzierenden Molekülen über mehrzellige Organismen bis hin zu Eusozialität und dem Entstehen der Sprache. Kleine Einheiten finden einander, um größere zu bilden, was zu Differenzierung führt. Das auffälligste Merkmal jedes größeren evolutionären Übergangs ist jedoch eine neue Art der Informationsübermittlung, ob nun DNA-

Proteine, Zellvererbung, Epigenetik oder eine einheitliche Grammatik in der Sprache übermittelt werden. Diese Veränderungen sind überaus bedeutsam, da sie ein neues evolutionäres Stadium einleiten. Hierbei handelt es sich nicht einfach um »Fortschritt« in dem Sinn, dass Überlebenschancen oder die Fortpflanzungsfähigkeit verbessert würden. Vielmehr gewinnen die Muster evolutionären Wandels klar an Komplexität.[27]

Neue Wege der Informationsübermittlung kennzeichnen auch die Rechenleistung hinter jenen technologischen Meisterstücken, die heute fast Alltagsroutine sind. So brachte etwa Ende 2020 die chinesische Raumsonde Chang'e-5 Mondstaub- und Gesteinsproben von einer bislang unerforschten Region der Mondvorderseite zurück zur Erde. Das jüngste algorithmische Programm des KI-Systems AlphaFold kann die kniffeligen Probleme von 3-D-Proteinstrukturen exakter und schneller ermitteln, als es Experimente vermögen. Im Rahmen der Arbeit des COVID-19-High-Performance-Consortium wurden, wie erwähnt, Supercomputer eingesetzt, um die über eine Milliarde möglichen therapeutischen Moleküle auf ein paar Tausend zu reduzieren. Und – als jüngstes Beispiel – die *Perseverance*-Mission überträgt faszinierende Informationen über die Marsoberfläche und andere örtliche Bedingungen direkt vom Mars selbst.

Doch in Anbetracht der inhärenten Ungewissheit der Zukunft kann kein Algorithmus das Unvorhersehbare vorhersehen. Wir haben keine Kontrolle über die Kreisläufe in Atmosphäre und Ozeanen, die den Klimawandel antreiben. Und obwohl uns die Fortschrittserzählung weiter einflüstert, dass wir irgendwann auch diese letzte Grenze unter unsere Kontrolle bringen werden, bleibt die Zukunft doch ungewiss. Simulationen komplexer Systeme mit echten Daten helfen uns dabei, unseren Blick zu weiten. Trotzdem können wir uns nicht mehr vor der Tatsache verstecken, dass wir die Sache nicht vollständig im Griff haben. Komplexe Systeme sind größtenteils selbst organisierend. Dadurch gerät eine Verteidigung der angeschlagenen Fortschrittserzählung zum aussichtslosen Unterfangen, solang diese weiterhin darauf beharrt, die Menschheit sei wohlhabender und gesünder denn je. Grafiken und Kurven, die Verbesserungen abbilden, decken sich nicht mit der Wahrnehmung von Menschen darüber, ob es ihnen besser oder schlechter gehe. Zwischen subjektiver Wahrnehmung und statistischen Aussagen bleibt eine Kluft.

Der Gesundheitsforscher Hans Rosling konnte Fakten und Zahlen wunderbar kommunizieren, und auch er versuchte, sein Publikum zu überzeugen, dass es der Welt heute besser gehe. Trotz der Rückschläge und Schrecken des 20. Jahrhunderts, so Rosling, habe die Menschheit in den letzten anderthalb Jahrhunderten Fortschritte gemacht. Fortschritt sei real und keine Frage eines Abwägens von Optimismus und Pessimismus. Roslings Konzept der »Factfulness« bedeutete für ihn anzuerkennen, dass Fortschritt zwei Seiten habe, »schlecht und besser«. Damit meinte er, dass wir in unserer Gesamteinschätzung dessen, was sich verbessert hat und welche Art von Fortschritt erreicht worden ist, auch die Nachteile miteinbeziehen müssten, jene unerwünschten Effekte, die mit einer Verbesserung der Dinge zwangsläufig einhergingen. Mit skandinavischer Bescheidenheit und Ehrlichkeit bezeichnete er sich als »Possibilisten«, als jemanden, der weder grundlos hofft noch fürchtet.[28]

Bevor wir jedoch gleich die gesamte Fortschrittserzählung in den Papierkorb der Geschichte geben, sollten wir uns fragen, ob nicht manche Teile von ihr bewahrenswert sind, um aus ihnen in anderer Form Neues zu schaffen. Die Erzählung funktioniert nicht mehr, weil sie ihren Kurs nicht ändern und angesichts bevorstehender Herausforderungen keinen ganzheitlichen Ansatz wählen kann. Sie kann keine hoffnungsvolle Botschaft fortschreitender Verbesserung vermitteln, solang ihr scheinbar unüberwindbare Probleme den Weg blockieren. Genauso wenig kann sie einen glaubhaften Entwurf präsentieren, wie sich Probleme im Umgang mit komplexen Systemen lösen lassen, solang sie weiter starr ihre alte Linie vertritt.

Ein Überrest der Fortschrittserzählung, der weiter analysiert und neu bewertet werden muss, ist ihre Nachfrageseite, der hartnäckige menschliche Wunsch nach einem besseren Leben und ständiger Verbesserung. Diese Nachfrage ist unerschöpflich, weil menschliche Wünsche und Begehren endlos sind. Je mehr Güter und Vergnügungen geboten werden, umso angeregter sehnt sich die Imagination nach weiteren. Der Kapitalismus in seinen hoch anpassungsfähigen Formen floriert, indem er diese Unersättlichkeit menschlicher Wünsche und Bedürfnisse für sich nutzt. Damit sich die Spirale der Wünsche weiter nach oben dreht, eignen sich digitale Technologien ideal; sie schaffen neue Zutritts- und Austrittspunkte zwischen der virtuellen und der echten Welt, zwischen dem Spiel der Imagination und der Arbeit, die die Wirtschaft am Laufen hält.

Was mit der Befriedigung der grundlegendsten existenziellen Bedürfnisse begann, hat sich zum Wunderland des Konsumdenkens entwickelt, wo man aus einem endlosen Angebot an digitalen Geräten wählt, vom Nützlichen bis zum Albernen, vom Sinnfreien bis zum Pädagogischen. Wir können uns aber auch für die Vision einer besseren Gesellschaft und für eine ernsthafte Diskussion des Weges dorthin entscheiden, wie es etwa das International Panel on Social Progress getan hat. Ein derartiges Ziel ist ein enormes Unterfangen, das technische Aspekte mit denen sozialer Gerechtigkeit vereint, gestützt vom Glauben, dass eine solche Gesellschaft möglich ist.[29]

Zusätzlich gestärkt, wenn auch aus anderer Richtung, wird der nachlassende Fortschrittsglaube durch die wissenschaftliche Gemeinschaft, die sich ohnehin stets nach der eigenen, allein nach wissenschaftlichen Kriterien bestimmten Definition von Fortschritt gerichtet hat. Das Fortschrittsnarrativ der breiteren Öffentlichkeit hatte man hier begrüßt, weil es die Wissenschaft förderte, ansonsten hielt man es kaum für relevant. Entwicklungen der jüngeren Vergangenheit haben jedoch ein bemerkenswertes Umdenken ausgelöst. Durch neue Techniken wie CRISPR, die eine präzise Geneditierung ermöglichen, erweitert sich die menschliche Kontrolle über Leben und lebendige Organismen rapide. Bei Säugetieren wird Geweberegeneration ermöglicht, indem Zellen auf einen »jüngeren« Zustand umprogrammiert werden, der sie beschädigtes Gewebe reparieren oder ersetzen lässt. Diese und viele weitere Eingriffe demonstrieren die erstaunlichen Fortschritte von Wissenschaft und Technik in der bewussten Veränderung von Natur, in unserem Inneren wie im Äußeren.

In jedem Fall ist die Wissenschaft in der Mitte der Gesellschaft angekommen, und die Gesellschaft möchte mitdiskutieren, was Wissenschaft heute bewerkstelligen kann. Nutzer, Patienten, Umweltschützer, Gruppen mit Partikularinteressen, Regierungen und Gerichte – alle wollen sich Gehör verschaffen. Die Gesellschaft widerspricht der Wissenschaft und die Wissenschaft ist verpflichtet zuzuhören. Technokratische Expertise allein wird nicht mehr akzeptiert und reicht auch nicht mehr aus, um Entscheidungen zu legitimieren. Scheinbar endlose Beratungen und Auseinandersetzungen um regulatorische, rechtliche, finanzielle und weitere Kontrollmechanismen mögen ermüdend wirken, sind aber unumgänglich. Denn die Entwicklung von Beobachtungs- und Kontrollsystemen für etwas, was sich nicht komplett kontrollieren lässt, erfordert eine größere Bereitschaft, denjenigen zuzuhören, die von Entscheidungen betroffen sind, die sie selbst nicht treffen. Hierzu braucht es mehr, als lediglich ethischen Forschungsrichtlinien zu folgen, so unentbehrlich diese auch sind. Eine neue Kultur scheint im Entstehen begriffen zu sein. Es bleibt abzusehen, ob es sich um eine Kultur der Rechenschaft handeln wird oder um eine der Fürsorge.

Vergleichbare Diskussionen werden über die Überwachung durch digitale Technologien geführt, insbesondere darüber, wie viel Autonomie den Maschinen übertragen werden kann und wie sich vermeiden lässt, dass die Maschinen die Kontrolle über Menschen erlangen. Ein Problem, das immer dann auftritt, wenn sich eine größere technische Panne oder sogar Katastrophe ereignet, ist die Rechenschaftspflicht. Durch die Verflechtung technischer Fehler und menschlichen Versagens wird die Frage verwischt, wer die Kontrolle hat oder haben sollte und somit zur Rechenschaft verpflichtet ist, was die Entwicklung angemessener und durchsetzbarer regulatorischer Mechanismen zur Herausforderung macht. Doch je weiter ein Narrativ des Neuen und der Innovation in die Lücke drängt, die einst von der Fortschrittserzählung eingenommen wurde, umso mehr müssen diese Fragen befriedigend beantwortet werden.

Wissenschaft und Technik haben eine Mannigfaltigkeit zukünftiger Möglichkeiten erschlossen. Der theoretische Biologe Stuart Kauffman hat das Konzept des »Nächstmöglichen« eingeführt. Kauffman fragte, wie die Evolution mit Big Data gearbeitet habe, und führte als Beispiel die ungeheure Menge möglicher Kombinationen und Permutationen von Proteinen an, die es brauchte, um ebenjene Formel zu entwickeln, die Leben bildet.[30] Wenn die Biosphäre sich weiter ausdehnt, um die Diversität zu erhöhen, wie tut sie das und mit welcher Geschwindigkeit? Inmitten der exponentiellen Möglichkeiten können, je weiter wir uns in die Zukunft hineinbewegen, umso mehr mögliche Technologien erfunden und umso mehr mögliche Gedanken gedacht werden, sodass die Teilmenge des Tatsächlichen schließlich nur noch ein Bruchstück des Realisierbaren darstellt.

Das Nächstmögliche beginnt an der Grenze, wenn wir von einem Datensatz ausgehend benachbarte Datensätze betrachten. Das Nächstmögliche bildet den Raum, den es auf der Suche nach dem Neuem zu erkunden gilt. Dabei wird von der Grenze des Bekannten ausgegangen, um die nächste neue Idee oder das nächste neue Ding zu entdecken.[31] Doch das Nächstmögliche beansprucht nicht, aussagen zu können, wie viel Kontrolle wir über die Zukunft ausüben können. Diese Vorstellung wäre absurd, weil sich die Zukunft nicht kontrollieren lässt. Trotzdem wird die Zukunft durch Vorhersagen herausgefordert, da diese auf größere Kontrolle ausgelegt sind. Prognose-Algorithmen sollen uns dabei helfen, besser vorbereitet zu sein; aber wie wir gesehen haben, können sie uns auch in die Irre führen, wenn wir ihnen eine nicht gerechtfertigte Handlungsmacht zuschreiben.

Vielleicht brauchen wir kein Fortschrittsnarrativ mehr, wie das der Aufklärung. Diese Erzählung hat uns gut gedient, den Fortschritt hervorzubringen, der seit damals zweifelsohne stattgefunden hat. Zugleich hat sie jedoch all jene enttäuscht, die an Versprechungen glaubten, die nicht eingelöst wurden. Vor allem hat sich die Fortschrittserzählung als nicht flexibel genug erwiesen, um sich an die großen Veränderungen und künftigen Herausforderungen anzupassen, die uns im verbleibenden 21. Jahrhundert noch erwarten. Soll sich die Erzählung halten, muss sie zu einer Gesellschaft sprechen, deren Pluralismus und Bedürfnisse sie in sich aufzunehmen vermag. Wenn wir den Fortschritt im digitalen Zeitalter neu denken wollen, konfrontiert uns das mit der Ungewissheit, wohin unsere Interaktion mit digitalen Maschinen führen wird. Die Realität zwingt uns, die Fantasie einer menschlichen Herrschaft oder vollständigen Kontrolle unseres Handelns und Planens aufzugeben. Stattdessen lädt sie uns dazu ein, die Fähigkeit zu kultivieren, mit Ungewissheit zu leben.

Das Streben nach dem öffentlichen Glück mithilfe der Brotfrucht und Kartoffeln war eine herbe Enttäuschung und erreichte nie ihr Ziel. Im Rückblick mag es sich um einen jener unmöglichen Träume der Aufklärung handeln, der die Grenzen technischer Lösungen aufzeigt. Das sollte uns jedoch nicht davon abhalten, uns erneut um das Gemeinwohl zu bemühen, dieses Mal in planetarischem Maßstab. Die Fortschrittserzählung hat uns auf dem bisherigen Weg der Menschheit begleitet. Zweifelsohne wurde viel erreicht. Das vertraute Narrativ hat unsere Illusion der Kontrolle über die Natur genährt und eine menschgemachte, technische Welt auf Kosten der Umwelt hervorgebracht. Nun müssen wir die Kehrseiten anerkennen. Die Sehnsucht nach einer Verbesserung der menschlichen Existenz besteht unterdessen fort. Jegliches neue Narrativ muss Verantwortung und die Grenzen menschlicher Kontrolle umfassen, aber auch Raum lassen, um die Erweiterung dieser Kontrolle neu zu definieren. Kontrolle muss in ein Gleichgewicht mit Fürsorge gebracht werden. Wir lernen durch Handeln, durch Praxis und Anwendung, in anderen Worten: durch Experimente. Und wenngleich Kontrolle Vorhersagen umfasst und zunehmend auf diese angewiesen ist, bedarf auch die Vorhersage selbst der Kontrolle.

4
ZUKUNFT BRAUCHT WEISHEIT

WARUM WEISHEIT VONNÖTEN IST

Manchmal tut sich ein Satz auf, der sich erst allmählich entfaltet und einem bleibt. Das geschah mir auf der Rückreise von einer Konferenz zur Zukunft der KI, als ich beschloss, ein Haiku zu schreiben. Ausgelöst wurde dieses mir unvertraute Bedürfnis durch die Haikus, die eine KI für die Konferenz verfasst hatte und die mir zugegebenermaßen ein wenig banal erschienen. Aber entscheiden Sie selbst. Für die beiden Konferenzgruppen – »Künstlich« und »Intelligenz« benannt – hatte die KI Folgendes verfasst:

Gruppe 1: Künstlich	*Gruppe 2: Intelligenz*
Endlich neue Welt	Schnelle Wirklichkeit
Künstliche Delegierte	Wo Intelligenz erfasst
Publikum Menschheit	Perfekte Gefahr

In meinem eigenen Haiku, dem ersten je von mir verfassten, verband ich die Begriffe der beiden Gruppen und ihres jeweiligen Haikus und kam zu folgendem Ergebnis:

Künstliche Intelligenz
Menschen gemeinsam
Algorithmus nicht sichtbar
Zukunft braucht Weisheit

Angesichts der Fähigkeit des menschlichen Gehirns, in sinnfreien Mustern Sinn zu finden und bedeutungslosen Wörtern Bedeutung zuzuschreiben, könnten wir uns weiter in die Ergüsse der KI vertiefen. Wir könnten endlos raten, was die »künstlichen Delegierten« zu sagen hätten, müssten sie vor dem »Publikum Menschheit« sprechen, oder was genau Intelligenz eigentlich erfasst und welche perfekten Gefahren das mit sich bringt. Aber darum geht es nicht. Anknüpfend an die letzte Zeile meines eigenen Haikus möchte ich lieber Gründe vorbringen, warum die Zukunft Weisheit braucht.

Diese Aussage ließe sich anfechten. Wie viel Platz kommt Weisheit in zeitgenössischen Gesellschaften schließlich schon zu, geschweige denn dem Gefühl, sie könne vonnöten sein? Weisheit wirkt wie ein Überbleibsel aus einer vorneuzeitlichen Welt, das lange bevor Wissen aufgeschrieben oder kodifiziert wurde und noch viel länger bevor die Wissenschaft als Hauptproduzent neuen Wissens in Erscheinung treten konnte entstand. Weisheit assoziieren wir mit mündlichen Traditionen, in denen die Stammesältesten Wissen bewahrten und an die Jüngeren weitergaben. Vielleicht wurde es auch in zeitlosen Sprichwörtern und obskuren Manuskripten festgehalten. Auch heute erkennen wir Momente, in denen wir in unschlüssigen oder schwierigen Situationen weise Ratschläge erhalten, eine Weisheit, die Menschen mit reicher und vielfältiger Erfahrung und einem dadurch geschärften Urteilsvermögen großzügig teilen. Sie sind dabei weder durch eigene Interessen noch durch Interessen ihnen Nahestehender gebunden. Dass es diese Menschen gibt, ist sicherlich gut, aber man darf nicht erwarten, dass ihr weiser Rat bei Bedarf auch immer zur Verfügung zu stehen hat.

Die Weisheit, auf die ich mit meinem Haiku abziele, ist anderer Natur. Sie setzt sich aus einer Reihe von Haltungen und Praktiken zusammen, die Institutionen und Organisationen durchziehen, und zwar durch sämtliche Ebenen eines Systems. Es handelt sich um ein Ethos gemeinsamer Praktiken, das fortwährend kultiviert, angepasst und verfeinert wird, um je nach Situation angemessen angewendet werden zu können. Es ähnelt dem Kathedralendenken insofern, als es die Talente und Fähigkeiten einzelner Menschen bündelt, um eine ergebnisoffene Arbeit voranzubringen, die der vereinten Kräfte aller Beteiligten bedarf. Deshalb muss diese Art von Weisheit ein institutioneller Bestandteil sein, eine wiedererkennbare systemische Eigenschaft. Sie zeichnet sich dadurch aus, dass sie gleichzeitig nach vorne und zurück blicken kann und ein Gleichgewicht zwischen der Dringlichkeit des Jetzt und einer langfristigen Betrachtung zu schaffen vermag.

Zurückzublicken bedeutet, auf den Erfahrungsreichtum zurückzugreifen, den die Menschheit in der Vergangenheit angehäuft, selektiv gelagert und in physischen Artefakten bewahrt hat, in Ritualen und Texten vielerlei Art, geschrieben in mannigfaltigen Sprachen und Genres und über die ganze Welt verteilt. Dieses Erbe ist so wertvoll, weil es überliefert, was wir als Kultur bezeichnen, das Spektrum all der Ausdrucksformen menschlicher Kreativität. Ähnlich zu dem, was in der biologischen Evolution passiert, wo die in Genen und deren regulatorischen Netzwerken codierte Informationsübermittlung grundlegend für die Existenz künftigen Lebens ist, bildet Kultur einen wesentlichen Teil dessen, woher wir kommen und wer wir sind. Ebenso wie die Natur es schafft, ultrakonservativ wesentliche Elemente von Leben speziesübergreifend über lange Zeit zu erhalten, aber gleichzeitig zu experimentieren, um Neues hervorzubringen, baut auch kulturelles Erbe auf Tradition auf, steht aber zugleich für Innovation, und zwar immer dann, wenn wir erfolgreich Elemente der Vergangenheit mit den kreativen Impulsen der Gegenwart neu kombinieren.

Andrea Nanetti zufolge muss kulturelles Erbe mit Künstlicher Intelligenz und mit maschinenlernenden Algorithmen in Einklang gebracht werden, damit der menschliche Erfahrungsschatz wahrhaftig kulturübergreifend und vielsprachig entschlüsselt und verschlüsselt werden kann. Das umfasst sehr viel mehr, als alte Bücher und Manuskripte zu scannen, mehr als das mühsame Übersetzen und Digitalisieren von Sprachen, die heute niemand mehr spricht.[1] In den Geisteswissenschaften, diesem unerlässlichen Wissensbereich, wird überwiegend die menschliche Vergangenheit erforscht und nachbearbeitet. Vieles davon ist für immer verloren, doch bei der Bergung tieferer Schichten, die sich an unerwarteten Orten auftun, lassen sich mittels digitaler Technologien erstaunliche Ergebnisse erzielen. Blickt man nicht nur zurück, sondern auch nach vorne, wird ein Problem sichtbar, das Archivare, Bibliothekare und andere Gelehrte fortlaufend beschäftigt. Denn angesichts der schieren Menge an Material, nicht nur vergangenem, sondern auch solchem, das sich in der Gegenwart ansammelt, stellt sich die Entscheidung, was man behält und was man verwirft. Weisheit besteht darin, die Vergangenheit mit der Zukunft zu verbinden und dadurch das Handeln der Gegenwart zu beraten. Bei Weisheit geht es darum, Wissen für Fragen wiederauffindbar zu machen, die noch gar nicht gestellt worden sind. Wie bei der Grundlagenforschung in anderen wissenschaftlichen Bereichen wird in den Geisteswissenschaften Wissen produziert, das zu der jeweiligen Zeit völlig nutzlos erscheinen mag, doch die Weisheit liegt darin, dem zukünftigen Nutzen dieses Wissens den Weg zu bereiten.

Darum geht es bei Kultur. Die Frage, wie sich Wissen über den menschlichen Erfahrungsschatz so schaffen und organisieren lässt, dass dieser in der Zukunft zugänglich bleibt, ließ Umberto Eco die wichtigsten Stadien in diesem Prozess nachzeichnen. Der Weg führt vom Bild eines Wissensbaumes auf Grundlage eines geordneten, aber in sich geschlossenen Klassifizierungssystems zu einer virtuellen Enzyklopädie, die offen und mit sämtlichen anderen virtuellen Enzyklopädien verbunden ist. Abschließend schreibt Eco:

> Wenn Kulturen überleben, liegt ein Grund hierfür darin, dass sie erfolgreich das Gewicht ihres enzyklopädischen Gepäcks reduziert haben, indem sie eine Vielzahl von Ideen ruhen ließen und die Anhänger ihrer Kultur somit gewissermaßen gegen das Schwindelgefühl des Labyrinths immunisierten.[2]

Da ist es wieder, das Schwindelgefühl des Labyrinths, das ich auf meiner Reise durchs Digi-Land anfangs nur vage spürte, dieses Übermaß an Information, das die zeitliche Erfahrung der Gegenwart verdichtet und uns rasch erschöpft. Es verdeutlicht, was auf dem Spiel steht, und an dieser Stelle wird Weisheit wichtig: Was sollten wir ruhend, aber parat halten, damit es angesichts von Problemen der Zukunft, einer Zukunft, über die wir nichts wissen, abgerufen und mit anderem Wissen neu kombiniert werden kann? Nach welchen Kriterien sollen wir entscheiden, was wir behalten, und wie können wir uns besser dahingehend vorbereiten, die Bedeutung von Funden zu erkennen, die nicht gesucht wurden, Zufallsfunden, diesen mächtigen Verbündeten der Wissenschaft?

Niemand, nicht einmal der größte KI-Enthusiast, würde behaupten, eine heutige KI könne entscheiden, welches Wissen ruhend bewahrt werden sollte, um die zukünftige Resilienz einer Kultur oder Gesellschaft zu gewährleisten. Es gibt keine »weise KI«. Stattdessen ist jedem Algorithmus und jedem digitalen Gerät oder System »Intelligenz« oder *smartness* eingebaut. Intelligenz im Sinne von *smartness* heißt, schlauer als andere zu sein, um nicht von ihnen übervorteilt zu werden. Diese Eigenschaft steht für Effizienz, für die Erfüllung festgelegter Ziele. Alles muss heute »smart« oder intelligent sein, von Städten bis zu unseren Häusern oder zu unserer Arbeitsweise. Ein smartes Haus spart uns Stromkosten, und eine smarte Stadt läuft reibungslos und effizient, reguliert Verkehrsströme, die Eindämmung von CO_2-Emissionen und ein umweltfreundliches Recyclingsystem. Ein smarter Arbeitsplatz ist eine digitalisierte Umgebung, gut angebunden an andere digitalisierte Umgebungen und Arbeitsplätze. Smarte KIs sind darauf ausgelegt, einen vorgegebenen Zweck zu erfüllen, eine Funktion, die klar definierte und messbare Kriterien erfüllt, da Algorithmen nun einmal so arbeiten. An diese Eigenschaft denkt wohl der Ökonom Brian Arthur bei seinem Vorschlag, wir sollten uns Algorithmen wie Verben vorstellen: Wir befehlen ihnen »Tu dies«, »Speichere das« oder »Hol jenes«, und sie handeln entsprechend der jeweiligen Anleitung.[3]

Das ist auch der Grund, weshalb es für Algorithmen so schwer ist, mit Mehrdeutigkeit umzugehen, mit den Halbtönen und Andeutungen in menschlichen Gesprächen, mit Lächeln oder Stille, mit nonverbalen Kommunikationszeichen, die in unterschiedlichen kulturellen Kontexten Unterschiedliches bedeuten. Die Zukunft braucht Weisheit, weil wir über die klar definierten Zwecke einer KI hinausgehen, auf vielfältige, sich stets wandelnde Kontexte eingehen und Bedeutungen berücksichtigen müssen, wo immer ein Algorithmus, der wie ein Verb funktioniert, jenseits der eigenen Aufgabe nichts weiß. Anders gesagt: Sollen Algorithmen gegen das Schwindelgefühl des Labyrinths immunisieren, zu dem sie selbst permanent beitragen, müssen sie Kultur erlangen, ein Gespür für das Gleichgewicht zwischen dem, was verworfen werden kann, und dem, was ruhend behalten wird.

Dass die Zukunft Weisheit braucht, bedeutet, ein Ethos zu leben, das sich die Ressourcen der Vergangenheit und Gegenwart nutzbar macht, um Richtlinien für zukünftiges Verhalten zu geben, den Horizont zu erweitern und den Aufbau neuer Institutionen zu tragen, die wir in Antwort auf die Probleme von morgen brauchen werden. Weisheit wird in Mechanismen liegen, die in der Lage sind, den Abstand zwischen dem Individuum und der Gemeinschaft zu überbrücken, zwischen dem Individuum und all dem, was auf der Ebene komplexer Systeme geschieht. Weisheit ist vonnöten, um auf das reagieren zu können, was noch nicht absehbar ist. Um »Lösungen« geht es dabei nicht, auch wenn es diese befördern mag. Weisheit ist das Gegenteil einer schnellen Lösung, ob technologischer oder anderer Natur.

Allmählich wächst das Bewusstsein für Probleme und Fragen, die Weisheit erfordern. Sie beginnen bei der

Nachhaltigkeitskrise des digitalen Anthropozäns. Andere Bedenken drehen sich um die eine große Frage: Wie könnte die Menschheit die heute zur Verfügung stehende Rechenleistung gebrauchen oder eben missbrauchen? Der weitere Abbau von Privatsphäre und die zahlreichen Überwachungsmöglichkeiten sorgen für Diskussionen, ebenso wie die Bedrohungen der liberalen Demokratie und die Frage, wie sich eine immer größere Verbreitung von Fake News eindämmen lässt. Viele Menschen sorgen sich um die Zukunft der Arbeit. Wir sind stolz auf unsere erreichten digitalen Fähigkeiten, können aber kaum unsere Angst davor verbergen, wie unsere Identitäten und unser Menschsein neu definiert werden. Ein Teil der Diskussion beschäftigt sich mit den notwendigen Maßnahmen, einschließlich der Forderung nach einer ethischen Aufsicht und der Konstruktion förderlicher und verantwortlicher KI-Systeme, die an Werten ausgerichtet sein sollen, auf die wir uns selbst kaum einigen können. Wir wissen um die dringende Notwendigkeit von mehr und besserer Regulierung von KI und den sie besitzenden Unternehmen, trotzdem mangelt es noch an politischem Willen, hier entschieden zu handeln. Bei alldem braucht es Weisheit, und zwar die Art von Weisheit, die die Grenzen digitaler Technologien anerkennt und der Illusion von Kontrolle vorbeugt.

Angesichts dieser Herausforderungen sind wir auf uns selbst zurückgeworfen und damit beauftragt, Institutionen aufzubauen, die zur Steuerung der bevorstehenden großen Veränderungen notwendig sein werden. Das gilt auch für die anderen zeitgenössischen Probleme, die uns beschäftigen, etwa die Frage, wie sich Bedrohungen der liberalen Demokratie abwehren lassen. Einem globalen Publikum verdeutlicht wurden diese Bedrohungen durch die schockierenden Ereignisse rund um das US-Kapitol am 6. Januar 2021, im Herzen der globalen Führungsmacht. Und wie wirkt es sich auf die Regulierung von Technologien und auf die Demokratie selbst aus, wenn die Eindämmung von Lügen und von Hassrede im Netz Konzernen überlassen ist, und würden größere Zensuranstrengungen unweigerlich staatliche Überwachung stärken? Was kann und muss sonst noch getan werden, um Diskriminierungen zu unterbinden, wenn in vorhersagende Algorithmen bereits tendenziöse Daten eingespeist werden? Überall wird eine ethische KI gefordert, aber wie sieht unsere Haltung eigentlich tatsächlich aus, wenn Datensätze weiterhin lokale Kontexte und Diversität vernachlässigen?

PATHOLOGIEN DER KI: ETHIK IST KEINE CHECKLISTE

Generell gilt als Prämisse, dass Künstliche Intelligenz Menschen nicht ersetzen, sondern ergänzen soll. KI sollte menschliche Fähigkeiten stärken und verbessern. Als das Schachprogramm Deep Blue den weltbesten Schachspieler, Garri Kasparow, besiegte, meinten viele, das besiegele das Ende von Schach. Doch dem war nicht so. Vielmehr helfen die heute auf Laptops und Smartphones erhältlichen Schachprogramme Menschen dabei, ihr Spiel zu verbessern. Und doch besteht der Ehrgeiz, die KI noch weiter zu treiben, bis hin zur Artificial General Intelligence (AGI) oder Künstlichen Allgemeinen Intelligenz. Das würde KI auf die Ebene menschlicher Intelligenz heben, die sich durch ihre Allgemeinheit auszeichnet. Obwohl das in absehbarer Zukunft wohl nicht geschehen wird – wenn überhaupt –, bedeutet die breite Anwendung neuraler Netzwerke, die Deep Learning und andere fortgeschrittene Berechnungsverfahren ermöglicht haben, einen wichtigen neuen Schritt.

Es handelt sich um eine Übergangsphase voller unglaublicher Fortschritte wie auch Sorgen. Die wachsende, gesellschaftsübergreifende KI-Abhängigkeit bringt auch vermehrtes Cyberhacking und das Risiko verschiedener KI-Störungen mit sich. KI verändert nicht nur, was wir wissen, sondern auch, wie wir es wissen und welche Werte sich durchsetzen. Das führt zu Spannungen, und große Anstrengungen werden getätigt, damit die Entwicklung von KI nicht außer Kontrolle gerät. Trotz allgegenwärtiger Forderungen nach ethischen Richtlinien und einer verantwortungsbewussten, förderlichen, nach menschlichen Werten ausgerichteten KI-Gestaltung ist die gegenwärtige Situation geprägt von technischen Hürden und insbesondere fehlenden konkreten Leitlinien hin zu umsetzbaren Zielen. Während Technologie überschätzt wird, werden die sozialen Kontexte, in denen KI operiert, also die Frage, wem KI unter welchen politischen und wirtschaftlichen Gegebenheiten eigentlich dient, unterschätzt.

Manche Autoren wie Edward Ashford Lee bezeichnen die Missbräuche und Fehlgebräuche von KI als Pathologien.[4] Eine Pathologie erfordert einen Verweis auf die jeweils geltende Normalität, wie Georges Canguilhem in seinem Grundlagenwerk *Le normal et le pathologique* in Bezug auf institutionalisiertes medizinisches Wissen zeigte.[5] Wenn sich schon Medizin und Biologie mit der Definition von Normalität schwertun, trifft das auf das vergleichsweise junge und noch nicht fest institutionalisierte Gebiet der KI nur umso mehr zu. Ungeachtet dessen aber vermittelt die Charakterisierung der vielen

Schwächen von KI als Pathologien – wenn auch nur als Analogie – eine zusätzliche Botschaft, die besagt: Selbst wenn sich manche Pathologien halten und zweifelsohne mutieren, lassen sich viele auch bewältigen. Weiter verdeutlicht die Analogie zur Krankheit, dass die Standards, nach denen Normalität und Pathologie definiert werden, nicht unveränderbar sind. So liegt es beispielsweise bei uns, ob wir im Internet kursierende Hassrede oder von Bots generierte Fake News als »normal« akzeptieren oder als Pathologie behandeln, für die es einen aufklärerischen Impfstoff zu entwickeln gilt.

Die Anfälligkeit von KI für Urteilsverzerrungen ist eine ihrer sichtbarsten, gemeinhin bekannten und schädlichsten Eigenschaften. Derlei Verzerrungen sind weniger bewusst eingeplant, als dass sie sich durch Daten einschleichen, die bereits durch Voreingenommenheiten belastet sind. Wir alle unterliegen Voreingenommenheiten und Vorurteilen, und solang wir nicht gezielt auf sie aufmerksam gemacht werden, reproduzieren wir sie oftmals unbewusst. Wie groß das Spektrum an kognitiven Verzerrungen ist, die sich auf die Funktionsweise des menschlichen Verstandes auswirken, wurde durch Daniel Kahnemans and Amos Tverskys wegweisende Arbeiten dargelegt.[6] Bewegen wir uns von der individuellen auf die gesellschaftliche Ebene, ist es wenig überraschend, dass wir dort der Reproduktion weitverbreiteter Vorurteile und diskriminierender Praktiken begegnen. Ein besonders unrühmliches Beispiel ist die Entwicklung von Gesichtserkennungsprogrammen, die bei Gesichtern Schwarzer eine sehr viel höhere Fehlerquote aufweisen, was bislang kaum behoben worden ist.

Technologien sind also untrennbar mit bewusster oder unbewusster Voreingenommenheit verflochten, da sie bestehende soziale Ungleichheiten und diskriminierende Praktiken wiedergeben. Voreingenommenheit existiert überall, auch in messbaren Phänomenen oder solchen, die überwiegend unsichtbar oder sogar unbewusst bleiben. Eine schlechte Datenqualität, aus unzuverlässigen Quellen gewonnen oder nachlässig aufbereitet, verschärft Fehl- und Missbrauch. Oder wie es in der Informatik heißt: »Garbage in, garbage out«. Schlussendlich kann ein mathematisch sauberer Algorithmus, der sich aus inkorrekten oder schlechten Daten speist, mehr Schaden anrichten als ein empathischer, aber für Voreingenommenheit und Fehler anfälliger Mensch, da sich der Algorithmus nicht leicht korrigieren lässt oder da ihm nicht leicht entgegengewirkt werden kann.

Werden immer mehr Entscheidungen und Aufgaben an Künstliche Intelligenz delegiert, verwässert das die menschliche Verantwortung. Veranschaulicht wird das etwa durch bekannte Fälle aus den USA, wo polizeiliches Profiling und Gerichtsverfahren bereits ebenso stark von prädiktiven Algorithmen bestimmt sind wie der Zugang zu Wohnraum und Versicherungen.[7] Diese Fälle verdeutlichen, wie dringend es einer Regelung bedarf. Eine verteilte Handlungsmacht muss in Systemen berücksichtigt werden, in denen das Ausmaß und die Art von Kontrolle der einzelnen Akteure stark variieren und sich deren Handlungen und Intentionen nur schwer zuordnen lassen. Eine Lösung ist, sämtliche Akteure des Systems, etwa das Unternehmen, verantwortlich zu halten.

Die KI-Industrie ist diesen Mängeln gegenüber nicht indifferent und räumt ein, wie verzerrt algorithmische Resultate sein können. Im Jahr 2014, als eine Gruppe akademischer und privatwirtschaftlicher KI-Forscher gemeinsam mit Denkern aus ganz unterschiedlichen Bereichen das Beneficial AI Movement und das Future of Life Institute gründeten, wurde ein erster Versuch unternommen, algorithmische Urteilsverzerrungen zu beleuchten.[8] Mehr Konferenzen und Erklärungen folgten, doch einfache Lösungen zur Gewährleistung der »Förderlichkeit« von KI-Technologie haben sich seitdem nicht aufgetan. Die technischen Probleme entpuppten sich als erheblich und stellen KI-Konstrukteure und -Ingenieure immer noch vor Herausforderungen. Es muss weiter daran gearbeitet werden, eine Governance für Künstliche Intelligenz zu institutionalisieren.[9]

Der Öffentlichkeit weniger bekannt sind die Benachrichtigungen, die Google und Microsoft an ihre Investoren versenden. Darin wird gewarnt, dass die in ihren Produkten und Dienstleistungen eingebetteten Algorithmen Anlass zu ethischen, rechtlichen und technischen Problemen geben könnten, die sich möglicherweise negativ auf Einnahmen und Betriebsergebnisse auswirken. Microsoft geht sogar noch weiter und räumt ein, dass seine Algorithmen und Datensätze mangelhaft bis unzureichend sein oder Verzerrungseffekte enthalten könnten. Die Warnung ist klar: Derlei Mängel können KI-Anwendungen derart unterlaufen, dass es zu Haftungsansprüchen oder einer Schädigung von Marke und Ansehen kommen kann.

Zu einem konkreten Beispiel eines solchen Mangels kam es im Sommer 2020 im Vereinigten Königreich, als die dortigen Schulabschlussprüfungen wegen der Covid-Pandemie ausgesetzt werden mussten. Der damalige Bildungsminister Gavin Williamson führte eine neue Methode ein, um die Ergebnisse der A-Levels, der Entsprechung des Abiturs, zu bestimmen. Ein Algorithmus sollte bisherige Notengebungen von Lehrern aufarbeiten, um potenzielle Verzerrungen und eine Inflation von Bestnoten zu vermeiden. Der Algorithmus, vorgestellt als »System der Moderation«, verschlechterte fast vierzig Prozent der von Lehrern vergebenen Noten. Er benachteiligte leistungsstarke Schüler von eher leistungsschwachen Schulen und alle Schüler an Schulen mit einem sich allmählich verbessernden Gesamtnotenspiegel. Zu diesen bedenklichen Ergebnissen kam es, weil der Algorithmus Faktoren berücksichtigte, die kaum etwas mit individueller Leistung zu tun hatten, und wirkte sich unverhältnismäßig auf Jugendliche an Schulen in benachteiligten Gegenden aus. Als Studienplatzbewerbungen abgelehnt wurden – aus Sicht der Öffentlichkeit ungerechtfertigterweise –, war die Empörung groß. Letztendlich wurde die algorithmische »Moderation« aufgehoben, und die von Lehrern vergebenen Noten wurden wieder eingesetzt.

Dieser Vorfall mag nichts weiter als ein winziges algorithmisches Problem im Kontext der Pandemie sein. Aber er verdeutlicht tieferliegende Probleme in der zunehmenden Anwendung von Algorithmen und Verfahren maschinellen Lernens in unterschiedlichen Politikbereichen. Wie das Beispiel der britischen Schulabschlussnoten zeigt, können sich Entscheidungen auf Grundlage algorithmischer Ergebnisse maßgeblich auf die Betroffenen auswirken. Derlei Entscheidungen bringen Fragen der politischen Verantwortlichkeit und Rechtssicherheit auf. Und sie erzeugen Misstrauen. Oder um noch einmal mit Brian Arthur zu sprechen: Algorithmen sollten als Verben betrachtet werden. Sie erledigen Dinge. Und können sie auch schlecht erledigen.

Was auf den ersten Blick wie ein technisches Problem erscheint, wird deshalb durch die technische Lösung der »Erklärbarkeit« angegangen. Damit sind Methoden und

Techniken gemeint, mithilfe derer sich die Ergebnisse und Lösungen einer KI so »erklären« lassen, dass sie für Menschen nachvollziehbar werden. Hierbei wird gewissermaßen die Blackbox des maschinellen Lernens aufgestemmt, da oftmals selbst die Ingenieure einer KI nicht erklären können, wie ein Algorithmus zu einem bestimmten Urteil gelangt. Um Ergebnisse zu vermeiden, die schlicht ungerecht sind oder als voreingenommen oder illegitim wahrgenommen werden könnten, hofft man, dass, wenn Nutzern »erklärt« wird, wie Systeme maschinellen Lernens entworfen sind, vielleicht nicht zwangsläufig ihr endgültiges Verständnis verbessert wird, aber zumindest die Nachvollziehbarkeit der Blackbox-artigen Natur algorithmischer Entscheidungsfindung. Obwohl »Erklärbarkeit« in der KI-Gemeinde als technisches Problem behandelt wird, geht dieses weit über die relevanten technischen Einzelheiten hinaus. Zumindest auf technischer Ebene hat es die großen Tech-Unternehmen dazu gebracht, rasch eine technische Lösung zu finden – nämlich ein KI-System für die notwendige »Erklärbarkeit« einzusetzen.

Das eigentliche Problem ist aber vielmehr, dass die Logik von Algorithmen und die der Politikgestaltung unvereinbar sind. Wie Diane Coyle und Adrian Weller detailliert aufzeigen, ist ein System maschinellen Lernens darauf ausgelegt, eine die funktionelle Entsprechung menschlicher Intention darstellende objektive Funktion im System zu optimieren. Deshalb muss klar ausformuliert werden, was das System erreichen soll und welche Ziele, Werte und politischen Entscheidungen in seine Konstruktion miteinfließen sollen. Das steht im deutlichen Gegensatz zum Großteil der Politikgestaltung, die mit Blick auf gemeinsame Ziele typischerweise auf

»konstruktiven Mehrdeutigkeiten« aufbaut. Diese entstammen oftmals politischen Kompromissen, die als notwendig gelten, um einen Konsens zu bilden. Politische Entscheidungen umfassen in der Regel Tauschgeschäfte zwischen mehreren, häufig nicht miteinander vereinbaren Zielen und Interessen. Demgegenüber handelt es sich bei Algorithmen in Systemen maschinellen Lernens um utilitaristische Maximierer dessen, was auf Grundlage klar gewichteter Entscheidungskriterien letztendlich eine einzelne Größe ist. Mehrdeutigkeit tolerieren sie nicht.

Coyle und Weller spekulieren darüber, was geschehen könnte, wenn sich die Nachfrage nach Erklärungen algorithmischer Entscheidungsfindung hält. Hier besteht eine Grundspannung, die offengelegt werden muss. Die Spannung besteht zwischen menschlicher und maschinengestützter Entscheidungsfindung, die nur durch eine größere Klarheit darüber aufgelöst werden kann, welche Wahlmöglichkeiten und Kompromisse ersterer zugrunde liegen und welche in letzterer unausgesprochen bleiben oder ignoriert werden. Es dürfte interessant werden zu sehen, wie das politische und politikgestaltende System auf eine solche Herausforderung reagiert. Bis digitale Maschinen gelernt haben, menschliche Widersprüche, Fehler und Mehrdeutigkeiten zu beobachten und zu inkorporieren – was noch weit in der Zukunft liegt –, muss es einen Raum geben, um widerstreitende Ziele und bestehende Widersprüche offen zu diskutieren. Diese müssen unmissverständlich gelöst werden, weil sie erst so messbar werden und sich in maschinelles Lernen einbeziehen lassen.[10]

Das Dilemma wird durch ein Beispiel aus der österreichischen Arbeitsagentur illustriert, dem Arbeitsmarktservice (AMS). Das AMS ist eine gut geführte öffentliche

Behörde, zu deren Aufgaben es gehört, Arbeitssuchende zu unterstützen, indem deren Profile mit Jobangeboten abgeglichen werden. Daneben bietet die Behörde Fortbildungen und weitere Dienstleistungen an. Als die Führungsebene des AMS beschloss, bei der Profilabgleichung Algorithmen einzusetzen, war das erklärte Ziel, die Effizienz zu steigern, die Arbeitslast in der Behörde zu verringern, Prozesse zu beschleunigen und Kosten einzusparen. Ein Algorithmus wurde damit beauftragt, Arbeitssuchende in drei Gruppen einzuteilen, nach Kriterien wie Alter, Geschlecht, Qualifikation, bisheriger beruflicher Laufbahn, Dauer der Arbeitslosigkeit und so weiter. Basierend auf diesen Daten und den bekannten Ergebnissen der vergangenen Arbeitssuche sollte der Algorithmus vorhersagen, welche Konstellation von Eigenschaften eine erfolgreiche Arbeitssuche wahrscheinlicher oder weniger wahrscheinlich machte. Die der Einführung des Algorithmus zugrunde liegende Logik war simpel. Mithilfe eines automatisierten Systems zur Entscheidungsunterstützung sollten sich die AMS-Angestellten auf die zwei Gruppen mit den größeren Chancen auf eine Beschäftigung innerhalb einer vertretbaren Zeitspanne konzentrieren. Auch um die dritte Gruppe mit den geringsten Jobchancen würde sich das AMS kümmern, jedoch mit sehr viel weniger Zeit und Aufwand.

Als die Anwendung des Algorithmus durch die Medien ging, war die öffentliche Empörung groß. Die Arbeitsagentur verteidigte sich, indem sie argumentierte, dass ihre begrenzten Mittel auf diese Weise schnellstmöglich für jene verwendet würden, die am wahrscheinlichsten davon profitierten. Doch der öffentliche Ärger richtete sich gegen die wahrgenommene offene Diskriminierung der am stärksten benachteiligten Gruppe, jene Arbeitssuchende mit geringen Chancen auf eine Anstellung. Die Agentur argumentierte, dass auch diese Menschen weiterhin unterstützt würden, nur eben etwas weniger. Die Kritiker beeindruckte das nicht. Für sie war das Problem, dass die in den Algorithmus eingespeisten Daten und die Gewichtung der Faktoren zur Gruppeneinteilung den Status quo reflektierten. Konkret würden so etwa einer Frau, die ihre Eltern oder einen Ehemann mit Behinderung pflegen musste, die Chancen genommen, die einer Frau desselben Alters und ähnlichen Werdegangs, jedoch ohne derlei Verantwortung, offenständen. Die am stärksten Betroffenen blieben also am Ende in ihrer Situation gefangen.

Oberflächlich betrachtet spiegelt die Klassifizierung von Arbeitssuchenden in drei Gruppen je nach jeweiliger Aussicht auf Beschäftigung ihre »objektiven« Chancen wider, was die Grundlage für die unterschiedliche Behandlung darstellt. Dieses alte Dilemma wurde auf dem Schlachtfeld einst als »Triage« bezeichnet. In der Managementliteratur ist davon die Rede, bestehende Stärken zu stärken. Aber der Algorithmus hat keine Antwort darauf, wie mit der schwächsten und verwundbarsten Gruppe umzugehen sei. Das Dilemma bleibt bestehen, selbst wenn ein empathischer Angestellter noch die letztliche Entscheidung treffen mag. Ist erst einmal ein halb automatisiertes, auf Kriterien größerer Effizienz basierendes System zur Entscheidungsunterstützung vorhanden, funktioniert es oftmals wie ein voll automatisiertes System, insofern sich Menschen zunehmend darauf verlassen. Waren ähnliche informelle Praktiken längst gang und gäbe, wurden sie nun lediglich automatisiert. Paradoxerweise verbarg der AMS-Algorithmus gar nichts. Ein Kriterium, das in Ethik-Richtlinien für Künstliche Intelligenz häufig genannt wird, erfüllte er absolut: völlige Transparenz.

Dieser Fall dient als weiterer Beleg dafür, dass Arbeitsweise und Wirkkraft eines Algorithmus niemals nur rein technischer Natur sind. Algorithmen können nie von den sozialen Kontexten, in die sie eingebettet sind, getrennt werden. Wird im Falle einer Organisation, sei es eine Arbeitsagentur oder die Polizei, ein Gericht oder ein Krankenhaus, ein Verkehrsleitungssystem oder eine kreditvergebende Bank, eine KI zur Unterstützung der systematischen Entscheidungsfindung eingesetzt, ist die Kultur der jeweiligen Organisation von Bedeutung. Diese Kultur wirkt sich zwangsläufig auf die Ergebnisse der KI aus, die wiederum die menschlichen Betreiber beeinflussen, die sowohl im Hinblick auf ihren jeweiligen Gebrauch der Maschinen als auch darauf, wie sich die Maschinen nach und nach auf ihre eigenen Urteile und Entscheidungen auswirken, einen Teil der Gesamtorganisation bilden.

Die Debatte, ob oder wie weit Künstliche Intelligenz ethischen Prinzipien entsprechen kann, ist so alt wie die Künstliche Intelligenz selbst.[11] An Forderungen nach ethischen Richtlinien hat es von Anfang an nicht gemangelt. Alle großen nationalen und internationalen Organisationen, die auch nur im Entferntesten mit Digitalisierung zu tun haben, besitzen ihre eigenen Richtlinien, genauso wie die meisten Regierungen und Industriezweige. Bei all diesen Bemühungen wird jedoch nicht ausreichend anerkannt, dass mit KI einer neuen Form der Handlungsmacht das Feld eröffnet wurde. Natürlich ist ein Algorithmus nicht komplett autonom, aber wer trägt für seine Tätigkeiten eigentlich die Rechenschaftspflicht? Während sich die Europäische Kommission auf vertrauenswürdige KI konzentriert, hat das Europäische Parlament sein eigenes Forum für einen ethischen Umgang mit

KI geschaffen, AI4People, um die Industrie in Richtung einer sogenannten guten Gesellschaft zu lenken. In den USA setzt sich die staatliche National Science Foundation für KI-Fairness ein. Im März 2019 bildete Google einen Ethikrat, der kurze Zeit später wegen einer Kontroverse um mögliche Interessenskonflikte wieder aufgelöst wurde. Facebook hat 7,5 Millionen US-Dollar in die Gründung eines Forschungsinstituts für Ethik in der Künstlichen Intelligenz an der Technischen Universität München investiert. Die Liste ließe sich leicht weiterführen.

Eine Forschungsgruppe der ETH Zürich analysierte vierundachtzig Leitfäden zur Ethik der KI, verfasst von Unternehmen, Expertengruppen, Regierungen und internationalen Organisationen aus aller Welt. Etwa die Hälfte dieser Erklärungen stammte aus der Privatwirtschaft, die andere Hälfte aus öffentlichen Einrichtungen. Zur Überraschung der Forschungsgruppe wurde keines der ethischen Prinzipien durchweg in jedem Dokument genannt. Insgesamt wurden elf Prinzipien öfter erwähnt, und in über der Hälfte der Dokumente wurden fünf Schlüsselargumente besonders hervorgehoben: Transparenz, Gerechtigkeit, Fairness, Schadensprävention und datenschützerische Verantwortung. Trotz dieser vermeintlichen Bündelung gab es kaum Überschneidungen oder Übereinstimmungen, was genau jeder dieser Punkte umfasste oder wie sie sich erreichen ließen.[12]

Trotz dieser Fragmentierung und Abweichungen steht das Konzept der Transparenz bei der Suche nach einer ethischen KI klar an erster Stelle. Es spiegelt das Bedürfnis wider, zu wissen, was sich hinter den Mauern abspielt, die die algorithmische Arbeit abschirmen, wie und zu welchem Zweck Algorithmen gebaut sind und welche Grenzen oder verborgenen Eigenschaften diese Technologie besitzt. Je mehr Algorithmen unsichtbar zwischen uns und den Umwelten, mit denen wir interagieren, vermitteln, umso wichtiger wird es, den Schleier der Geheimhaltung zu lüften, da Unsichtbarkeit die Macht von KI stärkt. Doch wie das Beispiel der Klassifizierung von Arbeitssuchenden zeigt, kann Transparenz die performative Macht eines Algorithmus auch erhöhen. Die Komplexität echter Lebenssituationen in einem wachsenden Anwendungsspektrum erzeugt eine unauflösbare Verknüpfung des Sozialen und des Technischen. Selbst wenn wir einen Blick in die Blackbox werfen können, gibt diese ihre komplizierten Arbeitsabläufe nicht gleich preis. Eine Rechnerarchitektur umzugestalten kann sehr verzwickt sein, da undurchsichtige Schichten noch weitere undurchsichtige Schichten überdecken. Manche Schwierigkeiten sind hier einfach komplexem Code geschuldet, der selbst für Insider schwer zu verstehen ist, während andere mit Verschlüsselungen und eingebauten Sicherheitsvorrichtungen zur Abwehr schädlicher Software zu tun haben.

Die Flut an Vorschlägen, wie sich das ethische Gerüst der KI stärken ließe, läuft unermüdlich weiter. Eine solche Rechenschaftspflicht bedarf jedoch einer soliden rechtlichen Verankerung, die in vielen Fällen noch gar nicht existiert. Neben anderen Vorschlägen gilt die Idee, Algorithmen offiziellen Prüfungen zu unterziehen, als sinnvoll, doch auch hier müssen die Regeln, nach denen derlei Audits abzulaufen hätten, erst noch geschrieben werden. Außerdem stellt sich die noch offene Frage, welche Kooperationsanreize es für die KI-Branche gibt. Aktivisten, die sich für eine ethische KI einsetzen, sind sich einig, dass die Industrie zur Einhaltung ethischer Richtlinien hingeleitet werden müsse, warnen jedoch, dass es nicht der Branche selbst überlassen werden dürfe, eine ihr genehme Ethik zu entwerfen. Es hat also den Anschein, als wüssten alle, was zu tun sei, aber als wäre niemand für die Umsetzung zuständig. Ethik wird weiterhin wie ein universelles Mantra heraufbeschworen, und doch geschehen viel zu wenige Schritte hin zu umsetzbaren Normen und Regeln.

2020 waren die jährlichen Berliner Wissenschaftsgespräche den Veränderungen gewidmet, die das Forschungssystem in seiner uns bekannten Form durch den raschen Einzug Künstlicher Intelligenz erfährt. Die Teilnehmenden zeigten sich fasziniert von der Verbreitung der Ethik-Richtlinien für KI, hinterfragten jedoch, wie sich diese generellen Prinzipien in unterschiedlichen Kontexten anwenden ließen. Was sei relevant und für wen? Was müsse im Hinblick auf KI priorisiert werden? Wie ließen sich diese weichen Richtlinien in konkrete und kontextualisierte Handlungen für jene Menschen übersetzen, die KI-Systeme entwerfen und einsetzen? Und wie ließen sich unterschiedliche Vorstellungen von Ethik, Fairness, sozialer Gerechtigkeit und anderen Werten, die eines Kontextes bedürfen, detaillierter darlegen?

Teilnehmende argumentierten, es sei an der Zeit, KI-Richtlinien nicht weiter ausufern zu lassen und stattdessen Wege zu finden, wie Institutionen in konkreten Gegebenheiten Parameter setzen könnten und dabei fallweise spezifizieren müssten, was es genau heißt, transparent, sozial gerecht oder dem Schutz der Privatsphäre verschrieben zu sein. Auch wurde aufgezeigt, dass, soll Modellen maschinellen Lernens Ethik und Fairness eingebaut werden, es eine normative Definition braucht, die sich in eine mathematische Funktion übersetzen lässt, um so in einem Optimierungsproblem als Restriktion zu dienen. Anders als bei Verweisen, was zu vermeiden sei, gibt es so gut wie keine Forschung zu positiven Ansätzen, wie sich KI Ethik einbauen ließe. Ein positiver Ansatz würde voraussetzen, bei Modellen maschinellen Lernens örtliche, kontextabhängige Definitionen davon ernsthaft mitzudenken, was jeweils als ethisch gilt und Gesetzen und Regelungen entspricht.[13]

Ethik ist also keine Checkliste, mit der sich eine Firma oder Organisation durch Häkchensetzen von weiterer Verantwortung entbinden könnte. Noch sind wir weit davon entfernt, über Rhetorik und gute Absichten hinauszugehen. In der Diskussion konkreter Fälle kommt immer wieder auf, wie wichtig es ist, auf den jeweiligen Kontext einzugehen. Kontext spielt eine große Rolle, und dem Diskurs über Ethik in der KI käme es zugute, den Blick auf andere Gebiete zu erweitern, die schon länger untersuchen, wie sich kontroverse Forschung mit ethischen Standards vereinen lässt.

Erfahrungen aus der Biomedizin legen nahe, dass man sich weniger auf ethische Expertise verlassen sollte, als ein größeres Augenmerk darauf zu legen, direkt Betroffenen Gehör zu verschaffen. Obgleich Vertrauensaufbau und die Gewährleistung von Transparenz in der ethischen Wissenschaftsarbeit essenziell sind, sind es inklusive Teilhabe und Offenheit gegenüber Ungewissheit – im Gegensatz zu einer Unterscheidung zwischen einem vordefinierten Ist-Zustand und Soll-Zustand – genauso. Ob die Gefahren und Versprechen der Anwendung nun mit Gesichtserkennung zu tun haben, mit Forschung zu Chimären-Embryos, mit einer Massenüberwachung durch Kontaktverfolgung zur Covid-Bekämpfung oder dem Versuch, Malariaresistenz in der Moskito-Population durchzusetzen – letzten Endes schützen uns weder die Illusion technowissenschaftlicher Kontrolle noch abermals neue Fassungen ethischer Richtlinien. Wir können uns nur schützen, indem wir unsere gemeinschaftliche Verantwortung für menschliche und nicht menschliche Zukünfte annehmen.[14]

Weisheit lässt sich nicht an Definitionen binden, selbst wenn es ratsam sein mag, einige gemeinsame Standards ethischen Verhaltens oder einer verantwortlichen KI zu vereinbaren. Vielmehr durchdringt Weisheit örtliche Kontexte und passt sich an situative Notwendigkeiten und Beschränkungen an. Hierbei lauscht sie den Stimmen der am stärksten Betroffenen und versucht, für sie einzutreten, und zwar entgegen der Starrheit von Regeln und gegen jene, die sie festlegen und durchsetzen.

DIE BLEIBENDE VERLOCKUNG DES LEVIATHANS

Im digitalen Raum mögen unsere Körper Datenpunkte darstellen, die es zu verfolgen und deren Bewegungen es zu verarbeiten gilt, doch zugleich bleiben wir in der sozialen Welt verankert, wo wir uns bewegen, wo wir essen, lieben, arbeiten, streiten und altern. Diese duale Existenz hat ernste Bedenken im Hinblick auf Überwachung und den weiteren Abbau der Privatsphäre aufkommen lassen. Beim maschinellen Lernen gehört die Gesichtserkennung zu den Bereichen, die sich am schnellsten entwickeln. Zusammen mit Stimmerkennung und der Verarbeitung natürlicher Sprache hat sie die breite Nutzung digitaler Technologien zur persönlichen Identifizierung ermöglicht. Unsere Gesichter, erfasst von Sensoren, die in Kameras an öffentlichen Orten und zunehmend auch in Privathaushalten installiert sind, werden in Daten übersetzt, die unsere Identität aufzeichnen. Sie repräsentieren eine Person und einen Körper.

Im Gegensatz zu einem Passfoto, einer Geburtsurkunde oder einer notariell beglaubigten Unterschrift sind digitale Identitäten fluide. Sie können sofort mit allem sonstigen Wissen über uns verbunden werden, wie auch mit den Netzwerken, über die wir uns mit anderen verbinden. Gesichtserkennung wird für viele Zwecke eingesetzt. Kameras werden installiert, um Kriminalität vorzubeugen und um sie aufzudecken, um an Flughäfen und bei anderen Ausweiskontrollen Schlangen zu verkürzen, für den Zugang zu Gebäuden oder um finanzielle und andere Geschäftstransaktionen zu verarbeiten. Manche dieser Systeme nehmen wir mit Beifall auf und unterstützen ihre Absichten, fühlen uns aber zugleich unwohl, was wohl sonst noch mit unseren Daten angestellt werden könnte. So erschien es etwa absolut vernünftig, dass digitale Technologien die Kontakte von Menschen nachverfolgten, die sich mit dem SARS-CoV-2-Virus infiziert hatten, gerade in einer Situation, als weltweit Milliarden Menschen Ausgangssperren unterlagen. Die Kontaktverfolgungs-Apps wurden jedoch sehr viel weniger als erwartet heruntergeladen und erreichten somit nicht den benötigten Nutzeranteil, um wie geplant zu funktionieren. Und das, obwohl von Interessenverbänden zum Schutz der Privatsphäre gebilligte, nach Vorschriften der Europäischen Kommission zugelassene und von Entwicklern in Erwartung von Widerstand gewissenhaft umgesetzte Sicherheitsvorkehrungen in die Apps eingebaut worden waren. Das Misstrauen gegenüber Regierungen – insbesondere die Angst, dass Notfallmaßnahmen nach einem Ende der Pandemie beibehalten würden – erwies sich als zu groß.

Misstrauen gegenüber KI kann jederzeit wieder aufkommen, sobald wir meinen, unsere Privatsphäre werde bedroht, auch wenn wir der digitalen Bequemlichkeit halber unsere vage definierten Persönlichkeitsrechte kontinuierlich selbst abtreten. Unsere Haltung im Hinblick auf das Thema Privatsphäre ist beizeiten völlig widersprüchlich. Wir schätzen sie überaus, sind uns aber nicht ganz sicher, was sie eigentlich genau umfasst. Wir wissen, dass personalisierte Werbung auf uns abzielt und dass ein Großteil unserer Daten irgendwo gespeichert sein muss. Wir pendeln zwischen Empörung und einem weiteren Hochladen privater Inhalte in den sozialen Medien. Wir haben gelernt, mit einem Abbau von Privatsphäre zu leben, doch hin und wieder nehmen wir die gegenteilige Position ein und verteidigen unsere Persönlichkeitsrechte wie Stammesangehörige, die glauben, eine Fotografie würde ihnen die Seele rauben. Wir neigen dazu, zu vergessen, dass das Konzept von Privatsphäre eine historisch bedingte Kategorie ist und Veränderungen unterliegt, je nach den Anforderungen der Kultur und des wirtschaftlichen Systems, in dem wir gerade leben. Manche behaupten sogar provokativ, Privatsphäre sei überschätzt, eine Illusion, die nicht zu retten sei und auch nicht gerettet werden müsse.[15]

Obwohl Privatsphäre wie ein wesentliches Element der menschlichen Existenz wirken mag, ist sie ein recht junges Phänomen. In einer feudalen oder monarchischen Gesellschaft ergab die Unterscheidung zwischen dem Öffentlichen und dem Privaten keinen Sinn. Nehmen wir etwa das *Lever* Ludwig des XIV., des absolutistischen Herrscher Frankreichs, ein morgendliches Zeremoniell im königlichen Schlafzimmer. Indem er eine intime Situation öffentlich machte, signalisierte der König, dass er das Öffentliche und Private in seiner Person und allem seinem Handeln vereinte, und demonstrierte zugleich seine Macht, indem er Auserwählten Zugang zu sich gewährte. Eine zeitgenössische Version davon, oder eher eine alberne Imitation, findet sich in Instagram-Stories. Promis und Influencer machen das scheinbar Private öffentlich und suggerieren ihren Followern, beides zu kontrollieren.

Das Konzept der Privatsphäre entstand mit dem Aufstieg des Bürgertums in Europa und dessen erfolgreicher Etablierung eines öffentlichen Raums für freie Debatten, geschützt vor Zensur und staatlicher Einmischung. Im späten 18. und 19. Jahrhundert begann dies in England, gefolgt von Frankreich und Deutschland. Öffentlichkeit konzentrierte sich hauptsächlich auf öffentliche Räume wie Cafés oder Lokale, wo sich Gespräche unter Gleichberechtigten führen ließen. Diese Demonstrationen von Redefreiheit wurden zur öffentlichen Meinung, die wiederum in Zeitungen und anderen Nachrichtenquellen mit steigender Auflagenzahl abgedruckt wurde. Gestützt durch eine steigende Alphabetisierungsrate und durch liberale Denker festigte eine liberale Verfassungsordnung die Trennung zwischen dem Öffentlichen und dem Privaten. In der frühen wirtschaftsliberalen, großteils vorindustriellen kapitalistischen Ordnung gedieh diese Unterscheidung weiter und hielt sich auch während des Zeitalters der Industrialisierung und des Aufstiegs von Massenkonsum und Wohlfahrtsstaat.[16]

Die Trennung des Öffentlichen und des Privaten erzeugte noch mehr Gegensätzlichkeiten. Die Öffentlichkeit wurde zum Raum der Erwerbstätigkeit des einzigen männlichen Versorgers, wohingegen der Privathaushalt dem bürgerlichen Familienleben vorbehalten war. Der

Privathaushalt wurde von Frauen beaufsichtigt – ihr öffentliches Auftreten war streng durch soziale Normen reguliert – und für den männlichen Familienvorstand zum geschätzten Rückzugsraum. Diese Trennung bewirkte bald eine Polarisierung von Aktivitäten und Einflussbereichen, konnotiert als männlich versus weiblich, rational versus emotional, objektiv versus subjektiv, stark versus schwach. Bis heute leistet eine derlei zweigeteilte Denkweise Geschlechterstereotypen Vorschub und schlägt sich im Gender-Pay-Gap zwischen Männern und Frauen nieder.[17]

Als sich das Machtverhältnis zwischen Staat und Markt zugunsten des Letzteren zu verschieben begann, verlor die Privatsphäre ihre Konnotation eines Raums, der vor staatlichem Eingriff geschützt war. Je wichtiger wirtschaftliche Überlegungen wurden, umso stärker verlor die Privatsphäre an politischer Bedeutung. In ihrer Beschreibung des Lebens im »Überwachungskapitalismus« zeigt Shoshana Zuboff, dass wir weniger von einer wohlmeinenden Regierung oder einer schlauen, weitsichtigen Bürokratie angetrieben werden, Informationen über unseren Aufenthaltsort, kulturellen Geschmack oder persönliche Vorlieben preiszugeben. Vielmehr haben wir, mit Blick auf Annehmlichkeiten, digitale Gadgets und Dienstleistungen, eine intime Form der Abhängigkeit von riesigen Unternehmen und von der Privatwirtschaft entwickelt, wofür wir sie im Tausch nur allzu gerne mit unseren Daten versorgen. Es mag wie eine exemplarische Situation mit beidseitigem Gewinn wirken, wäre da nicht der Umstand, dass wir einen hohen Preis zahlen, über den sich viele von uns nicht einmal bewusst sind.[18]

Seit durch den Einzug des Internets die sozialen Medien sämtliche Formen der Kommunikation dominieren, hat dies eine neue Öffentlichkeit geschaffen, in der wirtschaftliche Eigeninteressen und politische Ambitionen um Macht konkurrieren und sich Einzelpersonen ermächtigt fühlen, zu veröffentlichen, was immer sie mögen – selbst Hassrede. Doch die Angst vor dem Verlust der eigenen Privatsphäre besteht ebenso fort wie die Angst vor staatlicher Überwachung. Schließlich hat immer noch der Staat das Gewaltmonopol inne und nicht ein transnationales Unternehmen. Aber welchen Preis müssen wir dafür zahlen, unsere Privatsphäre einem Konzern zu überschreiben? Carissa Véliz argumentiert, Privatsphäre sei gerade deshalb wichtig, weil ihr Fehlen anderen Macht über einen selbst verschaffe.[19] Gewinnen andere Zugang zu unserem Denken und Fühlen, bedeutet das einen Verlust an individueller Autonomie. Wieder sind wir an die uralte Angst erinnert, von Geistern oder Dämonen besessen zu sein, oder an den Glauben, mit einer Fotografie werde unsere Seele gestohlen. Wer die Macht hat, unser Gesicht zu erkennen, hat auch Macht über unseren Körper und Geist.

»Taking back control«, sich die Kontrolle zurückzuholen, ist zum politischen Slogan geworden, bildet als Idee aber auch den Kern des anhaltenden Kampfes um Autonomie und um ein einzigartiges Ich-Gefühl, das durch Fortschritte in den Biowissenschaften und bei KI-Leistungen derzeit neu definiert wird. Aber es handelt sich nicht um ein Nullsummenspiel. Der menschliche Geist ist anpassungsfähig, und inwieweit wir es schaffen, der Überwachung Einhalt zu gebieten, hängt von der Art von Gesellschaft ab, in der wir leben, welche Ressourcen uns zur Verfügung stehen und wie bestimmt wir uns gegen weitere Eingriffe wehren. Viele wohlbegründete Bedenken verweisen auf die potenziellen wirtschaftlichen und sozialen Folgen, sollten wir die Kontrolle über unsere eigenen Daten verlieren. Diese Konsequenzen stehen im Zusammenhang mit dem Leben im Kapitalismus, wie Shoshana Zuboff richtig aufzeigt, und können diskriminierende Praktiken aufseiten von Versicherungsgesellschaften oder Arbeitgebern bedingen oder einen benachteiligten Zugang zu Wohnraum und anderen Dienstleistungen, die einst kommunal waren, heute aber in privatwirtschaftlicher Hand liegen. Aufgrund des prognostischen Vermögens von Algorithmen und der Zugänglichkeit unserer Daten für aktuelle wie künftige Arbeitgeber, Versicherungsgesellschaften, Wirtschaftsauskunfteien, Hausverwaltungen und andere Privatunternehmen sind wir diesen ohne strenge Regelungen ausgeliefert. Regelungen können nur vom Staat kommen, der sich selbst der Regelung unterwerfen muss. Noch schwieriger wird das in einer globalen Wirtschaftsordnung ohne eine globale politische Ordnung.

Der Albtraum staatlicher Überwachung wird nicht mehr mit Benthams Panoptikum assoziiert, der utilitaristischen Vision einer perfekten Gesellschaft unter zentralisierter Kontrolle. Für die meisten von uns ist eine solche Zentralisierung unvorstellbar geworden. Auch haben wir vergessen, was Zensur für Menschen bedeutete, die im 20. Jahrhundert unter einem totalitären Regime lebten. Doch aus den subtileren und schleichenderen Zwängen, die in den Köpfen der wahren Gläubigen und Anhänger totalitärer Regime arbeiteten, lässt sich etwas lernen. In seinem Buch *Verführtes Denken* zeichnet der polnische Nobelpreisträger Czesław Miłosz ein erschreckendes Bild der Bewältigungsstrategien Intellektueller im Kommunismus, von Faszination bis Verachtung, von ästhetischer Flucht bis zu blindem Glauben – Knechtschaft durch Wissen, wie er es im letzten Kapitel nennt.[20]

Mittlerweile ist es selbst in autoritären Regimes hinfällig geworden, Menschen dazu zu bringen, einander zu bespitzeln und zu denunzieren. Leistungsfähige Suchmaschinen, die gewünschte Informationen einordnen und priorisieren und ungewollte Informationen ausschließen und unterdrücken, erweisen sich darin als weitaus besser. Die Gesichtserkennung von Millionen Menschen gewährleistet die effiziente und reibungslose Kontrolle einer Bevölkerung durch digitale Mittel. Trotz der Machtkonzentration in wenigen großen transnationalen Unternehmen liegt das Gewaltmonopol noch immer beim Staat und damit auch die Fähigkeit, sich gegen die eigenen Bürger zu kehren. Das bildet die Grundlage dystopischer Visionen, tief verankert in der menschlichen Erfahrung und im kollektiven Gedächtnis. Sie handeln von Macht und Legitimität, davon, wie sich eine politische Gemeinschaft umwandeln lässt, um der Geld- und Machtgier Herrschender zu dienen, die das Gemeinwohl mit Füßen treten. In der entstehenden digitalen Ordnung muss somit Rechtsstaatlichkeit, Menschenrechten und gegenseitigen Verpflichtungen, die die politische Ordnung des gemeinschaftlichen Lebens regeln, eine starke Rolle zukommen. Der entscheidende Punkt zwischen Bürgern und ihren Regierungen ist weniger Vertrauen als Vertrauenswürdigkeit – dass die Bevölkerung ihre Regierung als kompetent, ehrlich und rechenschaftspflichtig beurteilt.[21] Heute umfasst das auch, was mit unseren Daten geschieht.

Als ab Mitte des 18. Jahrhunderts Statistiken zum Mittel der Wahl wurden, um eine wachsende Bevölkerung unter einer erstarkten staatlichen Verwaltung effizient zu regieren, wurden Menschen nach Alter, Geschlecht, Größe, Herkunft, Wohnort, Religion, Strafregister und anderen erhältlichen Merkmalen klassifiziert.

Was Ian Hacking als »Menschen erfinden« bezeichnet, nahm hier seinen Anfang: das Gruppieren von Individuen in festgelegte Kategorien und Dimensionen, die für die Zwecke staatlicher Bürokratie – an erster Stelle das Militär – als nützlich galten und sich bis in das Steuerwesen, die öffentliche Hygiene und psychische Gesundheit erstreckten.[22] Seither bestimmen Quantifizierung und das Vertrauen in Zahlen zum Zweck der Objektivität die öffentliche Politik und Verwaltung.[23]

Big Data ist somit weniger neu als häufig angenommen. Systemtheoretisch betrachtet ist die Digitalisierung einfach die Lösung für die Probleme moderner Gesellschaften. Diese organisieren sich über eine funktionale Differenzierung, und durch riesige Mengen an Daten und Information werden die Gesetzmäßigkeiten der bestehenden sozialen Ordnung untermauert. Die Digitalisierung bewältigt die wachsende Komplexität also insofern, als sie die gesellschaftliche Selbstbeschreibung in den von ihr erzeugten Daten und Informationen verdichtet und gleichzeitig Energien mobilisiert, die den weiteren gesellschaftlichen Wandel speisen. Der Binärcode der Digitalisierung ermöglicht die Entdeckung von Mustern, die sonst unbeachtet blieben, aktualisiert also das Wissen einer Gesellschaft über sich selbst und gewährleistet unterdessen die notwendige Stabilität. Digitale Technologien setzen nur die Praktiken und Methoden der Sozialwissenschaften fort, zielen jedoch auf eine präzisere Selbstbeschreibung des sozialen Systems mit anderen Mitteln.[24]

Einerseits dürfte diese funktionale, systemtheoretische Erklärung, warum die Digitalisierung zum definierenden und allgegenwärtigen Merkmal heutiger Gesellschaften geworden ist, all jene beruhigen, die befürchten, die Digitalisierung könne ihre Lebensweise und alles ihnen Wichtige zerstören. Laut dieser Erklärung wird das »Regieren durch Zahlen« seit der Entstehung des modernen Staates praktiziert und hat der modernen Gesellschaftsordnung den Boden bereitet. Andererseits dürfte ein funktionalistisches Verständnis davon, wie eine Gesellschaft neue Lösungen für selbstgeschaffene Probleme hervorbringt, für all jene unbefriedigend sein, die verstehen wollen, wie Digitalisierung funktioniert und wie sie sich auf den Menschen auswirkt.

Diese Menschen können vermutlich nicht davon überzeugt werden, dass alles zum Schutz ihrer Privatsphäre getan werde, zumal sie erleben, wie leicht und effizient rechnergestützte Technologien in einem Spektrum von Kontexten Anwendung finden. Die Sensoren zur Überwachung von Schlaglöchern, von Sonneneinstrahlung auf Fensterscheiben oder der Funktionsweise technischer Anlagen in Flugzeugen und anderen Hightech-Umgebungen sind im Grunde dieselben wie die zur Kontrolle menschlicher Körper. Dasselbe gilt für die mathematischen Methoden und Computerinfrastrukturen, die diesen Arbeitsprozessen zugrunde liegen. Die Software-Programme, die zur Nachverfolgung von Terroristen eingesetzt werden, sind im Wesentlichen dieselben wie die zur Nachverfolgung der Kontakte von Personen, die mit einem Virus infiziert sind.

Das trifft auch auf die Vertrauenswürdigkeit anderer Maßnahmen zum Schutz der Privatsphäre zu. Historisch betrachtet geschah es nur selten, dass Menschen, die vor die Wahl zwischen Sicherheit und Freiheit gestellt waren, sich für Letzteres entschieden. Sicherheit und Überwachung können immer damit beworben werden, zu unserem eigenen Nutzen zu sein, wohingegen die Idee der Freiheit schwer zu fassen bleibt. Durch die Vorhersagekraft digitaler Technologien und deren Fähigkeit, in der Zeit nach vorne zu springen, sind wir gezwungen, in der Wahl zwischen Sicherheit und Freiheit die zeitliche Dimension neu zu überdenken. So eindeutig mag sie nicht sein.

Dieses existenzielle Dilemma ist alt. Erneut sichtbar wird es in der Faszination für die Maschinen, die, weil frei von menschlichen Leidenschaften und Interessen, »objektiv« handeln und entscheiden können. In der Politik ist ein wiederkehrendes Bild eine Figur des 17. Jahrhunderts, Thomas Hobbes' Leviathan. Hobbes beschreibt den Staat als Automaten, eine Art Roboter, der durch künstliche Bewegung zum Leben erweckt wurde. Er denkt nicht selbstständig und hat keine Gedanken außer jenen, die ihm von seinen menschlichen Einzelteilen gegeben werden. Betrachtet man die bekannte Abbildung des Leviathans genauer, setzt er sich aus winzigen menschlichen Körpern zusammen. Er funktioniert, indem er aus menschlichen Beiträgen rationale Ergebnisse erzeugt und dabei Menschen die Fähigkeit nimmt, Gewalt und Misstrauen dem anderen gegenüber zu nähren.

Hobbes' Roboter soll Angst einflößen – kein Individuum sollte ihn jemals herausfordern –, aber auch beruhigend wirken. Er diente der Befriedung einer konfliktgeplagten Gesellschaft, die im Krieg mit sich selbst stand. Er bot Schutz und Sicherheit, zum Preis der Freiheit des Einzelnen. Hobbes' Leviathan sollte die Menschen vor ihrem natürlichen Instinkt bewahren, einander gnadenlos zu bekämpfen. Heute würde uns der Leviathan in Form des ultimativen Algorithmus zu Hilfe kommen, der berechnet, was im besten Interesse des Staates und seiner Bürger ist, und dementsprechend für sie entscheidet. Er würde sie vor inneren und äußeren Bedrohungen schützen, vor Terrorismus oder einem Virus. Die mühsamen, streitbelasteten und unattraktiven Verfahren, die in einer liberalen Demokratie zur Kompromissfindung dazugehören, würde er verwerfen. Stattdessen würde er Abkürzungen bieten oder die illusorische Lösung einer Wiedereinführung direkter Demokratie in pluralistischen Gesellschaften.

Auch bei veränderter Form und Erscheinung des Leviathans bleibt seine Anziehungskraft erstaunlich beständig. Sie speist sich aus dem Wunsch, politische Streitigkeiten und Uneinigkeit ein für alle Mal beizulegen. Endlose Kämpfe und Zerwürfnisse sowie schwache Kompromisse, die rasch in sich zusammenfallen, bereiten starken Führern den Weg. Diese haben sich meist als korrupt und habgierig erwiesen, als Enttäuschung der anfänglichen Hoffnungen ihrer Anhänger. Angesichts der Fehlbarkeit menschlicher Anführer könnte ein besserer Mechanismus ihren Platz einnehmen, einer, der Unparteilichkeit und Effizienz gewährleistet, der objektiv und somit in der Lage ist, politischen Kämpfen und Missständen ein Ende zu bereiten.

In der Demokratie des alten Athens wurde das Losverfahren eingesetzt, um andernfalls festgefahrene Situationen zu lösen. Condorcet, ein Denker der Aufklärung, schlug ein rationales Wahlsystem auf Grundlage mathematischer Berechnungen vor. Später entwickelten Wirtschaftswissenschaftler Nutzenfunktionen, und bei Kompromissen Kosten und Nutzen zu berechnen, ist heute Standard. Die Versuchung, eine KI als rettenden Regierungsmechanismus einzusetzen, ist nur der jüngste Ausdruck des Wunsches, eine Formel oder einen Automaten mit der Macht zu betrauen, Konflikte zu lösen oder politischen Streit effizient beizulegen. Da uns die Verwendung von KI in Wahlkämpfen bereits vertraut ist, warum nicht noch einen Schritt weitergehen und auch die Gesetzgebung einer KI anvertrauen? Das Verlangen nach einer Regierungsform, die dem technologischen Fortschritt des 21. Jahrhunderts entsprechen würde, ist nie fern.

Die Einwände gegen derlei latente Wünsche sind selbsterklärend. Sie reichen von Warnungen vor der Angreifbarkeit von Technologie durch Hacking und anderen Missbrauch bis hin zu fundamentaleren Prinzipien. Wäre eine Übertragung von Wahlrechten, der Gesetzgebung oder des Justizwesens auf eine KI nicht das Ende der liberalen Demokratie? Selbst wenn Minderheitenrechte geschützt würden, bestünde nicht die Gefahr, dass das politische Leben zu einem dystopischen Albtraum verkommen würde, einer digitalisierten Diktatur, schlimmer als alle bisherigen? Bevor wir jedoch das Ende der liberalen Demokratie infolge einer KI-Machtübernahme heraufbeschwören, sollten wir ein paar wahrscheinlichere und unlängst diskutierte Bedrohungen betrachten, die teils durch die Präsidentschaft Donald Trumps ausgelöst wurden.[25]

Der Politikwissenschaftler David Runciman hat untersucht, welchen Risiken liberale Demokratien unterliegen. Für ihn läuten nicht Panzer in den Straßen, Unruhen und die gewaltsame Auflösung rechtmäßiger Institutionen das Ende der Demokratie ein. Dies seien veraltete Bilder des 20. Jahrhunderts, die sich nur mit geringer Wahrscheinlichkeit wiederholen würden; die Bevölkerung dürfte kaum eines Morgens aufwachen und vom Staatsstreich erfahren.[26] Und doch hätte genau das geschehen können, als die Welt am 6. Januar 2021 entsetzt zusehen musste, wie eine tobende Meute von Trump-Anhängern in Washington das Kapitol stürmte. Verglichen mit politischer Gewalt, wie sie ältere Generationen noch kannten, mögen Eindringlinge, die für den Auftritt in den sozialen Medien hämisch Selfies schießen und in bizarren Kostümen auftreten, vielleicht versinnbildlichen, dass westliche Gesellschaften friedvoller geworden seien. Doch wenn sich Ressentiments gegen Regierungen zusammen mit Online-Extremismus zu einer gewaltbereiten politischen Bewegung vermischen, kann das für die Zukunft liberaler Demokratien kaum Gutes verheißen.

Eines der möglichen Enden der Demokratie, so Runciman, ist tatsächlich eine technologische Übernahme, die Möglichkeit, dass halbintelligente Maschinen für uns und über uns Daten sammeln und schleichend Entscheidungen treffen, da wir selbst zu beschäftigt sind, zu entscheiden. Digitale Technologien haben nicht nur unser Konsumverhalten und unsere sozialen Beziehungen infiltriert, sondern auch die Funktionsweise politischer Prozesse. Überall sind politische Parteien für den Wahlkampf auf automatisierte Datenbanken angewiesen. Von unsichtbaren Hackern im In- und Ausland gelenkte Trolle und Bots können die öffentliche Meinung beeinflussen und Wahlergebnisse verfälschen. Die Werbung des 21. Jahrhunderts beherrscht die Kunst, unsere kognitive Voreingenommenheit zu nutzen, und verwendet sie bewusst, um uns auf Kurs zu halten. Mit dem Aufstieg der sozialen Medien wird die Legitimität der repräsentativen Demokratie zunehmend infrage gestellt, suggerieren sie doch, jeder könne und solle sich Gehör und direkte Teilnahme verschaffen.

Ursprünglich war die repräsentative Demokratie dazu gedacht, unseren kognitiven Voreingenommenheiten entgegenzuwirken, indem sie sofortige Befriedigung hemmt und die politischen Impulse von Menschen durch Institutionen zur Korrektur von Voreingenommenheiten filtert. Doch heute erleben viele liberale Demokratien einen unbehaglichen und ungelösten Wettbewerb zwischen der Souveränität eines gewählten Parlaments, das den Volkswillen repräsentiert, und dem vage definierten Ideal einer direkten Demokratie, die es Leuten ermöglichen soll, sich »die Kontrolle zurückzuholen«. Wie Beispiele der jüngeren Vergangenheit zeigen, befördert diese Krise vornehmlich Populisten und autoritäre Machthaber, die für die Nation und sich selbst Souveränität behaupten, indem sie versuchen, ein unabhängiges Parlament zu beschneiden.

Laut Runciman durchleben westliche liberale Demokratien eine Art Midlife-Crisis. Die Krise sei real, jedoch sei es zu früh, diese Demokratien abzuschreiben. Vielleicht hat er recht, und uns steht ein langwieriger Niedergang bevor. Wenn nur die Politik die Politik retten kann, eine demokratische Politik sich also die Macht digitaler Technologien neu erobern muss, dann muss Demokratie empfänglicher gestaltet werden, als es derzeit der Fall ist, und in den digitalen Technologien müssen neue Möglichkeiten erkundet werden, um bessere Lösungen für komplexe Probleme zu finden. Wie der Autor und politische Essayist Ilija Trojanow argumentiert, ist die Zeit reif für eine intellektuelle Selbstverteidigung. Das bedeutet, unsere Selbsterkenntnis zu verfeinern und uns gegen die Tendenz zu wappnen, Beweise ausschließlich für unsere bereits bestehenden Meinungen zu suchen. Das erfordert neue Mittel der politischen Selbstverteidigung, basierend auf dem Wissen, wie sich mit Informationsüberflutung, Fake News, Propaganda, Trollen und Bots umgehen lässt, um nicht zum leichten Opfer von Manipulation zu werden. Kurz gesagt, es erfordert die Kultivierung von Weisheit.

Runciman berichtet, wie er eine Zeit lang Menschen begleitete, die sich beruflich tagein, tagaus mit existenziellen Bedrohungen befassen. Diese Forscher, die zu intelligenten Robotern, planetarischer Zerstörung und einer Reihe anderer als existenziell eingestufter Risiken arbeiten, seien freundlich gewesen und hätten es gut gemeint. Doch für Politik hätten sie sich zu seiner Überraschung nicht interessiert. Politik sei ihnen als Ablenkung von der vorrangigen Frage erschienen, ob sich intelligente Maschinen eines Tages der menschlichen Kontrolle entziehen könnten. Die Probleme, die diese Menschen nachts wachhielten, seien rein technisch formuliert gewesen – für eine politische Dimension habe es keinen Raum gegeben. Runciman kommentiert, es sei zwar ein nobler Impuls, zu versuchen zu verhindern, dass sich Politik in die Rettung der Welt einmische, doch sei es ein Fehler anzunehmen, die Demokratie lasse sich in einer gepflegten Ecke des Gartens einhegen. Sie reagiert nicht gut auf Einschränkungen. Wenn Menschen das Gefühl haben, sie werden nicht ernst genommen, und wenn wohlmeinende Experten wichtige Entscheidungen für sie treffen, dann protestieren sie bald gegen bestehende Missstände.[27]

In der zeitgenössischen Welt mangelt es nicht an Missständen. Viele Verzerrungen, Störungen und schlechte Ergebnisse werden durch den Gebrauch und Missbrauch digitaler Technologien noch verstärkt, jedoch kaum durch diese verursacht. Der politische Raum hat schon immer fruchtbaren Boden für Metaphern, Mythen und Vorstellungen geboten. Eine wiederkehrende und geläufige Metapher mit vorindustriellem Ursprung ist die der Maschine. Die Maschine mit ihren selbstregulierenden Mechanismen in einem System der gegenseitigen Kontrolle galt als Metapher des modernen demokratischen

Staates. Diese Metapher begleitet uns noch immer, aber die Maschine besteht nicht mehr aus dem Zusammenspiel von Muttern und Schrauben. Die Maschinerie ist elektronisch, bildet sich aus Netzwerken und Daten und wird durch prädiktive Algorithmen angetrieben. Damals wie heute steht die Maschine für eine größere Effizienz und reibungslose Funktionsweise, aber auch für eine mächtige und objektive Apparatur, die Menschen ablösen könnte. In dieser Imagination würde Maschinen die Macht zuteil, an die Stelle prekärer Institutionen und Praktiken zu treten, in der Hoffnung, so die heikle Kompromissfindung innerhalb des Gemeinwesens zu meistern. Die Idee einer solchen Übertragung der Aufgaben an die Maschine ist ebenso faszinierend wie furchteinflößend.

Einige der frühesten Grundlagen der prädiktiven Analytik im politischen Raum legte das US-Unternehmen Simulmatics, das die Medien als dunkle Macht hinter John F. Kennedys Wahlsieg 1960 identifizierten. Als früher Vorläufer von Google und Facebook brachte das Unternehmen Big Data und Rechnerleistung in ein politisches Umfeld, das von der Paranoia des Kalten Kriegs, dem Vietnamkrieg und Studentenprotesten erfüllt war. Jill Lepore beschreibt die selbstgestellte Aufgabe des Unternehmens, »die Zukunft zu erfinden«, indem es die wahlberechtigte US-Bevölkerung in 480 Wählertypen aufteilte und anhand von Gegenproben zu bisherigem Wahlverhalten zukünftiges Verhalten prognostizierte. Simulmatics scheiterte an seinen ehrgeizigen Zielen, und ein Jahrzehnt später ging die Firma Bankrott. Doch die Mission, die es sich gesetzt hatte, hallt nach und wurde zur Blaupause für viele spätere profitorientierte Unternehmen: »Sammle Daten. Schreibe Code. Finde Muster.

Schalte gezielt Anzeigen. Lenke Verhalten. Animiere zu Konsum. Beeinflusse Wahlen«.[28]

Auch weil politische Manipulation vergleichsweise einfach ist, sehen sich liberale Demokratien heute mit etwas konfrontiert, was Yaron Ezrahi als »bodenloses Vakuum in grundlegenden bestehenden Machtstrukturen« bezeichnet. Der Einfluss der modernen Wissenschaft auf politisches Denken begann mit dem Fokus des frühmodernen Staates auf eine visuelle Kultur, gefolgt von der Übertragung von Normen der Objektivität, Repräsentativität und Rechenschaftspflicht auf den politischen Bereich. Zeitgenössische liberale Demokratien müssen daher als das betrachtet werden, was sie sind: eine notwendige Fiktion. »Um zu existieren, muss eine Demokratie, wie jedes andere politische Regime, von einer Vielfalt an Wirkkräften imaginiert und ausgeführt werden«.[29] Die notwendige Fiktion prägt die mannigfaltigen Vorstellungen dessen, was Demokratie ist, wie sie aussehen und umgesetzt werden sollte. Die Entscheidung für die kollektive Vorstellung der Demokratie, die wir leben wollen, liegt letzten Endes bei uns. Fiktionen erweitern das Spektrum des Möglichen. Notwendige Fiktionen schlagen die Brücke zwischen unseren Idealen und der Realität, gestützt durch die Hoffnung, dass mehr der Ersteren in Letztere umgemünzt werden.[30]

Eine dieser frühen Fiktionen der politischen Imagination war Thomas Hobbes' Leviathan. Doch als Automat war der Leviathan nicht das einzige künstliche Gebilde. Den Staat in einen gigantischen Automaten zu verwandeln, barg das Risiko, dass er nicht mächtig genug sein könnte. In einer Welt der Maschinen könnte er vollständig künstlich werden und somit ununterscheidbar von anderen, vielleicht stärkeren Maschinen. Interessanterweise fürchtete sich Hobbes am meisten vor einer anderen Art von Automaten. Es handelte sich dabei um menschgemachte Monster, genauer um die Konzerne seiner Zeit, unnatürliche Vereinigungen von Menschen, die mit künstlichem Leben ausgestattet waren, um den Menschen zu dienen. Sie hatten keine Seele und kein Gewissen. Sie konnten länger als Menschen leben und, wie Roboter, unbeschadet aus den Trümmern menschlicher Angelegenheiten hervorgehen. Hobbes war der Ansicht, dass sich Konzerne nur kontrollieren ließen, indem man den künstlichen Staat stärkte.[31]

Bis zum 18. Jahrhundert konkurrierten Staaten mit Konzernen um Territorium und Einfluss. In vielen Teilen der Welt übertraf der mächtigste dieser Konzerne, die Ostindische Kompanie, den Staat. Die Ostindien-Kompanie war die erste globale unternehmerische Macht, sie erhob Steuern und unterhielt ihre eigene Armee. Erst Mitte des 19. Jahrhunderts wurde sie durch Großbritannien verstaatlicht.[32] Anfang des 20. Jahrhunderts war es Franklin D. Roosevelt – oder vielmehr der riesige amerikanische politische Apparat, dem Roosevelt das menschliche Antlitz verlieh –, der erfolgreich das Monopol der größten US-Konzerne brach. Es ist ernüchternd zu beobachten, dass Hobbes' menschgemachte Monster, die Konzerne seiner Zeit, damals so mächtig waren, wie es ihre Nachfolger heute sind. Sie handeln zwar nicht mehr mit Gewürzen und Waffen, Tee und anderen exotischen Produkten, dafür aber mit der Gewinnung von Daten, die unentbehrlich für die digitalen Oligopole sind, die von diesen Konzernen mittlerweile betrieben werden. Angesichts ihrer Macht wirkt der Staat in vielerlei Hinsicht schwach, gerade weil Konzerne Staatsgrenzen ignorieren und ihre transnationalen Geschäftsmodelle weltweit erfolgreich eingeführt haben.

In Anbetracht des Rückgangs der liberalen Demokratie ist Weisheit ganz sicherlich vonnöten, auch wenn ein algorithmengetriebener Leviathan des 21. Jahrhunderts unwahrscheinlich sein mag. Unsere Anstrengungen sollten sich vielmehr gegen Menschen richten, die sich mithilfe von KI Macht usurpieren. Ein Anfang wäre es, Privatsphäre umfassender zu denken, mit individueller Autonomie als Kernpunkt, auch wenn diese nie absolut ist. Wie viel sind wir gewillt aufzugeben, und was wünschen wir uns im Gegenzug? In der hobbesschen Variante geben die Individuen, aus denen sich der Leviathan zusammensetzt, ihre Freiheit für Sicherheit und Schutz auf. So wünschenswert das zu Zeiten von Bürgerkriegen und endloser Gewalt erscheinen muss, lässt sich das digitale Zeitalter nicht derart mechanistisch denken. Hier dreht sich alles um Netzwerke und Vernetzung. Wenn wir auf eine erneuerte politische Ordnung abzielen, muss unsere individuelle Autonomie mit der Anerkenntnis einsetzen, wie vielfältig wir miteinander vernetzt und voneinander abhängig sind.

5
DISRUPTION: VON VORPANDEMISCHEN ZEITEN ZUR SELBSTDOMESTIZIERUNG

WAS UNS EIN BIOLOGISCHES VIRUS ÜBER UNSERE KÖRPER IN EINER DIGITALEN WELT LEHRT

Die Störung kam, aber nicht wie imaginiert oder vorhergesagt. Sie entstand nicht durch disruptive Technologien, wie von Management-Gurus und Innovationsexperten angekündigt. Diese hatten Unternehmen stets dazu angehalten, sich auf unerwartete Herausforderungen durch unbekannte und kleine Wettbewerber einzustellen, die auf der jüngsten Welle technischer Fortschritte angeritten kommen würden.[1] Disruptive Innovation wurde zum universellen Mantra. Sie wurde von manchen gefürchtet und von anderen begrüßt, die hofften, dass damit bald alles beiseite gefegt würde. Der wirkliche Disruptor entpuppte sich letzten Endes jedoch als ein winziges Virus, ein Produkt der biologischen Innovation, mit der die Evolution unentwegt an der DNA unterschiedlicher Organismen bastelt. Die Verschiebung von harmlos zu gefährlich geschah, als das Pathogen auf noch unbekannte Weise von einem tierischen auf einen menschlichen Wirt übersprang. Zoonosen werden bekanntlich durch den Verlust natürlicher Lebensräume und die stressreiche Haltung von Tieren zur Zucht oder als Nahrung begünstigt. Das Virus vergegenwärtigt uns, dass wir auf diesem Planeten zusammen mit anderen Spezies und Organismen leben, von denen sich manche für uns als hochaggressiv oder sogar tödlich herausstellen.

Welche Lehren erteilt uns diese tragische Zeit, die uns auch künftig noch beschäftigen wird? Das disruptive Virus bedingte nicht nur die schlimmste Pandemie seit einem Jahrhundert, sondern brachte auch den starken Effekt mit sich, uns schneller und weiter in die Digitalisierung zu treiben.[2] Der Rest der Geschichte entfaltet sich noch. Selbst wenn schon mehrere effektive Impfstoffe zur Verfügung stehen, wird es eine Herausforderung bleiben, weiterhin global für dauerhaften Impfschutz zu sorgen. Die Bewältigung der weltweiten wirtschaftlichen und sozialen Schäden wird Zeit brauchen. Verborgene Strukturen werden in Krisenzeiten sichtbarer. So zeigte die Covid-Pandemie schonungslos, wie schlecht vorbereitet die meisten Regierungen waren. Gesundheitssysteme konnten den vorhergesagten Bedarf an Intensivbetten nicht decken, und viele gerieten aufgrund vergangener Sparmaßnahmen in ernsthafte Not. Weil Produktion ausgelagert worden war, mangelte es an Beatmungsgeräten, Gesichtsmasken und Schutzausrüstungen, was die gegenseitige Abhängigkeit von Technologie, Globalisierung und den entscheidenden menschlichen Arbeitskräften verdeutlichte. Oftmals blieb als letzte tragische Maßnahme die Triage. Die »Mathematik von Leben und Tod«, die auch die Grundlage der Simulationsmodelle von Ansteckungsraten und Infektionswegen bildet, zeigte auf, wer für die Krankheit besonders anfällig war.[3]

Die Pandemie offenbarte jedoch mehr als nur unvorbereitete Regierungen, mehr als die unsichere Handhabung eines Notfalls und mehr als die menschliche Fähigkeit zu bewundernswerten Akten von Selbstlosigkeit und Solidarität wie auch zu rücksichtslosem Egoismus. Sie deckte auch unheimliche Ähnlichkeiten zwischen einem biologischen Virus und einem digitalen Virus auf. Keines von beiden ist ein lebender Organismus, aber beide kommen dem trügerisch nahe. Ein Virus repliziert sich, sobald es erfolgreich eine lebende Zelle infiziert hat, aber es kann sich nicht fortpflanzen. Sein Genom kann mutieren und somit die Antikörper der Impfstoffe umgehen, die uns vor einer Ansteckung schützen sollen. Um die rasche Verbreitung von Nachrichten durch digitale Medien zu benennen, wurde schon früh der Begriff »viral« genutzt. Wie die Ansteckung durch ein biologisches Virus soll die Verbreitung einer Botschaft über das Internet die Empfänger »infizieren«. Die Botschaft ist entweder in ein Stück DNA eingefügt oder in einen Text oder ein Bild. Beide Virusarten können sich fatal auf den angegriffenen Organismus oder das angegriffene System auswirken, seien diese genetischer oder informatorischer Natur. »Viral gehen« steht für einen sich beschleunigenden Umlauf im System.

Diese Parallele faszinierte frühe Medientheoretiker wie Jean Baudrillard und Vilém Flusser in ihren Untersuchungen des Einflusses neuartiger Kommunikationsformen und Informationsmedien auf die Gesellschaft. Ist der Träger ein biologisches Pathogen, verlässt der Begriff »viral« die metaphorische Ebene und erlangt seine ursprüngliche, körperbedrohende Bedeutung zurück. Doch in der Covid-Pandemie fanden auch Nachrichten über den Erreger und Bilder davon rasche Verbreitung. Hoch ansteckende Fake News und gefährliche Lügen konnten ungehindert zirkulieren und brachten Menschen dazu, sich zu weigern, Maske zu tragen oder sich impfen zu lassen. Es war, als wäre das biologische Virus in der Spiegelwelt der sozialen Medien neu geschaffen worden, um ebenso ansteckend und potenziell gefährlich wie in der physischen Welt zu sein. Der Begriff »viral« verwandelte sich von einer bloßen Metapher zu einem digitalen, in der wirklichen Welt handelnden Akteur, wo er ebenso viel Schaden anrichten kann. Dazu kam, dass zur gleichen Zeit, da eine genetische Überwachung zur Beobachtung fortlaufender Mutationen eingerichtet wurde, Forderungen nach einer digitalen Überwachung gefährlicher Inhalte in den sozialen Medien lauter wurden.

Zu Anfang war die wichtigste Strategie gegen die Verbreitung des Virus der – oftmals verspätet ausgerufene – Lockdown. Da das Virus nur über körperliche Nähe einen Wirt finden kann, wurden zur Abstandswahrung soziale Interaktionen eingeschränkt, eine unzutreffend als »soziale Distanzierung« benannte Maßnahme. Die vorgeschriebene Reichweite variierte von sechs Fuß bis zu ein oder zwei Metern und von sechs Sekunden bis zu 15 Minuten, was weitreichende Auswirkungen nach sich zog. Millionen Menschen mussten von zu Hause arbeiten, Kindergärten, Schulen und Universitäten wurden geschlossen, Lehrveranstaltungen in das Internet verlagert, und Ärzte sahen ihre Patienten über Videoanrufe. Es konnten keine Großsportveranstaltungen stattfinden, keine Besuche von kulturellen Sehenswürdigkeiten oder Museen, Konzerten oder religiösen Zeremonien. Von einem Tag auf den anderen wurden wir aus der vertrauten analogen Welt in ein digitales Niemandsland katapultiert, wo menschliche Kontakte weitestgehend untersagt waren und Ausnahmen streng reguliert.

Und doch sollte sich die digitale Vernetzung für uns alle als rettender Anker während der Pandemie herausstellen. Niemand wollte sich vorstellen, wie das Leben während dieser Zeit ohne ein Smartphone, Tablet oder einen Computer gewesen wäre. Dank unserer Geräte wurde die soziale Isolation abgemildert, und wir konnten aus der Ferne miteinander kommunizieren. Doch als vorerst die Abstandsregeln galten, entdeckten wir, dass auch zu viel digitale Interaktion eigene Formen geistiger Überlastung mit sich bringen kann. Plötzlich saßen wir allein vor einem Bildschirm und kommunizierten mit anderen, die auch allein vor ihren Bildschirmen saßen. Videokonferenzen werden als sehr viel erschöpfender als persönliche Treffen empfunden. Unser Gehirn glaubt, wir wären mit anderen beisammen, während unser Körper ihre Abwesenheit spürt, was eine stressreiche Dissonanz hervorruft. Sieht man andere Gesichter nur auf Bildschirmen, wird die Synchronizität gebrochen, die durch körperliche Nähe entsteht.

Das Virus lehrt uns einiges über die Funktionsweise unseres Körpers und Gehirns und darüber, wie wir in unserer selbst geschaffenen digitalen Welt zueinander in Beziehung stehen. Digitale Treffen, losgelöst von der gelebten körperlichen Erfahrung, sind schnell zum Alltagsgeschehen geworden und haben uns einen Vorgeschmack auf Kommendes gegeben. In postpandemischen Zeiten wird das Homeoffice kaum weniger Arbeitsstunden mit sich bringen. An der Schnittstelle zwischen der analogen Welt, in der unsere Körper miteinander und mit der Natur interagieren, und der digitalen Welt, in der körperliche Distanz jene Bedeutung verliert, die ihr in der echten Welt zukommt, verschiebt sich derzeit etwas Entscheidendes.

Die Verschiebung sozialer Interaktion in die digitale Welt reduzierte den Bewegungsradius unserer Körper in der analogen Welt erheblich, was hoffen ließ, die Pandemie könne sich für die Menschheit als jener lang erwartete Wendepunkt herausstellen, der die Natur vor weiterer Zerstörung bewahren würde. Über Beijing und anderen sonst smogerfüllten Megastädten zeigte sich blauer Himmel. Vogelgesang nahm wieder seine natürliche Lautstärke an, weil er keinen Umgebungslärm mehr übertreffen musste. Im Alltag wollten die Menschen gerne wieder in Einklang mit der Natur kommen. Wer keinen Garten hatte, kümmerte sich um seine Topfpflanzen. Doch die Hoffnung auf einen anhaltenden Frieden mit einer umkämpften Natur schwand bald. Auch wenn der Anblick von an Flughäfen gestrandeten Flugzeugen für eine Weile zum medialen Alltagsbild wurde, füllten sich leere Räume schnell wieder. Schnellstraßen wurden nicht zu Wiesen, und der klare Himmel über Megastädten war bald wieder voller Smog. Anbieter von Kreuzfahrten – ein maßgeblicher Faktor beim weltweiten CO_2-Abdruck und der Meeresverschmutzung – nahmen das Geschäft wieder auf und bewarben Traumreisen auf See. Allmählich wurde klar, dass allein die Arbeit von zu Hause keine dringlichen Umweltprobleme löst und dass auch Niedriglohnjobs nicht verschwinden werden. Noch immer braucht es Arbeitskräfte, um Essen auszuliefern, um zu putzen und um zu pflegen, auch wenn die robotische Automatisierung irgendwann sogar diese Aufgaben übernehmen dürfte.

Wie hätten wir die Pandemie ohne unsere heutigen digitalen Technologien durchlebt? Die Geschichte vergangener Pandemien zeigt einen ungeheuren Verlust von Menschenleben, etwa, als Mitte des 14. Jahrhunderts fast die Hälfte der Bevölkerung Europas der Pest erlag. Ohne Wissenschaft und moderne Medizin beliefen sich Gegenmaßnahmen damals auf die Isolierung Infizierter.

Am bedeutsamsten und nachhaltigsten wirkten sich jedoch die unweigerlich folgenden Wellen sozialer Unruhe, Rebellion und Gewalt aus. Von derlei sozialen Zerrüttungen sind wir bislang verschont geblieben. Obgleich unsere globalisierte Welt gerade aufgrund ihrer hochgradigen Vernetzung so anfällig war, machte uns paradoxerweise eben diese Vernetzung gegenüber den schlimmsten potenziellen Erschütterungen widerstandsfähiger. Die informatorischen Redundanzen, die auch zu den Bestandteilen der uns verbindenden Netzwerke gehören, kamen uns zu Hilfe.

Im Lauf der Geschichte gab es in dicht besiedelten städtischen Gebieten ohne grundlegende sanitäre Infrastruktur immer wieder Choleraausbrüche. Vielleicht werden zukünftige Generationen die Covid-Pandemie einmal als die Erkrankung des digitalen Zeitalters in seinen Anfängen betrachten. In der langen Geschichte von Epidemien scheint nicht jede Gesellschaft gleichermaßen von Viren betroffen zu sein. Angesichts der Schäden, die ein Virus verursacht, hat jede Gesellschaft eigene Schwachstellen, abhängig von ihrer jeweiligen Form.[4] Aus dieser Perspektive offenbart die Covid-Pandemie diejenigen Schwachstellen, die mit einer eng vernetzten globalisierten Welt einhergehen, und zwar im Zusammenspiel mit den weitgehend ungeregelten Belastungen der natürlichen Umwelt.

In der Bildung neuer Infektionsketten folgen Krankheitserreger bestehenden Transport- und Kommunikationsnetzwerken. Versorgungsketten werden sichtbar, sobald sie unterbrochen sind, und ein Mangel an Ersatzteilen verdeutlicht unvorhergesehen, welche Distanzen diese Gegenstände hinter sich haben. Als Vorräte an grundlegenden Arzneien ausgingen, lag der Grund dafür darin, dass ihre Produktion nach China ausgelagert worden war. Eltern, die ins Ausland gereist waren, um ein Kind zu adoptieren, standen dort mit einem Mal unter Quarantäne. Grenzschließungen bewirkten einen plötzlichen Mangel an Saisonarbeitern in der Landwirtschaft und Fleischproduktion. Der Pflegesektor, gerade für ältere Menschen, brach in vielen westeuropäischen Ländern fast zusammen, da der Bereich stark auf ausländische Arbeitskräfte angewiesen ist. Wie die Abhängigkeit von physischen Infrastrukturen wurde auch die Abhängigkeit von menschlichen Arbeitskräften über Staatsgrenzen hinweg sichtbar.

Im 19. Jahrhundert war die öffentliche Reaktion auf Ausbrüche von Cholera und ähnlichen Krankheiten aufgrund überfüllter und ungesunder Lebensbedingungen, dass grundlegende Sanitärmaßnahmen und -infrastrukturen eingeführt und resolut umgesetzt wurden. Um die neu eingeführten Gesundheitssysteme zu verwalten, musste der Staat seine administrativ-bürokratischen Fähigkeiten ausbauen. Nach sozialen Unruhen und politischen Kämpfen wurden krankheitserregende Bakterien und Viren schließlich durch Impfungen und ein weitestgehend staatlich betriebenes Gesundheitssystem, wozu auch Sozialpolitik und -leistungen zählten, die auf die gesamte Bevölkerung ausgelegt waren, unter Kontrolle gebracht. In großen Teilen der Welt mangelt es noch heute an diesen Leistungen.

Im 21. Jahrhundert wurde der physische Raum durch die ungeheure Weite des digitalen Raumes ergänzt, für dessen Handhabung wir neue Fähigkeiten aufbauen mussten. Transhumanisten träumen sogar davon, ihre Körper und den physischen Raum hinter sich zu lassen und mühelos in eine virtuelle Welt zu treten. All das begann Anfang des 20. Jahrhunderts, als das Senden einer Botschaft erstmals physisch vom Boten entkoppelt wurde. Übermittlung erforderte nun keinen sich bewegenden Körper mehr, weder Pferd oder Taube noch Mensch. Selbst mechanisch bewegte Behältnisse wurden überflüssig. Fortan sollten durch die Nutzung von Telegrafen und Telefonen über immer größere Distanzen elektromagnetische Wellen Sender und Empfänger miteinander verbinden. Es wurden riesige Infrastrukturen von Kabeln und Verstärkern, Sendestationen und Stromversorgungen installiert, und aus der Kommunikation des einen an viele wurde eine Kommunikation von vielen an viele.

Im Zuge dessen wurden Stammesrituale und persönliche Begegnungen, die von Menschen über Jahrtausende hinweg entwickelt worden waren, durch neue Rituale und Kommunikationsformen angepasst, ergänzt oder ersetzt. Über den Rundfunk konnte ein Massenpublikum unabhängig vom jeweiligen Aufenthaltsort erreicht werden, und heute können die sozialen Medien jedes Individuum höchst personalisiert ansprechen. Die Menschen wurden von bloßen Zuschauern zu Selbstdarstellern. In den berühmten Worten Marshall McLuhans wurde das Medium zur Botschaft. Es wurde möglich, alles Gehörte oder Gesehene aufzunehmen und erneut abzuspielen, unabhängig von Zeitzonen oder räumlichen Abständen. Das Abstandhalten begann also schon lange vor der Covid-Pandemie, jedoch mit dem entscheidenden Unterschied, dass die Wiedergabe eines Videos oder das Nacherleben einer vergangenen Episode mit jemandem in weiter Ferne aus Gründen der Notwendigkeit oder des Genusses stattfanden. Im Gegensatz zu den pandemischen Abstandsregeln handelte es sich um etwas Freiwilliges.

Zudem löste die Digitalisierung einen großen Sprung in der Verwendung von Symbolen und im Ausmaß von Abstraktion aus. Evolutionär ist das bedeutsam, da es sich auf das Gehirn wie auf den Körper auswirkt. Entlang von Datenautobahnen kann das Gehirn frei wandern und sich in einer virtuellen Welt in Spiele vertiefen. Körper werden zu Datenpunkten, aus denen wiederum Interaktionsnetzwerke entstehen, die sich ständig formen und wandeln. Die Interpretation der Bewegungen dieser Datenpunkte, die Körper in einem Raum darstellen, ermöglicht wertvolle Einblicke in die aus Netzwerken entstehenden komplexen Systeme. Das verzwickte Verhältnis von Körper und Geist – zumindest im Westen sehr lange durch eine Trennung bestimmt – wird in einer Art und Weise neu geordnet, die wir noch nicht verstehen.

Wir wissen jedoch, dass sich die digitalen Apps, mit denen sich die Bewegungen und Aufenthaltsorte von Körpern verfolgen lassen, um etwa die Verbreitung eines Virus einzudämmen, auch für Kontrolle und Überwachung nutzen lassen. Auch hier hat die Pandemie einen Prozess beschleunigt, der schon seit einer Weile läuft und uns weiter in den digitalen Raum treibt. Niemand sah voraus, dass uns ein Virus diese Schwelle überschreiten lassen würde, aber nun, da es so gekommen ist, tauchen alte philosophische Fragen über das enge Verhältnis von Körper und Geist erneut auf: Welchen Platz hat der Körper in einer digitalen Welt? Wie können wir uns selbst neu in eine Welt eingliedern, die so viel größer ist als der Raum, den die Menschen auf dem Planeten Erde erforscht haben?

Durch das Erfordernis des körperlichen Abstandhaltens wurde eine ganze Bandbreite von Aktivitäten in den digitalen Raum verlegt, wo weder menschliche Berührung noch andere Formen körperlicher Nähe existieren. Es ist, als wären die kühnsten Träume der Verfechter der Digitalisierung wahr geworden. Arbeiten von zu Hause? Kein Problem. Essen wird Ihnen an die Tür gebracht, und etliche weitere Formen des Internethandels warten auf Ihre Bestellungen. Online-Banking gibt es ohnehin schon seit einer Weile, und der Rücklauf von Barzahlungen ist nur noch beschleunigt worden. Das webbasierte Lernen bietet alles, was Lehrer und Schüler brauchen, und spart Kosten. Sein Potenzial wurde bislang nur durch die sture akademische Überzeugung gehemmt, Diskussionen von Angesicht zu Angesicht seien für die Entwicklung Jugendlicher unabdingbar.

Selbst der Kulturbereich hat sich mittlerweile der Digitalisierung zugewendet. In der Vergangenheit zeigte man sich hier zögerlich und bot nur wenige digitale Häppchen. Stolz lockten Museen Menschen in lange Warteschlangen für das einmalige Erlebnis, in einer sorgfältig kuratierten Eventausstellung ein Meisterwerk zu betrachten. Nun müssen, wie in anderen Kultursparten, etwa dem Theater oder der Musik, neue digitale Erfahrungen erfunden und einem physisch verstreuten Publikum nahegebracht werden, wobei die enge Verbindung zwischen Künstler und Publikum aufgebrochen wird. Es werden neue Formen von Kreativität daraus hervorgehen, aber wir verlieren dadurch auch etwas Kostbares, von dem wir nicht einmal wussten, wie kostbar es war.

Wenn wir morgen in einer Gesellschaft aufwachten, die den persönlichen Kontakt miede und sich ganz der Kommunikation über digitale Bits statt über Körper und körperliche Nähe verschrieben hätte, was würde das mit uns machen? Ist räumliche Distanz erst einmal durch Telekommunikation überwunden und sozialer Kontakt zur Tele-Interaktion geworden, werden wir uns zu einer Tele-Gesellschaft gewandelt haben, einer Gesellschaft, die über den räumlichen Abstand hinweg funktioniert. Noch immer werden wir Körper besitzen, und Körper werden noch immer Bedürfnisse haben, besonders pflegerischer Art. Einen Körper zu besitzen bedeutet, seine Bewegungen im Raum zu spüren, in einer Umwelt, wie sie jeder lebende Organismus bewohnt. Die uns vertrauten Landschaften (eine Natur, die über die Zeitalter hinweg durch Umgraben, Abbrennen, Abholzen, Pflanzen und Gärtnern gewandelt wurde) werden der nächsten Phase menschlicher Eingriffe unterzogen werden. Schon heute übertrifft die Gesamtsumme aller anthropogenen Masse – des globalen materiellen Ausstoßes menschlicher Aktivitäten – sämtliche lebende Biomasse.[5]

Die Reisebeschränkungen aufgrund der Pandemie machten virtuelle Reisen beliebt, und an wilden Orten wurden Webcams installiert. Das erinnert an die romantische Bewegung des 19. Jahrhunderts, die gerade zu jenem Zeitpunkt voll erblühte, als die Industrialisierung zerstörte, was im Rückblick zu einer idyllischen Version von Landleben geriet. Unser heutiges Bestreben, zu schützen und zu erhalten, was sich aus der Vergangenheit noch retten lässt, zeigt sich in einem Spektrum von Aktivitäten. Wir kartieren den Artenschwund, überwachen Veränderungen in der Landnutzung und beklagen schwindende Mangrovenwälder und zunehmende Wüstenbildung. Wir spüren den drohenden Verlust einer Bindung an etwas, was wir über unsere Sinne erfahren, über Geruch und Berührung, den Klang und das Sehen, während das Gespenst in der digitalen Maschine uns zugleich immer weiter von diesen Sinneseindrücken wegtreibt.

Dieses Mal ist die Maschine weder stählern noch läuft sie auf Rädern, um riesige Landflächen zu erschließen und die westliche Expansion voranzutreiben. Vielmehr sendet die digitale Maschine wie ein Virus Signale aus und übermittelt Informationen, die an die Rezeptoren unserer Vorstellungskraft andocken und dort transhumanistische Fantasien davon auslösen, endlich unsere erdgebundene Existenz und die schwerfälligen Bewegungen unserer Körper zu überwinden. Hier erwachen alte Menschheitsträume, die in vielerlei Kulturen Ausdruck fanden – wie ein Vogel zu fliegen oder wie eine Schlange zu flüchten, für immer jung zu bleiben oder Körper und Geist zu steigern. Nun endlich können diese antiken Mythen und transhumanistischen Fantasien eins werden. Unterdessen aber rebelliert der Körper und sehnt sich nach physischem Kontakt. Eine pandemische Erschöpfung setzt ein, Menschen werden unruhig und sehnen sich nach Interaktion in der realen Welt, die vordringlich noch immer die soziale Welt bedeutet.

Obwohl die Disruption, die wir durch die Pandemie erfahren haben, nicht von technischer Innovation ausgelöst wurde, hat sie nichtsdestotrotz die Macht digitaler Technologien beschleunigt und wird weitere Innovationen nach sich ziehen. Im sozialen Gefüge ist es zu größeren Brüchen gekommen, und bestehende Schwächen wurden offengelegt. Die Disruption macht neue Schichten sichtbar. Sie hat uns verdeutlicht, dass wir uns die Welt mit anderen Gattungen wie auch mit Viren teilen. Vorhandene Viren werden nicht verschwinden, und bald schon wird es neue geben. Je mehr Raum wir für uns in Anspruch nehmen, umso weiter beschränken wir die natürlichen Umgebungen, in denen sie leben. Wir befinden uns in einem zweifachen Prozess der Koevolution.

Einerseits erleben wir weiter eine Koevolution mit biologischen Viren: Wir passen uns aneinander an – Viren durch Mutationen und Menschen durch die Erfindung von Impfstoffen. Andererseits setzt sich auch unsere Koevolution mit den von uns erfundenen und gebauten digitalen Maschinen fort. Die beiden Prozesse weisen noch mehr Parallelen auf. Die Ansteckungsgefahr digitaler Viren muss wie bei biologischen Viren überwacht und letztendlich kontrolliert werden. Das hat jedoch tiefgreifende Auswirkungen auf die Freiheit der Einzelnen wie auch auf die Organisationsweise unseres gemeinschaftlichen Lebens.

Das Zusammenwachsen des digitalen Raums mit dem physischen Raum des Alltags, verstärkt durch soziale Distanzierung, bewirkt grundlegende Veränderungen. Es hat uns eindrücklich vergegenwärtigt, dass wir noch immer Körper besitzen, die ein starkes Bedürfnis danach haben, mit anderen Körpern und der Natur um uns herum in Verbindung zu treten. Im digitalen Raum kann unser Gehirn zwar frei umherwandern, aber gleichzeitig spüren wir einen verstärkten informatorischen und emotionalen Stress. Wir müssen ein neues Gleichgewicht finden, eine Brücke zwischen dem physischen und dem digitalen Raum, und genauso muss die digitale Zeit in die soziale Zeit integriert werden. Neben der bereits stattfindenden Umordnung unserer Beziehung zur Natur und der natürlichen Umwelt umfasst dies eine Umgestaltung der Beziehung zwischen Körper und Geist. Wir passen uns derzeit an eine Welt an, die sich deutlich von jener vor der Covid-Pandemie unterscheidet. Was das heißt, wird sich erst noch zeigen.

DIE DOMESTIZIERUNG DER ARBEIT

Werden wir zukünftig auf die Covid-Pandemie zurückblicken, werden wir unser individuell und gemeinschaftlich erlebtes Leben in die Zeit davor und danach aufteilen. Eine Rückkehr zur Normalität, sofern diese je bestand, ist unwahrscheinlich. Schon jetzt beobachten wir viele Veränderungen um uns herum und sind uns vage der entstehenden langfristigen Folgen bewusst, die über die erhoffte wirtschaftliche Erholung hinausreichen werden. In einigen Lebensbereichen ist der Bruch zwischen dem Vorher und Nachher schon jetzt sichtbar, besonders in der Verlagerung in Richtung Homeoffice, die sicherlich nicht völlig rückgängig gemacht wird. Ein Artikel im *Economist* darüber, in welchen Bereichen und wie sehr Arbeit aus dem Büro in das Zuhause verlagert wurde, fasst dies unter folgendem Titel zusammen: »Das Zeitalter der Domestizierung von Arbeit hat begonnen«.

Tatsächlich ist ein weitreichender Prozess der Domestizierung im Gang, vielleicht noch stärker als vom *Economist*-Artikel prognostiziert. Die derzeitige Domestizierung von Arbeit ist jedoch keine Rückkehr zur einstigen eigenständigen Wirtschaftseinheit des *domus*. Was in ferner Vergangenheit mit der Domestizierung von Wildpflanzen und der Tierzucht für den Hausgebrauch seinen Anfang nahm, setzt sich heute fort, wenn wir unsere Arbeits- und Lebensgewohnheiten an die global vernetzte digitale Umwelt anpassen. Zweifelsohne bedeutet das für Millionen von Angestellten weniger Fahrten, aber es verstärkt sich auch der ständige, schon jetzt alltägliche Wechsel zwischen Online- und Offline-Welt. Seit Jahrzehnten laufen die Sphäre der Arbeit und die der Freizeit immer mehr zusammen, die Grenzen zwischen

Arbeitszeit und Mußestunden mit Familie und Freunden werden verwischt. Doch nun ist eine weitere Dimension hinzugekommen. Die Arbeit von zu Hause ist nur in dem Sinn abgeschieden, als sie räumlich vom Büro getrennt ist. Ansonsten ist sie völlig integriert in die multiplen und weitreichenden Netzwerke, die die Arbeitsorganisation im 21. Jahrhundert kennzeichnen.

Die Domestizierung von Arbeit schafft neue zeitliche und räumliche Zwänge. Wir werden Teil eines digitalen Zeitregimes, in dem unsere Wachzeiten mit E-Business und E-Learning gefüllt sind. Es wird E-Sport geben, E-Konferenzen und E-Kultur, E-Besuche in Museen oder gemeinsames E-Musizieren. Es bieten sich noch sehr viel mehr Möglichkeiten, doch nach wie vor wird ein Tag nur vierundzwanzig Stunden haben. Noch kann niemand sagen, welche langfristigen transformativen Effekte die Bemühungen um einen postpandemischen Wiederaufbau und Aufschwung zeitigen werden. Doch unsere bereits erreichte hochgradige Vernetzung wird dadurch voraussichtlich nicht wieder abnehmen. Ist die Digitalisierung der Gesellschaft die Antwort auf die erlangte Komplexität der Gesellschaft, wie Armin Nassehi argumentiert, wird mehr Digitalisierung folgen.[6] Aber wie und wann und mit welchen Folgen für wen?

Schon lange vor der Pandemie gab es unter Ökonomen, in der Politik und in den Medien hitzige Debatten um die Zukunft der Arbeit. Obwohl der Arbeitsmarkt vergangene Automatisierungswellen vergleichsweise gut absorbiert hat, gilt allgemein noch die Auffassung, die Digitalisierung werde einen aggressiven Abbau professioneller und in der Mittelschicht verankerter Tätigkeiten bewirken. Sicherlich werden neue Arbeitsstellen geschaffen, doch weder weiß man, wann, noch ob genügend Zeit bleiben wird, um den Schlag einer Massenarbeitslosigkeit abzufedern. Selbst ein sonst optimistischer und Tech-affiner Unternehmer wie Kai-Fu Lee, mit seiner weitläufigen Erfahrung in China und den USA, warnt, dass wir uns vielmehr mit weiterer ökonomischer Stratifikation, Ungleichheit und Arbeitslosigkeit in unserer direkt bevorstehenden automatisierten Zukunft beschäftigen sollten, als darüber zu spekulieren, wann eine Artificial General Intelligence die Macht übernehmen werde.[7]

Joseph Schumpeters Erkenntnisse über die Ursprünge und Auswirkungen von Innovation sind über hundert Jahre alt, bestätigen sich jedoch erneut in der Analyse der technisch-wirtschaftlichen Paradigmenwechsel, die auf radikale Innovation folgen. Schumpeter war einer der wenigen Ökonomen, die Innovation neben Unternehmertum und Marktmacht als eine kritische Dimension wirtschaftlichen Wandels erkannten. Ihm zufolge ist Innovation ein zweischneidiges Schwert. »Der Sturm der schöpferischen Zerstörung« zersetzt die alte Wirtschaftsordnung unablässig von innen, schafft zugleich eine neue und verändert so die Grundlagen der Funktionsweise von Wirtschaft und Gesellschaft. Der zerstörerische Teil zeigt sich in der Verdrängung von Fähigkeiten und Industrien und richtet dabei ganze Regionen zugrunde. Wirtschaftshistoriker füllen das empirische Gesamtbild schöpferischer Zerstörung weiter aus und zeigen, dass bei jeder Verschiebung markante Einkommensunterschiede zwischen Gewinnern und Verlierern auftreten und sich eine allgegenwärtige Alles-oder-Nichts-Mentalität durchsetzt. Bisher hat jeder große technisch-wirtschaftliche Paradigmenwechsel eine schnelle Wohlstandskonzentration in den Händen einiger weniger Unternehmer und wagemutiger, aber rücksichtsloser Investoren und Spekulanten bewirkt. Am Ende mussten Regierungen eingreifen, um soziale Unruhen abzuwiegeln und/oder eine solidarischere und progressivere politische Vision zu verfolgen.[8]

Neue Technologien wirken sich unterschiedlich auf den Arbeitsmarkt aus. Die historischen Muster, die nach der Einführung neuer Technologien auftreten, werden als eine Mischung aus »Prämien« und »Verteilung« erfasst. Prämien stehen für die Fähigkeit neuer Technologien, Wohlstand zu schaffen und diesen zu konzentrieren, wohingegen die Verteilung wachsende Ungleichheiten beschreibt.[9] Künftige Entwicklungen hängen hier abermals davon ab, ob Regierungen den Willen und die politische Macht aufbringen, um Industrien zu regulieren, die mittlerweile transnational tätig sind. Technikbedingte Effekte auf dem Arbeitsmarkt sind jedoch keineswegs unumgänglich. Als zwei Wissenschaftler in einem Bericht argumentierten, 47 Prozent der Arbeitsplätze in den USA seien gefährdet, bis Mitte der 2030er-Jahre durch Maschinen ersetzt zu werden, wurde diese Zahl sowohl von den Medien als auch von der Politik sofort aufgegriffen.[10] Die Angabe wurde quasi zum Sinnbild und nicht mehr weiter hinterfragt, obwohl einer der beiden Autoren die Zahl als Missverständnis zurücknahm und stattdessen eine nuanciertere historische Abhandlung über die sozialen Auswirkungen technischen Wandels veröffentlichte.[11] Bald wird es wieder neue statistische Schätzungen und Szenarien zu zukünftigen Arbeitsplatzverlusten geben, aktualisiert in Anbetracht der wirtschaftlichen und sozialen Konsequenzen der Pandemie und mit der Vorhersage, die Digitalisierung werde den Übergang weiter beschleunigen.

Es ist jedoch an der Zeit, den Kern des eigentlichen Problems zu betrachten: wie sich die Bedeutung von Arbeit wandelt, wenn diese zunehmend auf einer mannigfaltigen Kooperation mit digitalen Maschinen basiert. Das Konzept der Arbeit hat eine lange Geschichte, die bis zu Aristoteles zurückreicht. Ein Aspekt beschäftigt sich mit dem uralten Traum einer Befreiung von der Schinderei und von den Leiden, die mit Arbeit assoziiert werden. In dieser Version stehen Maschinen für Erleichterung und Emanzipation von Arbeiten, die lieber Tieren oder Maschinen überlassen werden sollten. Hier wird die attraktive Idee aktiver Freizeit aufgenommen, die John Maynard Keynes 1929 fragen ließ, was Menschen wohl mit ihrer freien Zeit tun würden, wenn sich die Arbeitswoche ein Jahrhundert später auf 18 Stunden verkürzt haben würde.[12] Obwohl sich viele andere Vorhersagen Keynes' als korrekt erwiesen, schien diese weit gefehlt. Zwar befinden wir uns noch nicht im Jahr 2029, doch könnte die mühsame wirtschaftliche Erholung nach der Covid-Krise Keynes am Ende doch recht geben, auch wenn es mit anderen Sorgen als den seinen verbunden sein dürfte.

Im Nachgang der Pandemie dürften Diskussionen über die Möglichkeiten eines universellen Grundeinkommens noch zunehmen.[13] Diese Ideen müssen sich gegen das Argument behaupten, unsere Volkswirtschaften würden von unersättlichen Bedürfnissen angetrieben und auf eine Weise funktionieren, die voraussetzt, dass Menschen arbeiten müssen. In den Worten des Wirtschaftshistorikers Robert Skidelsky:

> Das Angebot bleibt immer hinter der Nachfrage zurück, was ständige Verbesserungen von Effizienz und Technik erforderlich macht. Das bliebe auch dann wahr, wenn genügend Nahrung, Kleidung und Wohnraum für die ganze Welt vorhanden wären […]. Menschen haben kei-

ne andere Wahl, als weiter »Zeitarbeit« zu leisten, in Jobs, die der Markt jeweils gerade anbietet. Eine Zeit des Überflusses, wenn Menschen zwischen Arbeit und Freizeit wählen können, wird also nie kommen. Auf immer und ewig muss der Mensch mit der Maschine wetteifern.[14]

Dieser Standpunkt reflektiert, dass für den Großteil der Geschichte der wirtschaftliche Überschuss, der über örtlich vorherrschende Daseins- und Komfortstandards hinausging, durch Zwangsarbeit erbracht wurde. Noch 1800 lebten knapp drei Viertel der Weltbevölkerung in irgendeiner Form von Leibeigenschaft.[15] Heute bewegen wir uns rasch auf eine Zukunft zu, in der Maschinen zuverlässiger, effizienter und kostengünstiger sind. Unabhängig davon, ob oder wann Maschinen intelligenter als wir sein werden, könnten eine funktionierende Wirtschaft und die Kriegsführung bald auch ohne Menschen auskommen. Was aber geschieht, wenn der wirtschaftliche Wert des einzelnen Menschen gen Null geht? Die Zukunft der Arbeit hängt davon ab, inwieweit der Wert, der einem Menschen und seinem Wohl zugemessen wird, seinen wirtschaftlichen Wert übersteigt und wie dies gemessen werden wird.

Reichhaltige archäologische und archäobotanische Belege zeigen den Übergang des Lebens von kleinen, mobilen, verstreuten und relativ egalitären Stammesgruppen von Jägern und Sammlern zum Leben in den ersten ummauerten Stadtstaaten, die sich um das Jahr 3100 v. Chr. im Fruchtbaren Halbmond um Euphrat und Tigris bildeten. Dies geschah mehrere Jahrtausende nach der ersten Getreidezucht und Sesshaftwerdung, einer Mischung aus Jagen, Sammeln und Landwirtschaft. In seiner provokativen Darstellung der frühen, auf Ackerbau basierenden Staatenbildung in Mesopotamien argumentiert James C. Scott, dass hierbei intensiv auf unfreie Arbeit zurückgegriffen worden sei, unter anderem durch Kriegsgefangene, Vertragsknechtschaft, den Kauf von Sklaven auf Märkten und die Zwangsumsiedlung ganzer Gemeinden. Die Domestizierung von Pflanzen und Tieren, wie sie in den Gemeinden des Nahen Ostens praktiziert worden sei, habe sich auch auf die Domestizierung von Menschen erstreckt.

Getreide, so die Hypothese, sei zum idealen Mittel geworden, um Kontrolle über die Fortpflanzung und Arbeitskraft der Bevölkerung zu erlangen, die für die frühen Staaten wesentlich gewesen sei. Dies liege daran, dass Getreide ideal geeignet ist für eine räumlich konzentrierte Produktion, Besteuerung und Aneignung, für Katastervermessungen, Lagerung und Rationierung. Getreide hat eine gemeinsame Reifezeit, ist vorhersehbar und kann vor der Ernte unmöglich vor dem Steuereintreiber verborgen werden, was den Aufstieg höfischer und administrativer Eliten und eine frühe Urbanisierung ermöglicht habe. Mauern seien nicht nur als Verteidigung gegen Angreifer errichtet worden, sondern auch, um die Bevölkerung von der Flucht abzuhalten. Der Staat mit der größten Bevölkerung habe als der reichste gegolten und sei kleineren Rivalen in der Regel militärisch überlegen gewesen. Schuldknechtschaft, Leibeigenschaft, »kommunale« Knechtschaft und Abgaben waren nicht auf Mesopotamien beschränkt. Sklavenarbeit bildete die wirtschaftliche Grundlage der athenischen Gesellschaft, des imperialen Roms und Chinas unter der Han-Dynastie. Aristoteles zufolge waren manche Menschen aufgrund eines mangelnden Vernunftvermögens von Natur aus Sklaven und sollten am besten, gleich Zugtieren, wie Werkzeuge eingesetzt werden.[16]

Auch wenn Menschenhandel und unfreie Arbeit heute weiterhin die Realität von Millionen Menschen in der ganzen Welt bestimmen, zeigt sich insgesamt doch ein deutlicher Gegensatz. Die Domestizierung von Menschen durch Menschen anhand von Zwangsarbeit ist nicht vergleichbar mit der sanften Domestizierung mittels der Digitalisierung, die Büroarbeit in den Privathaushalt verlagert. Dieses Mal handelt es sich nicht um Zwangsarbeit. Vielmehr domestizieren wir uns selbst. Für die frühen Staaten besaß der einzelne Arbeiter einen extrem niedrigen Wert, doch ihre Gesamtsumme war für Krieg, Eroberung und imperiale Ausbreitung maßgeblich. Heute gilt das riesige Ausmaß der weiter wachsenden Weltbevölkerung vor allem insofern als Herausforderung, als ein Gleichgewicht zwischen der ökologischen Nachhaltigkeit des Planeten und einem universellen Zugang zu Wohlergehen und einem würdigen Leben hergestellt werden muss. Der Arbeitsmarkt hat sich segmentiert, aufgeteilt in eine gut ausgebildete und hoch qualifizierte Erwerbsbevölkerung in den Bereichen Technologie, Finanzen und Unternehmertum einerseits und andererseits all jenen, die am anderen Rand der digitalen Spaltung stehen. Wir müssen verhindern, dass diese Spaltung zur digitalen Mauer wird, die jene in einer Wildnis der prekären Niedriglohnjobs jenseits der digitalen Arbeitswelt arbeitenden Menschen ausgrenzt, von wo sie nicht entkommen können, weil kein anderer Ort mehr bleibt.

Die Fragen, die sich durch unsere Selbstdomestizierung in einer digitalen, von Computern bestimmten Arbeitswelt stellen, gehen über die üblichen Debatten um die Zukunft der Arbeit hinaus. Neue Signale kommen hier aus der Computerwissenschaft, wo führende Köpfe wie Moshe Vardi die Priorisierung von Effizienz beim Bau und Betrieb von Computersystemen kritisieren. Durch den unablässigen Fokus auf Effizienz, so Vardi, würden Robustheit und Resilienz nicht ernst genug genommen. Arbeitsprozesse, mit denen relevante Suchergebnisse eingestuft werden sollen, seien zu Betriebsgeheimnissen geworden, was die systemische Resilienz schwäche. Auch weitverbreitete Praktiken wie das sogenannte *frictionless sharing* seien der Robustheit letztlich abträglich. Ein stark beworbener und praktizierter »Cyber-Libertarismus«, der jegliche Regelung als Unterdrückung weiterer Innovation ablehne, habe vielmehr eine umfassende Cyber-Unsicherheit geschaffen. Effizienz allein sei also nicht optimal. Wenn ihr Fokus ausschließlich auf sofortigen Gewinnen liegt, während die Resilienz, die einzige tragfähige Langzeitstrategie, demgegenüber vernachlässigt wird, wandle sich Effizienz zur »Ineffizienz der Effizienz«.[17]

Die Zukunft der Arbeit bleibt ein heiß debattiertes Thema, da bei der Frage, wie Wohlstand angehäuft werden darf und wie er verteilt oder umverteilt werden sollte, Arbeit noch immer als der Dreh- und Angelpunkt unserer Gesellschaften gilt. Das Wesen der Arbeit ändert sich derzeit vermutlich schneller als andere von der Digitalisierung betroffene Bereiche. Die Pandemie hat lediglich Veränderungen hervorgehoben oder beschleunigt, die bereits in Gang waren. Doch ein alleiniger Fokus auf die Stärkung digitaler Fähigkeiten, so wichtig diese auch sein mögen, um Menschen faire Chancen auf dem Arbeitsmarkt zu geben, wird nicht reichen. Der Wert, der unterschiedlichen Formen von Arbeit und all jenen zugerechnet wird, die arbeiten oder nicht mehr arbeiten, die keine

Arbeit haben, die niemals werden arbeiten können, muss neu festgelegt werden. Das Wesen und die Bedeutung von Arbeit müssen breiter und tiefer diskutiert werden, wenn wir vermeiden wollen, dass sich die Gesellschaft digital zwischen Menschen spaltet, die von zu Hause arbeiten, und solchen, die auf der Straße stehen und die andere Hälfte bedienen dürfen.

Die Domestizierung der Arbeit bedeutet mehr, als Aktivitäten aus dem Büro in den Privathaushalt zu verlagern. In der menschlichen Evolutionsgeschichte traten die Domestizierung von Tieren und die Kultivierung von Pflanzen gemeinsam mit der Praxis der Landwirtschaft und der Gründung dauerhafter Siedlungen auf. Die erste Phase der Domestizierung von Arbeit begann, als frei umherwandernde Jäger und Sammler oder nomadische Hirten entweder auf die Landwirtschaft umstiegen oder durch Landwirte ersetzt wurden. Parallel dazu, wie sich Arbeitsweisen zur Sicherung einer Lebensgrundlage änderten, änderten sich auch Familienstrukturen und die kommunale Organisation, zusammen mit einer Reihe kultureller Praktiken. Vielleicht befinden wir uns nun an der Schwelle zu ähnlich weitreichenden Veränderungen.

VON DER DOMESTIZIERUNG ZUR SELBSTDOMESTIZIERUNG

Erst zu Beginn des 19. Jahrhunderts wurde es vorstellbar, dass Menschen nicht nur Tiere und Pflanzen domestizierten, um sie an die menschliche Nutzung anzupassen, sondern auch sich selbst. Das Konzept der Selbstdomestizierung gewann an Boden, als man physiologische Veränderungen in Menschen entdeckte, die sich im Lauf vieler

Tausend Jahre vollzogen hatten. Mehr Belege für Veränderungen von Gesicht und Schädel kamen zutage, wie etwa kleinere Gesichter und eine kürzere Schnauze, oder auch für eine Reduzierung von Körpermasse und Geschlechtsdimorphismus und weitere äußerliche morphologische Veränderungen. Die Selbstdomestizierung als evolutionärer Prozess wird als menschgemachte Selbstselektion verstanden, um gegen aggressives Verhalten zu schützen, was wiederum größere Prosozialität bewirkt.

Einer der ersten Naturforscher, der derlei Veränderungen in Menschen beobachtete, war Johann Friedrich Blumenbach. Blumenbach, ein halbes Jahrhundert vor Charles Darwin geboren, war einer der bekanntesten Physiologen und Anatomen seiner Zeit. Da seine Bücher rasch ins Englische übersetzt wurden, erreichte er ein weites Publikum jenseits seiner Heimat Deutschland. Auch Darwin erahnte die Ähnlichkeit zwischen den modernen Menschen und domestizierten Gattungen, doch aufgrund seines Schwerpunktes auf kontrollierter Zucht brachte er die beiden Phänomene nicht miteinander in Verbindung. Was einst als zu viele Ideen auf Grundlage zu weniger Daten galt, hat sich als Phänomen mittlerweile bestätigt. Dank der jüngsten genetischen und neurophysiologischen experimentellen Methoden, die der Neurogenetik zur Verfügung stehen, haben sich die Beweise für eine Verschiebung hin zum Selbstdomestizierungssyndrom gehäuft und wurden durch ein Erklärungsmodell für die zugrunde liegenden neuralen und genetischen Regulierungsmechanismen ergänzt.[18]

Es wird angenommen, dass die evolutionären Veränderungen, die die Selbstdomestizierung antreiben, ein kooperativeres und prosozialeres Verhalten bedingt haben. Im Vergleich zu unseren engsten primatischen Verwandten ist der *Homo sapiens* im Laufe seiner evolutionären Entwicklung weniger gewalttätig geworden. Allmählich bekommen wir ein besseres Verständnis davon, wie die menschliche Aggression im Lauf der letzten 300 000 Jahre abgenommen hat und warum Kooperation von einer gruppenstrukturierten kulturellen Selektion den Vorzug erhielt. Eine kühne, wenn auch kontroverse Idee brachte hier der Primatologe Richard Wrangham hervor. Seinem Kernargument zufolge habe die Selektion prosozialen Verhaltens und größerer Fügsamkeit – in der gegenderten Sprache der Wissenschaft auch als Feminisierung bezeichnet – darin gegründet, dass sich die Fähigkeit herausgebildet habe, Koalitionen gegen hyperaggressive Männchen zu bilden. Das setzt Sprache und die kognitive Fähigkeit zu vorsätzlicher Planung voraus. Anders gesagt verschworen sich Untergebene, um das körperlich aggressive Alpha-Männchen zu töten.[19] Noch heute lässt sich ein schwaches Echo solchen Verhaltens in der Politik beobachten.

Was man auch von dieser Erklärung halten mag – sie stand rasch in der Kritik, die bewusste weibliche Wahl weniger gewalttätiger Männer zu übersehen –, sie zeigt, wie wichtig es ist, zu verstehen, was genau im Evolutionsverlauf menschliches Verhalten dahingehend geprägt hat, dass Menschen prosozialer wurden und ihr Kooperationsvermögen steigerten. Auch langjährige Historikerdebatten über die Evolution sozialer Komplexität beschäftigen sich mit der Frage, wie Kooperation in Gesellschaften entstand, die an Größe und in der Komplexität ihrer organisatorischen Strukturen zunahmen. Eine Debatte dreht sich um die Rolle moralisierender Götter mit übernatürlichen Kräften zur Bestrafung antisozialen Verhaltens. Mithilfe von Proxy-Indikatoren aus der

Seshat-Datenbank, in der Informationen über mehr als 450 Gesellschaften gelagert sind, die bis zu 4000 v. Chr. zurückreichen, kam eine Gruppe quantitativer Historiker vorläufig zu dem Schluss, dass das Auftreten moralisierender Götter eher auf ein gewisses Maß an Komplexität folgte, als dass es diesem vorangegangen wäre. Es hat den Anschein, als hätten moralisierende Götter einer zentralisierenden Vorherrschaft weniger den Weg geebnet, als dass man sie als Kontrollinstrument einsetzte, um bereits bestehende Machtstrukturen zu stärken.[20]

Andere Historiker sind diesbezüglich skeptisch, da ihnen ein quantitativer Ansatz viel zu simpel erscheint, um zu verstehen, was moralisierende Götter entstehen ließ und mit welchen Folgen. Sie betrachten das Phänomen eher in Verbindung mit der Bildung von Imperien, in der es eines von vielen Faktoren darstellt. Verständlicherweise empfinden sie Unbehagen über das, was sie als äußere Einmischung in die eigene Fachdisziplin betrachten. Nichtsdestotrotz bietet der als Kliodynamik bekannte quantitative Geschichtsansatz, bei dem mit großen Datensätzen gearbeitet wird, für ungelöste Fragen ein gewinnbringendes Versuchsfeld. Weitere kooperative Forschung wird hier hoffentlich lohnende Antworten zum Aufstieg sozial komplexer Gesellschaften bringen.

Lange vor der Entstehung quantitativer Geschichtsforschung beschäftigte sich Norbert Elias mit den sozialen Prozessen hinter den großflächigen Veränderungen in kulturellen Haltungen, Normen und Sozialverhaltensweisen, die die Evolution westlicher Gesellschaften in der nachmittelalterlichen Periode prägen. Bezeichnend waren hier eine wachsende gegenseitige Interdependenz und, obwohl Elias selbst den Ausdruck nie verwendet, ein wachsendes prosoziales Verhalten. Mithilfe von

Daten aus mannigfaltigen Texten (etwa Tagebüchern, Leitfäden zu Tischmanieren und Anredeformen von unterschiedlichen sozialen Schichten) kommt Elias zu dem Schluss, dass die wachsende Vernetzung, der Aufstieg von Staatsmonopolen – insbesondere über Gewalt und Besteuerung – und die zunehmenden gegenseitigen wirtschaftlichen Abhängigkeiten über räumliche Abstände hinweg zu Fortschritten darin führten, dass Menschen sich miteinander identifizierten, unabhängig von ihrem jeweiligen sozialen Hintergrund.

Was als Außenbestimmtheit anfing, oftmals mittels Brutalität und von außen auferlegter Normen, wurde zu Selbstbestimmtheit und Selbstbeherrschung. Neue Normen und Verhaltensweisen entstanden durch einen Vorgang, den Elias als den Prozess der Zivilisation bezeichnet. Europäer fingen an, sich selbst als zivilisierter als ihre Vorfahren zu betrachten, als ihre Nachbarn und all jene, die sie kolonisierten, um sie zu »zivilisieren«. Der Prozess der Zivilisation entfaltete sich durch die Verbindungen zwischen innerstaatlichen und internationalen Entwicklungen, die mit Veränderungen im emotionalen Leben und in der psychologischen Selbstwahrnehmung von Menschen korrelierten. Eine wachsende wirtschaftliche und soziale Interdependenz erforderte größere Stabilität, Koordinierung und Beaufsichtigung. Elias wurde nie müde, zu unterstreichen, dass die Zivilisierung weder linear noch teleologisch sei. Aus persönlicher Erfahrung wusste er, dass ein Rückfall in eine entzivilisierende Barbarei jederzeit möglich ist.[21]

In Anbetracht von derlei Belegen aus den Natur- und Sozialwissenschaften, so unvollständig und widersprüchlich sie auch sein mögen, stellt sich die Frage, wo wir uns im langen Prozess der menschlichen Selbstdomestizierung befinden. Auf einer evolutionären Zeitschiene gemessen, hat zweifellos eine Zähmung menschlicher Aggression und eine bemerkenswerte Verschiebung hin zu mehr Kooperation stattgefunden. Das zeitgenössische Bild ist jedoch verwischter. Welche historischen Zeitalter sollen miteinander verglichen werden und innerhalb welcher Gegenden der Welt? Die soziale Welt ist so unordentlich wie immer. Eine größere Prosozialität in manchen Bereichen steht im starken Kontrast zu grausamer Aggression und Brutalität in anderen. Zweifelsohne haben wir Niveaus sozialer Inklusion erreicht, wie es sie noch nie gegeben hat. Neue soziale Normen haben sich in bedeutendem Ausmaß etabliert, wie auch die Forderungen nach sozialer Gerechtigkeit und Inklusion durch soziale Bewegungen wie Black Lives Matter, die Neurodiversitätsbewegung, die der LGBTQIA+-Rechte und andere. Doch gegenüber jenen, die als Außenseiter gelten, besteht zugleich wachsende Intoleranz und mangelnde Solidarität. Es ist, als hätten die sozialen Medien einen inneren moralischen Kompass entfernt und Hassrede und Verachtung dürften sich hemmungslos ausbreiten. Jeder fühlt sich im Recht, wenn nicht sogar angespornt, den eigenen Instinkten zu folgen, ungeachtet der sozialen Ordnung, der man angehört.

Die Selbstdomestizierung, die sich heute beobachten lässt, ist weder durch Angst vor moralisierenden Göttern ausgelöst noch durch Feudalherren auferlegt. Sie wird weder durch den kantschen Kategorischen Imperativ angetrieben noch durch das Bildungsideal, das den ehrgeizigen sozialen Aufstieg des Bildungsbürgertums im Deutschland des 19. Jahrhunderts prägte. Weit davon entfernt, das vorausgesetzte universelle Ideal zu sein, handelte es sich beim Bildungsideal um das Privileg einer kleinen westlichen Elite, die ihre soziale Grundlage seither längst verloren hat. Innere Selbstbestimmung entstand nie als Form der Autogenese. Sie hing von äußeren sozialen und wirtschaftlichen Faktoren ab, mittels derer kulturelle Werte, basierend auf dem aufklärerischen Ideal der Emanzipation, Orientierung geben konnten.

Sukzessive hat sich die Domestizierung zu einem Prozess der Selbstdomestizierung gewandelt. Sie setzt sich auch dann fort, wenn wir die Digitalisierung geistig verinnerlichen und uns zur Orientierung individuellen Verhaltens nach Algorithmen richten. Sie wirkt sich auf den Raum aus, den unsere Körper in der Welt einnehmen, wie auch auf unsere Beziehungen zueinander. Schon jetzt sind Computer und Tablets Alltagsgefährten, mit denen wir kommunizieren, die wir zurechtweisen oder verfluchen und mit denen wir unsere intimsten Gedanken und Gefühle teilen. Wir vertrauen vorhersagenden Algorithmen und erwarten, dass sie uns im Umgang mit Ungewissheit helfen. So werden sie zum Bestandteil eines erweiterten Selbst. Wir verleihen ihnen Handlungsmacht, ähnlich wie früher moralisierenden und strafenden Göttern oder anderen moralischen Figuren Handlungsmacht verliehen wurde, die uns Normen setzten, denen es zu folgen und zu gehorchen galt. Wollen digitale Großkonzerne neben Regierungen und anderen Unternehmen als ernstlich um eine ethische und verantwortliche KI bemüht wirken, müssen sie der prädiktiven Analytik einen Rahmen stecken, der Algorithmen nach dem normativ zulässigen Verhalten ausrichtet, das sie selbst hervorrufen sollen.

Seit die ersten Technologien erfunden wurden, haben sie das Ausmaß und die Effektivität des Erreichbaren erweitert. Durch die digitalen Technologien ist das Programmieren zu einer neuen Sprache geworden, die Algorithmen sehr viel mehr als bloßes Rechnen ermöglicht. Sie können bereinigen, anpassen, zählen, speichern, dirigieren, erkennen, vergleichen, verstärken und so weiter. Wir befehlen ihnen »Verstärke dies«, »Speichere das«, »Hol jenes«, »Sortiere solches«, und unglaubliche Ergebnisse folgen. Brian Arthurs Idee, sich Algorithmen als Verben vorzustellen, ist also angemessen.[22] Verben bezeichnen Handlungen, und Algorithmen sind darauf ausgelegt, zu handeln und bestimmte Ziele zu erreichen. In einfachen wirtschaftlichen KI-Erwägungen kann der Zweck ein monetärer sein. Man kann Algorithmen befehlen, zu kartieren und zu visualisieren, was immer sich in einer Umgebung finden lässt, oder sie in Apps zur Restaurantsuche oder zur Überwachung nutzen. Selbstfahrende Autos lassen sich mit evolutionären Algorithmen ausstatten und Satelliten oder Drohnen zur Beobachtung der weltweiten Entwaldung einsetzen. Xenobots – winzige organische Roboter, die aus zwei Arten von Stammzellen bestehen – können im Körper navigieren – eine von vielen Anwendungen auf dem rasch wachsenden Gebiet der digitalisierten Medizin und Biotechnologie. Stellen wir uns Algorithmen als Verben vor, sollten wir von uns selbst als Substantiven denken. Weder das eine noch das andere funktioniert eigenständig. Wir setzen Technologie ein, aber die Technologie gibt unserem Verhalten ein Feedback zurück, und wir passen uns dementsprechend an. Und so schreitet die Selbstdomestizierung voran.

Wie immer gehören Künstler zu den Pionieren. Sie nutzen Algorithmen kreativ und oftmals subversiv. In einem Werk namens *Machine Auguries* nutzt Alexandra Daisy Ginsberg sogenannte Generative Adversarial Networks (»erzeugende gegnerische Netzwerke«), um zwei neurale Netzwerke zu einem Wettkampf antreten zu lassen. Das eine Netzwerk besteht aus natürlichem Vogelgesang und kombiniert die Stimmen verschiedener Vogelarten, wohingegen es sich bei dem anderen um ein Deepfake handelt, ein synthetisches, aber nicht unterscheidbares Artefakt, das mit Daten zu den echten Vogelstimmen angelernt wurde. Das Deepfake wird als Playbackschlaufe für die echten Vögel eingesetzt, sodass diese ihr sonst schwindendes Repertoire neu anreichern können.[23]

So wie die Vögel in ihrem Gesang auf die synthetischen Stimmen reagieren und diese allmählich als Vögel erkennen, mit denen sie singen können, reagieren Menschen auf Prognose-Algorithmen, die ihnen sagen, was sie in Zukunft zu erwarten haben. Der Zweck vieler Algorithmen besteht darin, auf Prävention ausgelegte Vorhersagen zu treffen. Sie sollen soziales Verhalten dahingehend kanalisieren, dass es einen mutmaßlichen Nutzen für das Individuum wie für die Gesellschaft hat. Da Vorsorgemaßnahmen, die einst in staatlicher Hand waren, vermehrt an Privatunternehmen ausgelagert werden, stehen Menschen zunehmend in der Verantwortung, sich selbst um ihre Gesundheit und ihr Wohlergehen zu kümmern sowie darum, wie sie altern und wie sie ihren Ruhestand finanzieren. Die Idee der Prävention impliziert einen normativen Zweck, da Prävention Schaden verhindern soll. Im Gegensatz zum Vorsorgeprinzip, bei dem Tätigwerden aufgeschoben oder verhindert wird, gebietet die Prävention zu handeln, um im Vorhinein schädliche Folgen zu vermeiden, seien es Verkehrsunfälle, Plastikverschmutzung, Übergewicht oder Krebs.

In einer Welt, die als risikoreich und voller potenzieller Negativkonsequenzen wahrgenommen wird, ist der Spielraum für Prävention riesig. Prävention ist eine weitere Facette der Selbstdomestizierung. Mithilfe von Prognose-

Algorithmen sollen wir ein gesundes und produktives Leben führen, glücklich sein und zu einem nachhaltigen Planeten beitragen. Prävention ist zu einem normativen Projekt zur Verbesserung von allem geworden, ideal für das digitale Zeitalter. Nicht nur nutzt sie dem Individuum, auch erspart sie dem Staat Kosten für ordnungspolitische Maßnahmen. Sie kann ein profitables Geschäft sein, und leicht lässt sich monetärer Gewinn mit der moralischen Befriedigung verbinden, ein guter Mensch zu sein. Somit werden Prognose-Algorithmen, die uns in Richtung angemessener Präventivmaßnahmen lenken, ein immer größeres Stück der ihnen von uns zugewiesenen Handlungsmacht beanspruchen. Sie werden zu normativen Akteuren, ausgerichtet auf Verbesserung und menschliche Optimierung, und dadurch zu einem wesentlichen Mechanismus im Prozess der Selbstdomestizierung.

Deshalb sollten wir sorgsam sein, zu welchen Zwecken wir sie konzipieren. Selbstlernende Algorithmen lassen uns nicht nur weiter in die Zukunft blicken. Sie lassen sich auch darauf abrichten, die Zukunft zu erzeugen, in gemeinschaftlicher Produktion mit uns selbst. Sie treten im Gewand technischer Neutralität und wissenschaftlicher Objektivität auf, was ein zusätzlicher Grund ist, weshalb wir ihnen vertrauen. Das Problem ist nach wie vor, dass die Vertrauenswürdigkeit von KI eng an die der Großkonzerne gekoppelt ist, die sie besitzen, betätigen und managen. Macht konzentriert sich in einer Handvoll Monopole, die sich einer Regelung bislang weitestgehend entzogen haben. Wenn beim Einsatz von Algorithmen Kontext von Bedeutung ist, muss auf die Diversität von Kontexten eingegangen werden. Das heißt, wir müssen uns dem stellen, was geschieht, wenn Vorhersagen, die in einem künstlich beschränkten Kontext erzeugt wurden, in die fluide, mehrdeutige und unordentliche soziale Welt übertragen werden, in der sich unsere Zukunft entfaltet. Wir reagieren auf algorithmische Vorhersagen und passen uns ihnen an. Das macht es dringend erforderlich, ein kritisches Urteilsvermögen zu kultivieren. Statt einer KI blind zu vertrauen und vorhersagenden Algorithmen wahllos Handlungsmacht zuzugestehen, gilt es, den Prozess unserer Selbstdomestizierung mittels der Digitalisierung anzuerkennen. Wir domestizieren Algorithmen, und sie domestizieren wiederum uns. Sie zu domestizieren heißt, sie zu zähmen. Sie müssen aus einer unregulierten Wildnis herausgeholt werden, in der sie streunen und zerstören können, wie es ihnen oder vielmehr ihren Eigentümern gefällt.

Zu ihrer Zähmung gehört, ihnen Verhalten beizubringen, nicht anders als bei der Kindererziehung. Eine KI lässt sich mit einem Kind vergleichen und entsprechend behandeln. Manchmal produziert eine KI etwas nicht überragend Scharfsinniges, weil sie noch kein Gespür für den sozialen und kulturellen Kontext ihres Handelns entwickelt hat. Wie ein Kind mit der Kultur vertraut gemacht werden muss, in der es aufwächst, muss eine KI etwas über den sozialen Kontext lernen, in dem sie agieren soll. Es ergibt wenig Sinn, ein Kind oder eine KI dafür zu kritisieren, eine Sache nicht besser zu bewerkstelligen, solang sie nicht reif genug dafür sind. Sie zu erziehen heißt, sie dahingehend zu fordern, ihr Potenzial zu entfalten. Und so wie wir Kinder sozialisieren und ihnen ein Verantwortungsgefühl anerziehen, müssen wir einer KI die Fähigkeit beibringen, Rechenschaft für das eigene Handeln zu tragen.

Eine noch größere Herausforderung für die Zukunft ist, einer KI beizubringen, darüber zu reflektieren, warum und wie Dinge getan werden, also Judea Pearls Kriterium des »Ich hätte anders handeln sollen« anzuwenden. Um Algorithmen wie Kinder zu behandeln, müssen wir Sorge tragen, weder Angst vor ihnen zu haben noch ihre Erzeugnisse allzu ernst zu nehmen. Vernachlässigen wir aber, ihnen etwas beizubringen, oder unterrichten wir sie falsch, können sie zu Monstern werden.

Am Ende kehren wir zu unserem Motto zurück: Zukunft braucht Weisheit. Solang vorhersagende Algorithmen nicht weise sind – in dem Sinn, über ein Ethos zu verfügen, eine Reihe gemeinsamer Haltungen und Praktiken, abgestimmt auf die jeweiligen Kontexte, in denen sie eingesetzt werden –, müssen wir wachsam bleiben. Prädiktive Algorithmen nehmen uns mit auf den Kurs, den sie für uns vorhersehen. Dafür wurden sie entworfen. Doch in einer unordentlichen sozialen Welt ergeben sich ständig unvorhergesehene Situationen. Sie erfordern kritisches Urteilsvermögen, ausreichend Handlungsflexibilität und die richtige Mischung aus Zuversicht und Demut um Ungewissheit zu akzeptieren.

Es wird immer Situationen voller Ambiguität geben, in denen aus der Vergangenheit extrapolierte Daten ungenügend sind oder viel zu standardisiert, als dass sie Antworten geben könnten, die für die Diversität lokaler Kontexte relevant wären. Algorithmische Vorhersagen sind Hochrechnungen, die gewisse Formen der Stabilität über einen bestimmten Zeitraum voraussetzen, um überhaupt berechnen zu können, was voraussichtlich künftig geschehen wird. Ihre Macht liegt im Erkennen von Mustern, die sonst verborgen blieben, und darin, uns die Schaffung von Netzwerken und stetigen Veränderungen aufzuzeigen, die wir sonst nicht sehen könnten. In komplexen, anpassungsfähigen Systemen entstehen neue

Eigenschaften, und es werden Kipppunkte erreicht, wenn das System in einen Phasenübergang tritt und zusammenbrechen kann. Simulationen können derlei Prozesse sichtbar machen und uns so weiter voraus in die Zukunft blicken lassen.

Aber eine KI kann eine Zukunft, die inhärent ungewiss und offen bleibt, weder kennen noch vorhersagen. Diese Zukunft ist voller Möglichkeiten, von denen nur ein winziger Bruchteil je Wirklichkeit wird. Die Vorstellung von der Zukunft als offenem Horizont ist eine große Entdeckung, die es zu würdigen gilt. Glauben wir erst einmal, Algorithmen könnten die Zukunft vorhersagen, besonders, was unser eigenes Verhalten betrifft oder was uns widerfahren wird, droht uns der Verlust dieser Idee. Diese wichtige Botschaft sollten wir beherzigen, solange wir als Teil unserer koevolutionären Reise mit den digitalen Maschinen den vorhersagenden Algorithmen weiterhin Handlungsmacht zuweisen. Verlassen wir uns zu sehr auf algorithmische Vorhersagen, droht uns der Rückfall in ein deterministisches Weltbild, in dem alles entschieden ist und wir uns durch unseren Glauben an algorithmische Vorhersagen selbst entmachtet haben.

Wir leben in wahrhaft aufregenden Zeiten, vielleicht in einer anderen Sattelzeit, einer zeitlichen Wasserscheide der Menschheitsgeschichte. Dieses Mal, da wir kurz davor sind, einen weiteren ökologischen Verfall nicht mehr abwenden zu können, und der Klimawandel und weitere Konsequenzen sich vor unseren Augen zu entfalten beginnen, ist die ganze Welt betroffen. Die wachsende Schnittmenge zwischen dem digitalen Raum und dem physischen Raum ordnet nicht nur unser Verhältnis zwischen Körper und Geist neu, sondern auch unsere Interaktion miteinander und mit den Überresten der natürlichen Umwelt.

Digitale Zeit durchdringt die anderen Zeitlichkeiten, zwischen denen wir weiter hin- und herspringen, um die zwischen ihnen bestehenden Konflikte zu verhandeln. In der langen Geschichte der menschlichen Selbstdomestizierung sind es nun Prognose-Algorithmen, dieses mächtige Medium, durch das wir uns selbst domestizieren. Bei der Bewältigung der vielen Herausforderungen, denen wir gegenüberstehen, können sie uns helfen. Doch wollen wir erhalten, was es bedeutet, menschlich zu sein, müssen wir lernen, Algorithmen weise einzusetzen und diejenige Art von Weisheit zu kultivieren, die die Zukunft braucht.

DANK

Dieses Buch hat eine lange Entstehungsgeschichte. Immer wieder wurden meine Gedankenstränge durch Reisen und andere Verpflichtungen unterbrochen. Erst nach einigen unbefriedigenden Anfängen und Entwürfen kristallisierte sich heraus, wonach ich suchte. Den letztlichen Schreibprozess begünstigten, vielleicht paradoxerweise, mehrere Covid-Lockdowns und die dadurch bedingte, in meinem Fall produktive Abgeschiedenheit. Die Pandemie, die für viele Menschen des 21. Jahrhunderts beispiellos war, beschäftigte mich auch hinsichtlich ihrer vielen unbeabsichtigten Folgen, von denen sich manche direkt auf die Themen dieses Buches auswirken.

Mein Dank gilt allen, die mich auf die eine oder andere Weise auf diesem langen Weg begleitet haben. Nicht zum ersten Mal ermöglichte mir Jean-Luc Lory's Gastfreundschaft einen Kurzaufenthalt in der Maison Suger in Paris, einem wunderbaren Ort der Ruhe inmitten der geschäftigen Metropole. Ein weiterer kurzer Aufenthalt im Wissenschaftskolleg zu Berlin musste wegen der abrupt verfügten Reisebeschränkungen entfallen. Trotz der verpassten Gelegenheit konnte ich mit Elena Esposito einen produktiven Austausch fortsetzen. Vittorio Loreto, vom Sony Computer Science Lab in Paris, möchte ich für ein sehr anregendes Gespräch bei einem Abendessen in Wien ebenfalls danken. So frugal unser Mahl aufgrund der besonderen Umstände war, so bereichernd war unser Gespräch. Stefan Thurner, der Präsident des Complexity Science Hub in Wien, ist mir eine fortwährende Quelle der Inspiration und nützlichen Kritik gewesen. Er gab mir wertvolles Feedback zu Teilen des Manuskripts, wofür ich überaus dankbar bin. Besonderer Dank geht an Michèle Lamont von der Universität Harvard für ihre intellektuelle wie moralische Unterstützung im ganzen Entstehungsprozess dieses Buches. Seit unserem ersten Gespräch bei einem wunderbaren Mittagessen in New York beantwortete Michèle alle meine Fragen und ermutigte mich immer wieder.

Als ich mich im Sommer 2020 an John Thompson von Polity Press mit einem Entwurf wandte, antwortete er ohne Zögern. Seither gestaltete sich der Prozess bis zur Publikation in einem idealen Geist der Zusammenarbeit. Zudem möchte ich den vom Verlag beauftragten anonymen Gutachtern danken. Besonders von einer/einem erhielt ich wertvolles und prägnantes Feedback. Des Weiteren habe ich das Glück, eine großartige Enkeltochter, Isabel Frey, zu haben, die mir während des Lektorats assistierte. Isabel ist nicht nur eine wundervolle Interpretin jiddischer Protestlieder, sondern auch eine engagierte Aktivistin und Forscherin, die Teil jener Generation ist, die durch ihr Handeln die Welt verändert. Barbara Grassauer, meine langjährige persönliche Assistentin, begleitete das Buch so sorgfältig wie effizient, vom ersten Entwurf über mehrere Fassungen bis zu den letzten und entscheidenden Kürzungen, und beriet mich bei der äußeren Gestaltung. Ihnen und Euch allen danke ich von Herzen.

Carlo Rizzuto war abermals mein besonderer persönlicher Ratgeber; er las, kommentierte und ermutigte mich, wenn mir Zweifel kamen, ob ich je zum Ende kommen würde. Sein unfehlbarer Humor gab mir die nötige Distanz zu meiner Arbeit. Mein Dank gebührt ihm ebenso dafür, wie er mein Schreiben unterbrach, wie für alles andere, was er mir in dieser Zeit gab.

Wien und Bonassola, Januar 2021

ANMERKUNGEN

DIE VERWUNSCHENE WELT VON GPT-4

1 Judea Pearl, Tweet vom 1.4.2023, {twitter.com/yudapearl/status/1641978456513867776}, letzter Zugriff 25.4.2023.
2 Sébastien Bubeck u. a., (2023) »Sparks of Artificial General Intelligence. Early Experiments with GPT-4«, in: *arxiv.org* (24.3.2023), {arxiv.org/abs/2303.12712}, letzter Zugriff 25.4.2023.
3 »Pause Giant AI Experiments. An Open Letter«, in: *futureoflife.org* (22.3.2023), {futureoflife.org/open-letter/pause-giant-ai-experiments/}, letzter Zugriff 25.4.2023.
4 Digital Humanism Initiative, »Statement of the Digital Humanism Initiative on ChatGPT«, in: *DIGHUM* (2023), {dighum.ec.tuwien.ac.at/statement-of-the-digital-humanism-initiative-on-chatgpt/}, letzter Zugriff 25.4.2023.
5 Madhumita Murgia, »Risk of ›Industrial Capture‹ Looms over AI Revolution«, in: *Financial Times* (23.3.2023), {www.ft.com/content/e9ebfb8d-428d-4802-8b27-a69314c421ce}, letzter Zugriff 25.4.2023.
6 Daniel Dennett, *The Intentional Stance*, Cambridge, MA, 1989.
7 Emily Bender u. a., »On the Dangers of Stochastic Parrots. Can Language Models Be Too Big?«, in: *Proceedings of the 2021 ACM Conference on Fairness, Accountability, and Transparency* (2021), S. 610–623.
8 Leroy Hood u. Nathan Price, *The Age of Scientific Wellness. Why the Future of Medicine Is Personalized, Predictive, Data-Rich, and in Your Hands*, Cambridge, MA, 2023.
9 Marshall Salins, *Neue Wissenschaft des verwunschenen Universums. Eine Anthropologie fast der gesamten Menschheit*, Berlin 2023.
10 Eine Forschungsgruppe rund um Sheshat, einer großen Datenbank, die alle vorhandene Information über prähistorische Gesellschaften sammelt und quantitativ aufarbeitet, fand interessante Korrelationen zwischen dem Anwachsen komplexer sozialer Strukturen in frühen Gesellschaften und dem erstmaligen Auftauchen von strafenden, moralisierenden Göttern. Peter

Turchin, »The Evolution of Moralizing Supernatural Punishment. Empirical Patterns«, in: Jennifer Larson u. a., *Seshat History of Moralizing Religion*, o. O. 2023.

11 Anthony Elliott, *Algorithmic Intimacy. The Digital Revolution in Personal Relationships*, Cambridge 2022.

12 Bereits jetzt strebt – unter Berufung auf den Humanismus und die europäische Aufklärung – der Digitale Humanismus danach, das komplexe Zusammenspiel in der Handlungsfähigkeit zwischen der KI und Menschen aktiv in Richtung einer besseren Gesellschaft zu beeinflussen. Denn auch in einer verwunschenen Welt muss es öffentliche Güter geben, deren Nutzen allen zugutekommt und über die demokratisch zu entscheiden ist. Digital Humanism Initiative, »Vienna Manifesto on Digital Humanism«, in: *DIGHUM* (2019), {dighum.ec.tuwien.ac.at/dighum-manifesto/}, letzter Zugriff 27.4.2023.

EINLEITUNG: MEINE REISE INS DIGI-LAND

1 Helga Nowotny, »Eigenzeit. Revisited«, in: dies. u. Bernd Scherer (Hg.), *Zeit der Algorithmen*, Berlin 2016, S. 32–68.

2 Dies., *Eigenzeit. Entstehung und Strukturierung eines Zeitgefühls*, Frankfurt a. M. 1989.

3 Søren Kierkegaard, *Die Tagebücher*, Bd. 1: *1834–1848*, Innsbruck 1923, S. 203.

4 Judea Pearl, Dana MacKenzie, *The Book of Why. The New Science of Cause and Effect*, London 2018.

5 Perry Zurn u. Arjun Shankar (Hg.), *Curiosity Studies. Toward A New Ecology of Knowledge*, Minneapolis 2020.

6 Avi Wigderson, *Mathematics and Computation. A Theory Revolutionizing Technology and Science*, Princeton 2019.

1. DAS LEBEN IN DER DIGITALEN ZEITMASCHINE

1 George Dyson, *Turings Kathedrale. Die Ursprünge des digitalen Zeitalters*, Berlin 2014, S. 9.

2 Ebd.

3 Will Steffen u. a., »The Trajectory of the Anthropocene: The Great Acceleration«, in: *The Anthropocene Review* 2, 1 (^{20}2015),

S. 81–98.; J. R. McNeill u. Peter Engelke, *The Great Acceleration. An Environmental History of the Anthropocene since 1945*, Cambridge, MA, 2015.

4 Michael Slezak, »Key Moments in Human Evolution Were Shaped by Changing Climate«, in: *New Scientist* (16.9.2015), {www.newscientist.com/article/mg22730394-100-key-moments-in-human-evolution-were-shaped-by-changing-climate/}, letzter Zugriff 28.3.2023.

5 John von Neumann, »Can We Survive Technology?« (1955), in: *Fortune*, {fortune.com/2013/01/13/can-we-survive-technology}, letzter Zugriff 28.3.2023.

6 Marc Fleurbaey u. a., *A Manifesto for Social Progress. Ideas for a Better Society*, Cambridge 2018.

7 »Agenda 2030 / SDGs. 17 Ziele«, in: *UNRIC – Regionales Informationszentrum der Vereinten Nationen*, {unric.org/de/17ziele/}, letzter Zugriff 28.3.2023.

8 Jürgen Renn, *Die Evolution des Wissens. Eine Neubestimmung der Wissenschaft für das Anthropozän*, Berlin 2022.

9 Manfred D. Laubichler u. Jürgen Renn, »Extended Evolution. A Conceptual Framework for Integrating Regulatory Networks and Niche Construction«, in: *Journal of Experimental Zoology Part B. Molecular and Developmental Evolution* 324, 7 (2015), S. 565–577.

10 Christoph Rosol u. a., »On the Age of Computation in the Epoch of Humankind«, in: *nature.com*, {www.nature.com/articles/d42473-018-00286-8}, letzter Zugriff 28.3.2023.

11 Philippe Descola, *Une écologie des relations*, Paris 2019.

12 Helga Nowotny, *Eigenzeit. Entstehung und Strukturierung eines Zeitgefühls*, Frankfurt 1989.

13 Jilt Jorritsma, »A Future in Ruins. Ghosts, Repetition and the Presence of the Past in Anthropocenic Futures«, in: *Kronoscope* 20 (2020), S. 190–211.

14 Reinhart Koselleck, *Zeitschichten. Studien zur Historik*, mit einem Beitrag von Hans-Georg Gadamer, Frankfurt a. M. 2000.

15 Anthony Elliott, *The Culture of AI. Everyday Life and the Digital Revolution*, Abingdon 2019.

16 Judy Wajcman, »The Digital Architecture of Time Management«, in: *Science, Technology & Human Values* 44, 2 (2019), S. 315–337.

17 Julius Thomas Fraser, *Of Time, Passion, and Knowledge. Reflections on the Strategy of Existence*, Princeton 1975.

18 David Reich, *Who We Are And How We Got Here. Ancient DNA and the New Science of the Human Past*, Oxford 2018.

19 Stephen Hawking, »Our Attitude towards Wealth Played a Crucial Role in Brexit. We Need a Rethink«, in: *The Guardian* (29.7.2016), {www.theguardian.com/commentisfree/2016/jul/29/stephen-hawking-brexit-wealth-resources}, letzter Zugriff 28.3.2023.

20 Samuel Earle, »Visually Speaking. The New Ubiquity of Photographic Images«, in: *Times Literary Supplement* (17.1.2020).

21 André Spicer, »Sci-fi Author William Gibson: How ›Future Fatigue‹ is Putting People Off the 22nd Century«, in: *The Conversation* (23.1.2020), {theconversation.com/ sci-fi-author-william-gibson-how-future-fatigue-is-puttingpeople-off-the-22nd-century-130335}, letzter Zugriff 28.3.2023.

22 Jill Lepore, »What 2018 Looked Like Fifty Years Ago«, in: *The New Yorker* (31.12.2018).

23 Elena Esposito, *Artificial Communication. How Algorithms Produce Social Intelligence*, Cambridge, MA, 2022.

24 Ian Hacking, *The Emergence of Probability. A Philosophical Study of Early Ideas about Probability, Induction and Statistical Inference*, Cambridge 1975; Theodore M. Porter, *Trust in Numbers: The Pursuit of Objectivity in Science and Public Life*, Princeton 1995.

25 Sabina Leonelli u. Niccolò Tempini (Hg.), *Data Journeys in the Sciences*, Cham 2020.

26 Shoshana Zuboff, *Das Zeitalter des Überwachungskapitalismus*, Frankfurt a. M., New York 2018.

27 Yurij Holovatch, Ralph Kenna u. Stefan Thurner, »Complex Systems. Physics Beyond Physics«, in: *European Journal of Physics* 38, 2 (2017), {doi.org.10.1088/1361-6404/aa5a87}, letzter Zugriff 28.3.2023; Hykel Hosni u. Angelo Vulpiani, »Forecasting in the Light of Big Data«, in: *Philosophy & Technology* 31 (2017), S. 557–569.

28 Andrew Blum, *The Weather Machine. How We See Into the Future*, London 2019.

29 Ajay K. Agrawal, Joshua Gans u. Avi Goldfarb, *Prediction Machines. The Simple Economics of Artificial Intelligence*, La Vergne 2018.

30 Alison Langmead, »Can Computers Do Research?«, Präsentation auf der »What Is Research«-Konferenz, MPIWG, 12–13.6.2019.

31 Reinhart Koselleck, »›Erfahrungsraum‹ und ›Erwartungshorizont‹ – zwei historische Kategorien«, in: *Vergangene Zukunft. Zur Semantik geschichtlicher Zeiten*, Frankfurt 1979, S. 349–375.
32 James C. Scott, *Seeing Like a State. How Certain Schemes to Improve the Human Condition Have Failed*, New Haven 1999.

2. WILLKOMMEN IN DER SPIEGELWELT

1 Hillel Schwartz, *Déjà vu. Die Welt im Zeitalter ihrer tatsächlichen Reproduzierbarkeit*, Berlin 2000.
2 Eugenio Cau, »Il Foglio Innovazione«, in: *ilfoglio.it* (6.8.2019), {www.ilfoglio.it/esteri/2019/08/06/news/cosa-fare-con-8chan-il-forumche-sobilla-gli-attacchi-a-ispanici-e-sinagoghe-268528}, letzter Zugriff 28.3.2023.
3 Ulrike Felt u. Susanne Öchsner, »Reordering the ›World of Things‹. The Sociotechnical Imaginary of RFID Tagging and New Geographies of Responsibility«, in: *Science and Engineering Ethics* 25, 5 (2019), S. 1425–1446.
4 Kevin Kelly, »AR Will Spark the Next Big Tech Platform – Call It Mirrorworld«, in: *WIRED* (12.2.2019), {www.wired.com/story/mirrorworld-ar-next-big-tech-platform/}, letzter Zugriff 28.3.2023.
5 Paul Ford, »Why I (Still) Love Tech. In Defense of a Difficult Industry«, in: *WIRED* (14.5.2019), {www.wired.com/story/why-we-love-tech-defense-difficult-industry}, letzter Zugriff 28.3.2023.
6 »Citius, Altius, Fortnite. Why the Next Olympics Should Include Fortnite«, in: *The Economist* (25.6.2020), {www.economist.com/leaders/2020/06/25/why-the-next-olympics-should-include-fortnite}, letzter Zugriff 28.3.2023.
7 Jakob von Uexküll, *Streifzüge durch die Umwelten von Tieren und Menschen. Bedeutungslehre*, Berlin 2023.
8 Julian Paul Keenan, Gordon C. Gallup u. Dean Falk, *Das Gesicht im Spiegel. Auf der Suche nach dem Ursprung des Bewusstseins*, München 2005.
9 Elizabeth Preston, »A ›Self-Aware‹ Fish Raises Doubts About a Cognitive Test«, in: *Quanta Magazine* (12.12.2018), {www.quantamagazine.org/a-self-aware-fish-raises-doubts-about-acognitive-test-20181212}, letzter Zugriff 28.3.2023.

10 Michelangelo Pistoletto, »Hominitheism and Demopraxy«, in: *pistoletto.it* (2016), {www.pistoletto.it/eng/testi/hominitheism-and-demopraxy.pdf}, letzter Zugriff 28.3.2023.

11 A. S. Lubbe in einer persönlichen E-Mail-Korrespondenz (16.7.2019).

12 Steven Connor, *The Madness of Knowledge. On Wisdom, Ignorance and Fantasies of Knowing*, London 2019.

13 Kai-Fu Lee, *AI Super-Powers. China, Silicon Valley und die neue Weltordnung*, Frankfurt, New York 2019.

14 Roberto Cingolani, *L'altra specie. Otto domande su noi e loro*, Bologna 2019.

15 Ebd.

16 Margaret Boden, »Robot Says: Whatever«, in: *Aeon* (13.8.2018), {aeon.co/essays/the-robots-wont-take-over-because-they-couldnt-care-less}, letzter Zugriff 28.3.2023.

17 Ebd.

18 John Thornhill, »Asia Has Learnt to Love Robots – the West Should, Too«, in: *Financial Times* (31.5.2018), {www.ft.com/content/6e408f42-4145-11e8-803a-295c97e6fd0b}, letzter Zugriff 28.3.2023.

19 Pico Iyer, »Relative Values. Japan and Authenticity«, in: *Times Literary Supplement* (22.11.2019).

20 Charles King, *Schule der Rebellen. Wie ein Kreis verwegener Anthropologen Race, Sex und Gender erfand*, München 2020.

21 Michael Marshall, *The Genesis Quest. The Geniuses and Eccentrics on a Journey to Uncover the Origin of Life on Earth*, Chicago 2020.

22 Yuval Noah Harari, *21 Lektionen für das 21. Jahrhundert*, München 2018.

23 Edward Ashford Lee, *The Coevolution. The Entwined Futures of Humans and Machines*, Cambridge, MA, 2020.

24 Edward Tenner, *Die Tücken der Technik. Wenn Fortschritt sich rächt*, Frankfurt a. M. 1999.

25 Stanislas Dehaene, *How We Learn. The New Science of Education and the Brain*, London 2020.

26 Lee, *The Coevolution*, S. 236.

27 Maxime Aubert u. a., »Earliest Hunting Scene in Prehistoric Art«, in: *Nature* 576 (2019), S. 442–445.

28 Michael Pollan, *Verändere Dein Bewusstsein. Was uns die neue Psychedelik-Forschung über Sucht, Depression, Todesfurcht und Transzendenz lehrt*, München 2018.

29 Annie Ernaux, *Die Jahre*, Berlin 2017, S. 159.

30 Ludwig Wittgenstein, *Tractatus logico-philosophicus. Logisch-philosophische Abhandlung*, Frankfurt a. M. 1985, S. 60 (5.5303) (Hvh. i. O.).

31 Kwame Anthony Appiah, *Identitäten. Die Fiktionen der Zugehörigkeit*, Berlin 2019.

32 Katalin Prajda, »Manetto di Jacopo Amannatini, the Fat Woodcarver«, in: *Acta Historiae Artium Academiae Scientiarum Hungaricae* 57, 1 (2016), S. 5–21.

33 Hannah Arendt, *Elemente und Ursprünge totaler Herrschaft*, München 1986, S. 600.

34 Nathaniel Comfort, »How Science Has Shifted Our Sense of Identity«, in: *Nature* 574 (2019), S. 167–170.

35 Philip Ball, *How to Grow a Human. Adventures in Who We Are and How We Are Made*, New York 2019.

36 Cordelia Fine, *Testosterone Rex. Myths of Sex, Science, and Society*, New York 2017.

37 Roni O. Maimon-Mor u. a., »Peri-hand Space Representation in the Absence of a Hand – Evidence from Congenital One-handers«, in: *Cortex* 95 (2017), S. 169–171.

38 Comfort, »How Science Has Shifted Our Sense of Identity«.

39 Madeline A. Lancaster u. a., »Cerebral Organoids Model Human Brain Development and Microcephaly«, in: *Nature* 501 (2013), S. 373–379.

40 Ball, *How to Grow a Human*.

41 Clive Cookson, »A Mini-Revolution in Brain Science«, in: *Financial Times* (5.9.2019), {www.ft.com/content/51c726e6-cea7-11e9-b018-ca4456540ea6}, letzter Zugriff 28.3.2023.

42 Helga Nowotny, »In Artificial Intelligence We Trust. How the COVID-19 Pandemic Pushes Us Deeper into Digitalization«, in: Gerard Delanty (Hg.), *Pandemic, Society and Politics. Critical Reflections on the Pandemic*, Berlin 2021, S. 107–121.

43 David Garcia, »Leaking Privacy and Shadow Profiles in Online Social Networks«, in: *Science Advances* 3, 8 (2017), {https://doi.org/10.1126/sciadv.1701172}, letzter Zugriff 28.3.2023.

44 Mike Reyes, »The Ex Machina Ending Debate. Is The Movie 3 Minutes Too Long?«, in: *cinemablend.com* (30.4.2015), {www.cinemablend.com/new/Ex-Machina-Ending-Debate-Movie-3-Minutes-Too-Long-71101.html}, letzter Zugriff 28.3.2023.

45 Ian McEwan, »Düssel...«, in: *Süddeutsche Zeitung* (31.8.2018),

{www.sueddeutsche.de/kultur/ian-mcewan-kurzgeschichte-1.4112077?reduced=true}, letzter Zugriff 28.3.2023.
46 Jeannette Winterson, *Frankissstein*, Zürich 2021.
47 Ursula K. Le Guin, »National Book Award Medal for Distinguished Contribution to American Letters Acceptance Speech«, in: dies., *Dreams Must Explain Themselves. The Selected Non-Fiction of Ursula K. Le Guin*, London 2018, S. 383.

3. DAS FORTSCHRITTSNARRATIV UND DIE SUCHE NACH DEM ÖFFENTLICHEN GLÜCK

1 Joel Mokyr, *The Enlightened Economy. Britain and the Industrial Revolution, 1700–1850*, New Haven 2010, sowie ders., *A Culture of Growth. The Origins of the Modern Economy (Graz Schumpeter Lectures)*, Princeton 2016.
2 Yuval Noah Harari, *Eine kurze Geschichte der Menschheit*, München 2013.
3 Harari, *21 Lektionen für das 21. Jahrhundert*.
4 Gavin Jacobson, »Our Age of Anxiety«, in: *Times Literary Supplement* (8.2.2019), {www.the-tls.co.uk/articles/age-of-anxiety-fear/}, letzter Zugriff 28.3.2023.
5 Michèle Lamont, *The Dignity of Working Men. Morality and the Boundaries of Race, Class, and Immigration*, Cambridge, MA, New York 2000; dies. u. a., *Getting Respect. Responding to Stigma and Discrimination in the United States, Brazil, and Israel*, Princeton 2016.
6 Dan Sperber, *Explaining Culture. A Naturalistic Approach*, New Jersey 1996.
7 Robert J. Shiller, *Narrative Wirtschaft. Wie Geschichten die Wirtschaft beeinflussen – ein revolutionärer Erklärungsansatz*, Kulmbach 2020.
8 Helga Nowotny u. Johan Schot, »It Could Be Otherwise. Social Progress, Technology and the Social Sciences«, in: *Technology's Stories* 6, 2 (2018), {doi.org/10.15763/jou.ts.2018.05.14.05}, letzter Zugriff 28.3.2023.
9 Steven Johnson, *Die Erfindung der Zukunft. Sechs Innovationen, die die Welt veränderten*, Berlin 2016; Tim Harford, *Fifty Inventions That Shaped the Modern Economy*, New York 2017.
10 Steven Pinker, *Aufklärung jetzt. Für Vernunft, Wissenschaft, Humanismus und Fortschritt. Eine Verteidigung*, Frankfurt a. M. 2018.

11 Ebd., S. 17.
12 Joseph Banks, *The Endeavour Journal, 1769–1770*, Bd. 1, Sydney 1962, S. 341.
13 Rebecca Earle, »Food, Colonialism and the Quantum of Happiness«, in: *History Workshop Journal* 84 (2017), S. 170–193.
14 Ebd.
15 William Davies, *The Happiness Industry. How the Government and Big Business Sold Us Well-Being*, New York 2015.
16 Edgar Cabanas u. Eva Illouz, *Das Glücksdiktat und wie es unser Leben beherrscht*, Berlin 2019.
17 Erik Stokstad, »The New Potato: Breeders Seek a Breakthrough to Help Farmers Facing an Uncertain Future«, in: *Science* 363 (2019), S. 574–577.
18 IPBES, *Global Assessment Report on Biodiversity and Ecosystem Services of the Intergovernmental Science-Policy Platform on Biodiversity and Ecosystem Services*, Bonn 2019, {ipbes.net/global-assessment}, letzter Zugriff 28.3.2023.
19 Menno Schilthuizen, *Darwin in der Stadt. Die rasante Evolution der Tiere im Großstadtdschungel*, München 2018.
20 Joseph Tainter, *The Collapse of Complex Societies*, Cambridge 1988.
21 Walter Scheidel, *Escape from Rome. The Failure of Empire and the Road to Prosperity*, Princeton 2019; Patricia A. McAnany u. a. (Hg.), *Questioning Collapse. Human Resilience, Ecological Vulnerability, and the Aftermath of Empire*, Cambridge 2009.
22 Charles Perrow, *Normale Katastrophen. Die unvermeidbaren Risiken der Großtechnik*, Frankfurt a. M. 1987.
23 Ian Scoones u. Andy Stirling (Hg.), *The Politics of Uncertainty. Challenges of Transformation*, Abingdon 2020.
24 Sheila Jasanoff, »Technologies of Humility«, in: *Nature* 450, 33 (2007), {doi.org/10.1038/450033a}, letzter Zugriff 28.3.2023.
25 Gerard Delanty (Hg.), *Pandemic, Society and Politics: Critical Reflections on the Pandemic*, Berlin 2021.
26 Laubichler u. Renn, »Extended Evolution«.
27 John Maynard Smith u. Eörs Szathmáry, *Evolution. Prozesse, Mechanismen, Modelle*, Heidelberg, Berlin u. a. 1996.
28 Hans Rosling u. a., *Factfulness. Wie wir lernen, die Welt so zu sehen, wie sie wirklich ist*, Berlin 2018.
29 Marc Fleurbaey u. a., *A Manifesto for Social Progress*.
30 Stuart Kauffman, *Der Öltropfen im Wasser. Chaos, Komplexität, Selbstorganisation in Natur und Gesellschaft*, München 1996.

31 Vittorio Loreto, »Need a New Idea? Start at the Edge of What is Known«, in: *Ted Talk* (2018), {www.ted.com/talks/vittorio_loreto_need_a_new_idea_start_at_the_edge_of_what_is_known?language=enTalk}, letzter Zugriff 28.3.2023.

4. ZUKUNFT BRAUCHT WEISHEIT

1 Andrea Nanetti, »Defining Heritage Science. A Consilience Pathway to Treasuring the Complexity of Inheritable Human Experiences through Historical Method, AI and ML« (15.2.2021), in: *Complexity*, Sonderheft: *Tales of Two Societies. On the Complexity of the Coevolution between the Physical Space and the Cyber Space*, {doi.org/10.1155/2021/4703820}, letzter Zugriff 28.3.2023.
2 Umberto Eco, *From the Tree to the Labyrinth: Historical Studies on the Sign and Interpretation*, Cambridge, MA, 2014, S. 93; zitiert in Nanetti, »Defining Heritage Science«.
3 Brian Arthur, »How Algorithms are Altering Our Understanding of Systems«, in: Jan W. Vasbinder u. a. (Hg.), *Grand Challenges for Science in the 21st Century*, Singapur 2018 (*Exploring Complexity* Bd. 7), S. 23–26.
4 Lee, *The Coevolution*.
5 Georges Canguilhem, *Das Normale und das Pathologische*, Berlin 2017.
6 Daniel Kahneman u. Amos Tversky, »Prospect Theory. An Analysis of Decision under Risk«, in: *Econometrica* 47, 2 (1979), S. 263–292; Daniel Kahneman, *Schnelles Denken, langsames Denken*, München 2012.
7 Hannah Fry, *Hello World. Was Algorithmen können und wie sie unser Leben verändern*, München 2019.
8 Max Tegmark, *Leben 3.0. Mensch sein im Zeitalter künstlicher Intelligenz*, Berlin 2017.
9 Stuart Jonathan Russell, *Human Compatible. Künstliche Intelligenz und wie der Mensch die Kontrolle über superintelligente Maschinen behält*, Frechen 2020.
10 Diane Coyle u. Adrian Weller, »›Explaining‹ Machine Learning Reveals Policy Challenges«, in: *Science* 368, 6498 (2020), S. 1433–1434, {doi.org/10.1126/science.aba9647}, letzter Zugriff 28.3.2023.
11 Norbert Wiener, »Some Moral and Technical Consequences of Automation«, in: *Science* 131, 3410 (1960), S. 1355–1358.

12 Anna Jobin u. a., »The Global Landscape of AI Ethics Guidelines«, in: *Nature Machine Intelligence* 1 (2019), S. 389–399.
13 Berliner Wissenschaftsgespräche, Zusammenfassung 2020, online unter: {www.bosch-stiftung.de/de/projekt/berliner-wissenschaftsgespraeche/2020}, letzter Zugriff 28.3.2023.
14 Sarah Franklin, »Ethical Research – the Long and Bumpy Road from Shirked to Shared«, in: *Nature* 574 (2019), S. 627–630.
15 Firmin DeBrabander, *Life after Privacy. Reclaiming Democracy in a Surveillance Society*, Cambridge 2020.
16 Jürgen Habermas, *Strukturwandel der Öffentlichkeit. Untersuchungen zu einer Kategorie der bürgerlichen Gesellschaft*, Berlin 1962.
17 Karin Hausen, *Geschlechtergeschichte als Gesellschaftsgeschichte*, Göttingen 2012.
18 Zuboff, *Das Zeitalter des Überwachungskapitalismus*.
19 Carissa Véliz, *Privacy is Power. Why and How You Should Take Back Control of Your Data*, London 2020.
20 Czesław Miłosz, *Verführtes Denken*, Köln 1953.
21 Onora O'Neill, »Linking Trust to Trustworthiness«, in: *International Journal of Philosophical Studies* 26, 2 (2018), {doi.org/10.1080/09672559.2018.1454637}, letzter Zugriff 28.3.2023.
22 Hacking, *The Emergence of Probability*.
23 Porter, *Trust in Numbers*.
24 Armin Nassehi, *Muster. Theorie der digitalen Gesellschaft*, München 2019.
25 Steven Levitsky u. Daniel Ziblatt, *Wie Demokratien sterben. Und was wir dagegen tun können*, München 2018.
26 David Runciman, *So endet die Demokratie*, Frankfurt a. M. 2020.
27 Runciman, *So endet die Demokratie*, S. 109.
28 Jill Lepore, *If Then. How the Simulmatics Corporation Invented the Future*, New York 2020.
29 Yaron Ezrahi, *Imagined Democracies. Necessary Political Fictions*, Cambridge 2012, S. 1.
30 Ezrahi, *Imagined Democracies*.
31 Runciman, *So endet die Demokratie*, S. 124–126.
32 William Dalrymple, *The Anarchy. The Relentless Rise of the East India Company*, New York 2019.

5. DISRUPTION: VON VORPANDEMISCHEN ZEITEN ZUR SELBSTDOMESTIZIERUNG

1 Clayton M. Christensen, *The Innovator's Dilemma. When New Technologies Cause Great Firms to Fail*, Boston 1997.
2 Nowotny, »In Artificial Intelligence We Trust«.
3 Martin Enserink u. Kai Kupferschmidt, »Mathematics of Life and Death. How Disease Models Shape National Shutdowns and Other Pandemic Policies«, in: *Science* (25.3.2020), {www.science.org/content/article/mathematics-life-and-death-how-disease-models-shape-national-shutdowns-and-other}, letzter Zugriff 28.3.2023.
4 Frank M. Snowden, *Epidemics and Society. From the Black Death to the Present*, New Haven 2019.
5 Emily Elhacham u. a., »Global Human-Made Mass Exceeds all Living Biomass«, in: *Nature* 588 (2020), S. 442–444.
6 Nassehi, *Muster*.
7 Lee, *AI Super-Powers*.
8 Carlota Perez, »Second Machine Age or Fifth Technological Revolution? (Part 4) The Historical Patterns of Bounty and Spread«, in: *UCL Institute for Innovation and Public Purpose Blog* (21.11.2018), {beyondthetechrevolution.com/blog/second-machine-age-or-fifth-technological-revolution-part-4}, letzter Zugriff 28.3.2023.
9 Erik Brynjolfsson u. Andrew McAfee, *The Second Machine Age. Work, Progress, and Prosperity in a Time of Brilliant Technologies*, New York 2014.
10 Carl Benedikt Frey u. Michael A. Osborne, »The Future of Employment. How Susceptible are Jobs to Computerisation?«, in: *Technological Forecasting and Social Change* 114 (2017), S. 254–280.
11 Carl Benedikt Frey, *The Technology Trap. Capital, Labor, and Power in the Age of Automation*, Princeton 2019.
12 John Maynard Keynes, »Wirtschaftliche Möglichkeiten für unsere Enkelkinder (1930)«, in: Rainer Barbey (Hg.), *Recht auf Arbeitslosigkeit. Ein Lesebuch über Leistung, Faulheit und die Zukunft der Arbeit*, 2022, S. 66–71.
13 Barbara Prainsack, *Vom Wert des Menschen. Warum wir ein bedingungsloses Grundeinkommen brauchen*, Wien 2020.
14 Robert Skidelsky, Tweet (@RSkidelsky), 15.5.2019.

15 Adam Hochschild, *Sprengt die Ketten. Der entscheidende Kampf um die Abschaffung der Sklaverei*, Stuttgart 2007.
16 James C. Scott, *Die Mühlen der Zivilisation. Eine Tiefengeschichte der frühesten Staaten*, Berlin 2019.
17 Moshe Y. Vardi, »Lessons for Digital Humanism from Covid-19«, in: *Youtube* (9.6.2020), {www.youtube.com/watch?v=AIOnixSBAvI}, letzter Zugriff 28.3.2023.
18 Matteo Zanella u. a., »Dosage Analysis of the 7q11.23 Williams Region Identifies *BAZ1B* as a Major Human Gene Patterning the Modern Human Face and Underlying Self-Domestication«, in: *Science Advances 5*, 12 (2019), {doi.org/10.1126/sciadv.aaw7908}, letzter Zugriff 28.3.2023.
19 Richard Wrangham, *Die Zähmung des Menschen. Warum Gewalt uns friedlicher gemacht hat – eine neue Geschichte der Menschwerdung*, München 2019.
20 Harvey Whitehouse u. a., »Complex Societies Precede Moralizing Gods Throughout World History«, in: *Nature* 568 (2019), S. 226–229.
21 Norbert Elias, *Über den Prozeß der Zivilisation. Soziogenetische und psychogenetische Untersuchungen*, 2. Bde, Berlin 2021; Andrew Linklater u. Stephen Mennell, »Norbert Elias, The Civilizing Process. Sociogenetic and Psychogenetic Investigations – an Overview and Assessment«, in: *History and Theory* 49 (2010), S. 384–411.
22 Brian Arthur, »How Algorithms are Altering Our Understanding of Systems«.
23 Alexandra Daisy Ginsberg, »Machine Auguries« (2019), in: {www.daisyginsberg.com/work/machine-auguries}, letzter Zugriff 28.3.2023.

HELGA NOWOTNY ist emeritierte Professorin der ETH Zürich und ehemalige Präsidentin des Europäischen Forschungsrats. Sie arbeitet auf dem Gebiet der Wissenschaftsforschung. Zu ihren zahlreichen Ehrungen zählen u. a. ein Ehrendoktorat der University of Oxford und des Weizmann Institute of Science in Israel. 2018 erhielt sie die Leibniz-Medaille der Berlin-Brandenburgischen Akademie der Wissenschaften.

SABINE WOLF studierte Internationale Beziehungen und Friedensstudien in Brighton, Guadalajara (Mexiko), Barcelona und London. Sie übersetzt aus dem Englischen und lebt in Berlin.

Erste Auflage Berlin 2023

Copyright der deutschen Ausgabe © 2023
MSB Matthes & Seitz Berlin
Verlagsgesellschaft mbH
Großbeerenstraße 57A | 10965 Berlin
info@matthes-seitz-berlin.de

Coyright der Originalausgabe
In AI We Trust. Power, Illusion and
Control of Predictive Algorithms
© 2021 Helga Nowotny, Polity Press

Alle Rechte vorbehalten.

Satz: Monika Grucza-Nápoles, Gdynia
Druck und Bindung: GGP Media GmbH, Pößneck
ISBN 978-3-7518-0396-0
www.matthes-seitz-berlin.de